Stefan Link

Konzepte der Privilegierung römischer Veteranen

Heidelberger
Althistorische
Beiträge und
Epigraphische Studien

herausgegeben
von
Géza Alföldy

Band 9

Stefan Link

Konzepte der Privilegierung römischer Veteranen

Franz Steiner Verlag Wiesbaden GmbH
Stuttgart 1989

Gedruckt mit Unterstützung
der Kommission für Alte Geschichte und Epigraphik
des Deutschen Archäologischen Instituts

CIP-Titelaufnahme der Deutschen Bibliothek
Link, Stefan:
Konzepte der Privilegierung römischer Veteranen / Stefan Link.
- Stuttgart : Steiner-Verl. Wiesbaden, 1989
(Heidelberger althistorische Beiträge und epigraphische Studien ; Bd. 9)
Zugl.: Hamburg, Univ., Diss., 1988
ISBN 3-515-05193-7
NE: GT

Druck: Rheinhessische Druckwerkstätte, Alzey.
Printed in the Fed. Rep. of Germany

Inhaltsverzeichnis

Vorwort ... 1

Einleitung ... 2

I. Die Vergabe von Bürger- und Eherecht nach den Militärdiplomen ... 7

A. Die Auxilia ... 7
Das Formular der Diplome ... 9
Der Inhalt der Diplome ... 10
Die Empfänger der Privilegien ... 11
Die Voraussetzungen für die Vergabe der Privilegien ... 12
Die Intention der Vergabe ... 13
Das Ende der Vergabe ... 15

B. Die Flotten ... 19
Die prätorischen Flotten bis zur Zeit Hadrians ... 19
Die provinzialen Flotten bis zur Zeit des Titus ... 25
Die provinzialen und die prätorischen Flotten in der Zeit zwischen Titus und Hadrian ... 28
Die prätorischen Flotten im 2. und 3. Jahrhundert ... 30
Zusammenfassung ... 34

C. Die prätorischen und die städtischen Kohorten ... 36
Privilegierungen oder Disziplinarmaßnahmen? ... 36
Das Verständnis der Prätorianerdiplome bei Arnaud-Lindet ... 38
Die Prätorianerdiplome von Vespasian bis Antoninus Pius ... 39
Der Neubeginn unter Septimius Severus und die städtischen Kohorten ... 44
Zusammenfassung ... 46

D. Die sogenannten nationalen Numeri ... 48
Das Formular der Diplome ... 48
Bürgerrecht für Veteranen der nationalen Numeri? Forschungsüberblick und Kritik ... 49
Ein neuer Erklärungsversuch ... 54
Zusammenfassung ... 59

E. Die equites singulares Augusti 60

F. Ergebnis 65

II. Die Vergabe von immunitas omnium rerum und vacatio muneris 66

A. Honesta missio und Immunität 68
Die republikanischen Quellen 68
Das Diplom Vespasians: CIL XVI 25 72
Die Konstitutionen Domitians 78
1. Die Empfänger der Privilegien 80
2. Die personalrechtliche Stellung der Privilegierten 82
3. Die Truppengattung der privilegierten Veteranen 85
4. Der Grund der Privilegierung 87
5. Die Dauer der Privilegierung 88
Die Freistellungen z.Z des Antoninus Pius 95
Spätantoninische und severische Quellen 99

B. Civitas Romana und Immunität 109
Die *χάρις Νέρωνος*, Teil 1 109
Exkurs: Der juristische Hintergrund 112
Die *χάρις Νέρωνος*, Teil 2 125

C. Ergebnis 128

D. Zusammenfassung 133

Schlussbetrachtung 134

Appendix I: Das Ende der Vergabe von Auxiliardiplomen 138

Appendix II: P. CATT. II 11 - 22: Zur Illegitimität der Kinder eines Auxiliarveteranen 142

Sammlungen epigraphischer und papyrologischer Quellen 145

Bibliographie 146

Index I: Antike Quellen 162

Index II: Allgemeines Register 164

Vorwort

Die vorliegende Arbeit ist die leicht veränderte Fassung meiner Dissertation, die im April 1988 vom Fachbereich Geschichtswissenschaft der Universität Hamburg angenommen wurde.

Danken möchte ich an erster Stelle meinem verehrten Lehrer Herrn Professor Dr. J. Molthagen, dessen über die Jahre hinweg gleichbleibend wohlwollende und hilfreiche Unterstützung ich erfahren durfte. Auch die vorliegende Untersuchung hat er betreut und durch wegweisende Anregungen gefördert.

Weiterhin gilt mein Dank für wertvolle Hilfestellung, kritisches Nachfragen und eine Reihe von Verbesserungsvorschlägen Herrn Professor Dr. P. Herrmann. Für die engagierte Lektüre des Manuskripts danke ich Herrn Prof. Dr. D. Flach und Herrn M. Alpers, für mancherlei weiterführende Hinweise Dr. B. Holtheide und Dr. K. Strobel.

In besonderer Weise gebührt mein Dank Herrn Professor Dr. G. Alföldy: Das Thema der vorliegenden Arbeit ist aus einer seiner epigraphischen Übungen hervorgegangen, und er hat die Untersuchung - auch über längere Zeit und größere Distanz hinweg - entscheidend gefördert. Ihm verdanke ich auch die Aufnahme der Arbeit in die Reihe HABES.

Schließlich danke ich der Kommission für Alte Geschichte und Epigraphik des Deutschen Archäologischen Instituts für die Gewährung eines Druckkostenzuschusses.

Einleitung

Die Privilegierungen römischer Veteranen haben bereits häufig das Interesse der Historiker auf sich gezogen. Der jüngste Beitrag zu diesem Thema ist erst wenige Jahre alt; er geht auf einen Vortrag zurück, den H. Wolff 1984 anläßlich des Kolloquiums "Die 'Militärdiplome' als historische Quelle" in Passau hielt und liegt nunmehr gedruckt vor unter dem Titel "Die Entwicklung der Veteranenprivilegien vom Beginn des 1. Jahrhunderts v.Chr. bis auf Konstantin d. Gr."[1]. Bei dieser umfassenden Gesamtdarstellung konnte Wolff sich vor allem auf die Untersuchungen stützen, die Lesquier ("L'armée romaine d'Égypte", 1918), Chochole ("Die Veteranenversorgung im römischen Heere von den Anfängen bis auf Augustus", 1952), Fijala ("Die Veteranenversorgung im römischen Heer vom Tod des Augustus bis zum Ausgang der Severerdynastie", 1955), Watson ("The Roman Soldier", 1969) und Renz ("The Legal Position of the Soldier and Veteran in the Roman Empire", 1972) vorgelegt haben[2]. Diese Liste, die allein schon ausreicht, das über die Jahrzehnte hinweg gleichbleibende Interesse an diesem Thema zu demonstrieren, ließe sich leicht verlängern.

Wenn in der vorliegenden Arbeit noch einmal - man könnte auch sagen: schon wieder - die Privilegierung römischer Veteranen behandelt wird, so bedarf dies einer besonderen Begründung oder Rechtfertigung. Ich sehe sie in folgendem:

Ausnahmslos kommen die Verfasser der soeben genannten Beiträge entweder zu dem Ergebnis oder halten die Annahme von vornherein für gesichert, daß die Veteranen des römischen Heeres der Kaiserzeit *regelmäßig* in den Genuß bestimmter Privilegien kamen: daß z.B. die Auxiliar- und Flottensoldaten spätestens seit Claudius bei ihrer Entlassung das Bürger- und Eherecht regelmäßig erhielten; daß den Prätorianern seit Vespasian fortlaufend das conubium zugestanden wurde; daß die ehemaligen Soldaten nach 20, 25 oder mehr Dienstjahren als Veteranen normalerweise von der Ableistung liturgischer Verpflichtungen befreit waren; kurz: daß es einen - juristisch abgesicherten oder der Gewohnheit entspringenden - Anspruch der Veteranen auf die Privilegien gegeben habe. Man beobachtet lediglich *einzelne* Unregelmäßigkeiten, die als Ausnahmen betrachtet werden, und weiterhin wird gelegentlich die *Gleichartigkeit* der Privilegierung verschiedener

---

[1] Heer und Integrationspolitik, 44ff.

[2] Vgl. Wolff, Heer und Integrationspolitik, 44.

Truppengattungen betont oder bestritten, nicht aber die *Regelmäßigkeit*[3]. Beinahe völlig unbestritten gilt die Hypothese, daß Veteranen seit der julisch-claudischen Zeit regelmäßig privilegiert wurden, allenfalls gestaffelt nach Dauer der abgeleisteten Dienstzeit und Truppengattung[4]. Diese grundlegende Annahme aber ist m.E. nicht nur nicht hinreichend zu belegen; es gibt sogar mehrere, z.T. starke Indizien, die genau die gegenteilige Auffassung stützen können. In der vorliegenden Arbeit soll daher diese Annahme einer allgemeinen Regelmäßigkeit in Frage gestellt und als Alternative die Hypothese einer weitgehenden Freiheit der Kaiser bei der Privilegierung von Veteranen des römischen Heeres zur Diskussion angeboten werden.

Zu diesem Zweck müssen sämtliche Zeugnisse berücksichtigt werden, die über einzelne Privilegierungsakte Aufschluß geben. Sie sind insbesondere daraufhin zu befragen, ob diese Privilegierungen Ausnahmen, Einzelfälle, also darstellen oder ob die Zeugnisse Rückschlüsse auf eine regelmäßig vorgenommene Privilegierung gestatten. Daneben ist ein anderes Procedere unumgänglich und an einigen Stellen sogar besonders wichtig: Gerade die Zeitabschnitte, für welche *keine* Veteranenprivilegien bezeugt sind, die chronologischen "Lücken" also, sind daraufhin zu untersuchen, ob sie sich aus einer unvollständigen Überlieferung zufällig ergeben haben oder ob sie Aufschlüsse darüber zulassen, daß während gewisser Zeitabschnitte gar keine Privilegierungen vorgenommen wurden. Zwei Wege bieten sich an, um über das argumentum e silentio hinauszukommen: Die eine Lücke begrenzenden Zeugnisse können Rückschlüsse zulassen; entscheidender aber sind solche Quellen, die explizit Auskunft darüber geben, daß eine Privilegierung *vorenthalten* wurde. Schon von vornherein muß damit gerechnet werden, daß diese Quellen nur in äußerst geringer Zahl existieren. Daher ist unvermeidlich, daß *im einzelnen* viele Ungewißheiten bleiben werden; über einige *prinzipielle Aspekte* der Privilegierung römischer Veteranen lassen sich jedoch gesichertere Aussagen treffen.

---

[3]So ist z.B. fraglich, ob auch Auxiliar- und Flottenveteranen mit einer Abfindungssumme rechnen konnten; ebenso ist umstritten, ob das conubium auch den *Legions*veteranen zugestanden wurde, von denen keine Diplome vorliegen. Dasselbe gilt für die Frage, ob ihre peregrinen Kinder, wie die der Auxiliarveteranen, das Bürgerrecht erhielten.

[4]Dies gilt unabhängig davon, daß gleichzeitig durchaus betont werden kann, die Privilegien seien reine Geschenke gewesen (Wolff, Chiron 4 (1974), 510), da einem regelmäßig allen Veteranen zugestandenen reinen Geschenk eben genauso der Charakter eines allgemeinen Veteranenprivilegs eignet wie z.B. der auf einer juristisch faßbaren Regelung beruhenden Auszeichnung. Daher bleibt es für die vorliegende Fragestellung belanglos, ob es eine rechtliche Grundlage, ein Grund*gesetz*, gab (so z.B. Wolff in der Frage der Immunitäten; Heer und Integrationspolitik, 97) oder nicht (so Wolff in der Frage der Bürgerrechtsverleihungen; Chiron 4 (1974), 510). Sollte sich aber nachweisen lassen, daß keine Regelmäßigkeit der Privilegierung gegeben war, so wäre die Hypothese einer juristischen Grundlage wohl kaum zu halten.

Die Privilegien, die als Belohnung für Veteranen belegt sind, lassen sich sachlich in drei Gruppen ordnen, nämlich in die Verleihung von Bürgerrecht und / oder conubium an die Veteranen und ggf. ihre Kinder, die Privilegierung der Veteranen und unter Umständen ihrer Familien mit steuerlichen und liturgischen Befreiungen und schließlich die Belohnung der Veteranen mit Abfindungen in Form von Geld oder Land. Die Frage nach einer Regelmäßigkeit dieser Auszeichnungen läßt sich nur bei den beiden ersten Gruppen beantworten; die missio nummaria hingegen hat so gut wie gar keine und die missio agraria keine für den vorliegenden Zusammenhang verwendbaren Spuren hinterlassen[5]. Daher scheint es kaum möglich zu sein, mit hinreichender Sicherheit Aussagen über Regel- oder Unregelmäßigkeiten der Land- oder Geldzuweisung zu treffen[6]. Die vorliegende Untersuchung muß sich vielmehr auf die zwei verbleibenden Bereiche beschränken; in ihr werden zum einen die Verleihung von Bürger- und Eherecht, zum anderen die Freistellung von steuerlichen und liturgischen Leistungen behandelt.

Die Vergabe von Bürger- und Eherecht hat im römischen Heer äußerst geregelte Formen angenommen, die ihren für uns heute noch sichtbaren Niederschlag in den sogenannten Militärdiplomen fanden. Als Militärdiplome werden Bronzetafeln bezeichnet, deren Text von in Rom öffentlich ausgestellten, ebenfalls in Bronze gehaltenen Originalen für einzelne Veteranen kopiert wurde. Diese Texte folgen wenigen weitgehend schematisierten

---

[5] Zu diesen Auszeichnungen siehe Wierschowski, Heer und Wirtschaft, 89ff.; Mann, Legionary Recruitment, 49ff. Ein kurzer Blick auf diese beiden Monographien und die für diese Untersuchungen zur Verfügung stehenden Quellen vermag davon zu überzeugen, daß kaum Aufschlüsse über die Regelmäßigkeit oder Unregelmäßigkeit der Land- und Geldzuweisungen an Veteranen zu erwarten sind. Die Quellen - zumeist epigraphische und papyrologische - geben lediglich Auskunft über die Ergebnisse dieser Rechtsakte, die zu einem meistens nicht genau datierbaren Zeitpunkt vollzogen wurden; sie lassen aber kaum Aussagen über die Rechtsakte selbst, die Land- und Geldzuweisungen nämlich, zu. Auch die literarische Überlieferung gibt keine Antwort auf die Frage, ob Landzuweisungen regelmäßig vollzogen wurden, sondern befaßt sich nur mit ausgesuchten Spezialfällen. Die Rechtsquellen behandeln daneben noch die rechtlichen Folgen für die jeweiligen Kolonien. Das Bild, welches sich aufgrund dieser Quellen zeichnen läßt, gleicht dem, welches wir von der Vergabe von Bürger- und Eherecht an Veteranen gewinnen müßten, wenn keine Diplome vorlägen: Aus Grabinschriften wäre rekonstruierbar, *daß* es Privilegierungen dieser Art gab, die genaueren Umstände aber - und damit auch das zugrundeliegende Gesamtkonzept - blieben uns verschlossen. Wahrscheinlich würden unsere Erkenntnisse in diesem hypothetischen Fall nicht über die Aussage des Gaius hinauskommen (Inst. 1, 57: Unde et veteranis quibusdam concedi solet principalibus constitutionibus conubium ...); wir würden eine regelmäßige Privilegierung der Veteranen erschließen, genau wie wir es in dem faktisch gegebenen Fall der missio agraria bzw. nummaria tun. Nur aufgrund der Diplome läßt sich prüfen, ob eine solche Regelmäßigkeit tatsächlich gegeben war.

[6] Vgl. aber auch Wolff, Heer und Integrationspolitik, 50ff.

Mustern, und durch sie wurden - je nach Zugehörigkeit der Empfänger zu den einzelnen Truppengattungen - immer genau ein bzw. zwei Privilegien verfügt, nämlich entweder civitas Romana und conubium oder allein das Eherecht[7]. Die Verleihung dieser Privilegien war mit der Ausfertigung der Originaltafeln und der Vergabe der Militärdiplome so eng verbunden, daß der ganze erste Teil der vorliegenden Arbeit auf die Frage nach Regelmäßigkeiten oder Unregelmäßigkeiten der *Diplomvergabe* ausgerichtet sein muß. Zum einen wissen wir nicht, ob der Akt einer Bürgerrechtsverleihung an Veteranen zu einer Zeit, zu der man prinzipiell auch Diplome ausgab, überhaupt noch ohne den Aushang einer entsprechenden Originaltafel in Rom vorgenommen wurde, von der Abschriften angefertigt werden konnten, und zum anderen bieten die Diplome selbst ein Indiz dafür, daß man bei allen Bürgerrechtsverleihungen, gleichgültig aus welchem konkreten Anlaß vorgenommen, auf eben diese Praxis zurückgriff: Abschriften von in Rom aufgehängten Privilegierungsurkunden sind für den normalen Fall der ehrenhaften Entlassung, für den Fall herausragender Tapferkeit und für den der missio causaria erhalten, also für alle Situationen, die Anlaß zu einer solchen Auszeichnung gegeben haben mögen[8]. Und schließlich stellen die Diplome als auf den Tag genau datierbare Dokumente für den Rechtsakt der Privilegierung von Veteranen ganz genau spezifizierter Truppen die exaktesten und aufschlußreichsten Quellen dar, die uns für den gesamten Sachkomplex vorliegen. Die Frage nach der Privilegierung der Veteranen mit Bürger- und / oder Eherecht ist also als Frage nach der Praxis der Diplomvergabe zu sehen und zu stellen[9].

Auf eine methodische Besonderheit ist für die Auswertung der Diplome schon an dieser Stelle hinzuweisen: Sie stellen im Normalfall in Bronze gearbeitete Abschriften dar, die wohl nur auf Anforderung der Veteranen gefertigt wurden, und zwar wahrscheinlich auch unter Beteiligung der Empfänger an den Kosten[10]. Es ist daher nichts als eine vorläufig plausible Vermutung,

---

[7]Einzige Ausnahme ist das Diplom CIL XVI 25, durch welches auch Immunitäten verliehen wurden; dazu siehe u. S. 72ff.

[8]Siehe CIL XVI 160. 60. 10. 17. Im Falle herausragender Tapferkeit konnte man die Soldaten natürlich bereits *vor* ihrer Entlassung mit dem Bürgerrecht auszeichnen; so in CIL XVI 160, anders aber in CIL XVI 60; siehe dazu u. S. 22ff.

[9]Legionsveteranen erhielten keine Diplome; siehe Daris, Documenti, Nr. 83. Daher sind die Privilegien der Legionsveteranen, soweit es sich um Eherecht mit peregrinen Frauen und Bürgerrecht für vorhandene peregrine Kinder handelt, auch weniger greifbar als die der Veteranen anderer Truppen. Die Frage muß im ersten Teil der vorliegenden Arbeit ausgeklammert werden; sie kann im zweiten Teil an gegebener Stelle beantwortet werden; siehe u. S. 78ff.

[10]So: Kellner, Heer und Integrationspolitik, 245; anders: Behrends, Heer und Integrationspolitik, 149; siehe u. Anm. 510.

daß über die Zeiten hinweg immer zumindest einige der Veteranen, die auf die Privilegien Anspruch erheben konnten, auch auf eine relativ teure Bronzeausfertigung Wert legten. Außerdem wird vorausgesetzt, daß von den einmal ausgestellten Diplomen jedes ungefähr die gleiche Chance hatte, zu überdauern und der modernen Forschung bekannt zu werden. Es wird also angenommen, daß die Verteilung der heute vorliegenden Diplome sowohl über die Truppengattungen als auch über die Jahrzehnte hinweg ungefähr repräsentativ ist. Nur unter dieser Voraussetzung läßt sich überhaupt von den erhaltenen Diplomen auf die Praxis ihrer Vergabe zurückschließen.

Die (im zweiten Teil zu behandelnde) Verleihung von Immunitäten hat sich - im Gegensatz zur Vergabe von Bürger- und Eherecht - nicht zu ähnlich schematisierten Formen entwickelt. Außerdem fand sie ihren Niederschlag normalerweise auf weniger haltbarem Material wie Holz oder Papyrus. Nicht zuletzt dies dürfte der Grund dafür sein, daß kaum Zeugnisse für diese Art der Privilegierung vorliegen. Die bekannten Quellen aber gestatten - eben der weniger schematischen Form wegen - einen direkteren Zugriff als die Militärdiplome, deren Auswertung einen zumindest groben Überblick über das gesamte bisher bekannte System ihrer Vergabe voraussetzt.

I. Die Vergabe von Bürger- und Eherecht nach den Militärdiplomen

A. Die Auxilia

Die Vergabe von civitas Romana und conubium[11] an Auxiliarveteranen ist im Zusammenhang der vorliegenden Arbeit lediglich als Einleitung zu behandeln. Wie bereits erwähnt, soll die Frage nach Regelmäßigkeit oder Unregelmäßigkeit der Vergabe im Zentrum der Untersuchung stehen. Genau diese Frage auf die Auxiliardiplome anzuwenden ist aber überflüssig, denn schon ein kurzer Blick auf das neueste Register der bisher veröffentlichten Militärdiplome in RMD II[12] macht die Folgerung notwendig, daß die in den Diplomen verfügten Privilegien an ehemalige Auxiliarsoldaten *regelmäßig* vergeben wurden[13]. Das älteste erhaltene Diplom für Auxiliarsoldaten wurde kurz vor dem Jahr 54 ausgestellt[14], das jüngste im Jahr 203[15]. Innerhalb dieser Zeitspanne lassen sich Tendenzen feststellen: Bis zur Regierungszeit Mark Aurels liegt eine fast kontinuierliche Steigerung in der Zahl der überlieferten Diplome vor[16], nach dem Jahr 166 dagegen ein rapider Rückgang. Diese rückläufige Entwicklung läßt sich auch bei den Diplomen der Prätorianerkohorten, der cohortes urbanae und der Flotten zeigen. Dennoch deutet sie

---

[11]Bei dieser Untersuchung wurde so vorgegangen, daß die Diplome nach Truppengattungen getrennt ausgewertet wurden. Die entsprechenden Zusammenstellungen der Arbeit beizugeben schien überflüssig, da sowohl die beiden Teilbände des CIL XVI als auch die beiden nachfolgenden Quellensammlungen M. Roxans hervorragende Indices enthalten.

[12]Roxan, RMD II, S. 121ff.

[13]Das bedeutet allerdings nicht, daß die Auxiliardiplome überhaupt keinem Wandel unterlagen. Visy stellt im Gegenteil fest, "daß fast alle Kaiser eine inhaltliche oder formelle Neuerung in der Bürgerrechtsschenkung eingeleitet haben, und zwar am Anfang ihrer Regierung" (AAntHung 36 (1984), 234).

[14]CIL XVI 2.

[15]Eck - Wolff, Heer und Integrationspolitik, 556ff.

[16]Bis zu acht sicher datierte und innerhalb eines Jahres ausgestellte Auxiliardiplome sind überliefert: CIL XVI 119. 185. RMD 63. 64. 65/115. 66. 116. 117 im Jahr 164.

nicht darauf hin, daß die Diplomvergabe zur Zeit Mark Aurels allgemein beendet wurde[17].

Wenn die Betrachtung der Auxiliardiplome an den Anfang dieser Arbeit gestellt wurde, so mit der Absicht, anhand dieser Diplome allgemeine Merkmale der Privilegierung durch die Vergabe von Bürger- und Eherecht ausführlicher darzulegen, Charakteristika, die im weiteren Verlauf nur noch verkürzt dargestellt oder implizit vorausgesetzt werden. Diese Dokumente der Privilegierungen von Auxiliarsoldaten eignen sich dazu in besonderer Weise, ja, sie haben in der ihnen mindestens bis zum Jahr 140 eigenen Form geradezu paradigmatischen Charakter[18]. Sie stehen, zusammen mit Diplomen für Flottensoldaten, zeitlich am Beginn der massenhaften Vergabe der durch sie verfügten Privilegien[19], sie liegen in größerer Zahl vor als alle anderen Diplome, und vor allem enthalten sie bis zum Jahr 140 die vollständigste Zusammenstellung all jener Privilegien, die überhaupt durch Diplome vergeben wurden. Veränderungen gegenüber diesen frühen Auxiliardiplomen dokumentieren rein äußerlich immer zunächst einmal Einschränkungen, die fallweise zu erklären sind. Hinzu kommt, daß das Formular dieser Diplome bei allen nachfolgenden Entwürfen für andere Truppengattungen offensichtlich als Vorlage gedient hat, so daß Textänderungen und Unterschiede in der Textgestalt vor dem Hintergrund des früheren Formulars der Auxiliardiplome zu erklären sind.

Ist damit die Behandlung dieser Diplome also einerseits ohnehin unumgänglich, so kann sie andererseits durchaus in die Arbeit mit einer Quellen-

---

[17]Gegen diese Annahme spricht, daß die Diplome CIL XVI 123, RMD 68, CIL XVI 128, RMD 123 und 69, CIL XVI 131 und 132, ferner das Fragment, welches Lieb, Heer und Integrationspolitik, 343 Anm. 174 erwähnt, und schließlich das von Eck - Wolff veröffentlichte Diplom (Heer und Integrationspolitik, 556ff.) sicher in die Zeit *nach* 166 datiert werden können.

[18]In diesem Jahr (zur genaueren Datierung siehe Nuber, Germania 47 (1969), 178ff.) wurde das Formular geändert, womit ein Teil der früher zugestandenen Privilegien entfiel. Zu den äußeren Umständen und der Intention dieser Änderung siehe Link, ZPE 63 (1986), 185ff.; dort auch die weiterführende Literatur. Hinzuzufügen ist Roxan, Heer und Integrationspolitik, 265ff.

[19]Allein Morris scheint eine noch frühere, regelmäßige Privilegierung durch Diplome auf weniger haltbarem Material als Bronze anzunehmen: siehe Morris, Arh. Vest. 28 (1977), 199. Eine regelmäßige, aber nicht an Diplome gebundene Privilegierung bereits seit Augustus setzte schon Mommsen, Gesammelte Schriften VI, 75 voraus; so auch Vittinghoff, Römische Kolonisation, 97 mit Anm. 2 (hier auch weitere Literatur), ebenso Behrends, Heer und Integrationspolitik, 134. Die Stelle, auf die sich diese Ansicht stützt, Suet., Calig. 38, ist allerdings in keiner Weise fähig, die auf ihr beruhende Hypothese zu tragen. Sueton schreibt, daß Caligula den Enkeln von mit dem Bürgerrecht ausgezeichneten Neubürgern die Zivität wieder aberkannt habe; er schreibt aber nicht, daß es sich bei den ursprünglich Privilegierten um Veteranen handelte. Auch Dessau, Geschichte I, 276 bezweifelte eine Vergabe dieser Privilegien vor Claudius; so auch Birley, Heer und Integrationspolitik, 252f.

gattung einführen, die nicht zum Arbeitsfeld eines jeden Althistorikers gehört. Dieser Einleitung dient der folgende Abschnitt.

Das Formular der Diplome

Das festgefügte Formular der Auxiliardiplome unterliegt folgendem Schema: Auf den Kaisernamen und die Titulatur folgen die Nennung der von der jeweiligen Privilegierung betroffenen Truppen, eingeleitet durch "Imperator ... equitibus et peditibus, qui militant (bzw. militaverunt)[20] in alis ... et cohortibus ...", die Angabe ihrer Garnisonsprovinz, des betreffenden Truppenkommandeurs und der Hinweis auf eine abgeleistete Dienstzeit von 25 oder mehr Jahren sowie ggf. auf die ehrenhafte Entlassung. Daran schließt sich das "allgemeine Formular" an: der Hinweis darauf, daß die Privilegien für die im Anhang namentlich aufgeführten Personen gelten, sowie die explizite Angabe der Privilegien. Es folgen die Datierung, die Nennung des jeweiligen Empfängers, seiner Truppe und seines Kommandeurs sowie abschließend der Vermerk, daß es sich bei dem vorliegenden Text um eine geprüfte Abschrift der in Rom an einem angegebenen Ort angebrachten Originaltafel handelt[21], was im allgemeinen sieben Zeugen bestätigen[22]. Mit leichten Abwandlungen folgen auch alle anderen Diplome diesem übergreifenden Aufbau. Das allgemeine Formular, auf das in dieser Arbeit gelegentlich rekurriert werden wird, lautet wörtlich: equitibus et peditibus ... quorum nomina subscripta sunt, ipsis liberis posterisque eorum civitatem dedit et conubium cum uxoribus, quas tunc habuissent, cum est civitas iis data, aut, siqui caelibes essent, cum iis, quas postea duxissent dumtaxat singuli singulas. Dieses Formular wurde im Jahr 140 verändert und lautete seitdem: equitibus et peditibus ... quorum nomina subscripta sunt, civitatem Romanam, qui eorum non haberent, dedit et conubium cum uxoribus, quas tunc habuissent, cum est civitas iis data, aut cum iis, quas postea duxissent dumtaxat singulis[23].

---

[20]Zum Wechsel von "militant" zu "militaverunt" und seinen Hintergründen vgl. Alföldy, Römische Heeresgeschichte, 61ff.

[21]Seit Domitian erscheint als Ortsangabe regelmäßig "Romae in muro post templum divi Augusti ad Minervam"; ausführlicher hat sich Dušanić, Epigraphica 46 (1984), 91ff. mit diesem Thema beschäftigt.

[22]Zu den Zeugen allgemein: Morris, Arh. Vest. 28 (1977), 299ff.; Dušanić, Festschr. A. Guarino, 271ff.

[23]Das letzte Beispiel für das alte Formular liegt wahrscheinlich in RMD 43 vor; das erste für den neuen Text in CIL XVI 90.

Der Inhalt der Diplome

Dieses allgemeine Formular umschreibt die durch die Diplome gewährten Vergünstigungen vollständig, nämlich (1.) die Vergabe des Bürgerrechts an Veteranen und - bis zum Jahr 140 - ihre Kinder und Nachkommen sowie (2.) die Verleihung des Rechts, auch als römischer Bürger eine Peregrine in vollrechtlichem matrimonium zu ehelichen (conubium), allerdings nur einmal[24]. Weitere Privilegien, wie z.B. Landzuweisungen, können in den Diplomen genannt sein, werden aber nicht durch sie verfügt[25].

In diesem Zusammenhang ist auf eine Grenze bei der Auswertung der Diplome besonders hinzuweisen. Die Soldaten erhielten die Möglichkeit, nach 25 oder mehr Dienstjahren bzw. nach ihrer Entlassung eine Frau peregrinen Rechts zu ehelichen. Die Diplome sagen aber überhaupt nichts darüber aus, ob und unter welchen Bedingungen *aktive* Soldaten *vor* Beendigung ihrer Dienstzeit eine Frau, welchen Rechts auch immer, in die Ehe führen konnten. Ein Eheverbot oder eine Eheerlaubnis für aktive Soldaten wird in den Diplomen weder erwähnt noch vorausgesetzt und ist aus ihnen auch nicht letztgültig zu erschließen[26]. Aus der gelegentlichen Erwähnung zu

---

[24]Der Intention dieser Regelung zufolge dürfte es sich bei der peregrinen Frau wohl um die Mutter der gemeinsamen Kinder gehandelt haben, obwohl die Formulierung eine andere Ehe selbstverständlich nicht ausschloß.

[25]Die Ausnahme CIL XVI 25 ist hier auszuklammern. Landzuweisungen werden auch in CIL XVI 12-16 erwähnt.

[26]Zutreffend Lesquier, L'armée, 277f.; ihm folgend: Kromayer - Veith, Heerwesen und Kriegführung, 533 mit Anm. 2; irrig hingegen: Nesselhauf, CIL XVI (1936), p.155; Durry, Les cohortes prétoriennes, 295; Wickert, Die Flotte, 110; Starr, The Roman Imperial Navy, 92 und - ihm folgend - Watson, The Roman Soldier, 138; Garnsey, Social Status, 250 Anm. 2; Arnaud-Lindet, REL 55 (1977), 308. Kraft wies ebenfalls auf die Unabhängigkeit der Diplomvergabe von einer Heiratserlaubnis oder einem Eheverbot vor Abschluß der Dienstzeit hin (Zur Rekrutierung, 126f. 138), setzte aber - ähnlich wie nach ihm wieder Starr, The Roman Imperial Navy, 92 - den Begriff "consuetudo concessa", der spätestens seit dem Jahr 158 in den Diplomen der prätorischen Flotten erscheint, mit einem "matrimonium iustum" gleich und schloß daher - wohl fälschlich - auf eine "wirkliche Heiratserlaubnis während der Dienstzeit" für diese Soldaten (S. 127). Diese Gleichsetzung zu Recht zurückgewiesen von Lesquier, L'armée, 277f. und Nesselhauf, CIL XVI, (1936), p.155. Zutreffend und etwas ausführlicher auch: Campbell, JRS 68 (1978), 164. Auf die Verwertung der Arbeit Meyers, Der römische Konkubinat, Leipzig 1895, wird hier bewußt verzichtet, da in ihr zum überwiegenden Teil inzwischen von der Forschung zweifelsfrei als irrtümlich erkannte Hypothesen aufgestellt bzw. zugrundegelegt wurden.

Bezüglich der Möglichkeiten der Soldaten, eine rechtskräftige Ehe während der Dienstzeit einzugehen, folge ich im wesentlichen der Forschungsmehrheit, die davon ausgeht, daß bis Septimius Severus ein generelles Eheverbot bestand. So: Corbett, The Roman Law of Marriage, 40; Nesselhauf, CIL XVI (1936), p.155, col. 2; Alexander, HSPh 49 (1938), 145; besonders klar: Sander, RhM 101 (1958), 152ff., bes. 155; Webster, The Roman Imperial Army, 104; Garnsey, Social Status, 250 Anm. 2; Osier, Latomus 36 (1976), 658; Campbell, JRS 68 (1978), 154. 160ff.; ders.,

privilegierender Kinder und der namentlichen Nennung von Frauen läßt sich lediglich schließen, daß es de facto geduldete eheähnliche Verbindungen gab.

Die Empfänger der Privilegien

Die durch die Diplome verfügten Privilegien für Auxiliarsoldaten wurden an aktive oder aus dem Dienst ausscheidende Angehörige der Alen und Kohorten vergeben[27]. Ein Diplom aber erhielt der einzelne Soldat wahrscheinlich nicht automatisch nach 25 oder mehr Dienstjahren, sondern nur in sol-

---

The Emperor, 222. Dagegen: Kraft, Zur Rekrutierung, 127; Starr, The Roman Imperial Navy, 92. Starr nimmt aufgrund der Gleichsetzung von consuetudo concessa und matrimonium irrtümlich an, daß Flottensoldaten seit 166 im Gegensatz zu allen anderen Soldaten heiraten durften; ihm folgend: Watson, The Roman Soldier, 139f. Weiterführende Bemerkungen finden sich bei Behrends, Heer und Integrationspolitik, 130ff.

Das allgemeine Eheverbot scheint aber an einer Stelle eine Einschränkung erfahren zu haben, die m.W. bisher nicht beachtet wurde: Auxiliarsoldaten erhielten das conubium *nach 25 oder mehr Dienstjahren*, und das heißt: bis zum Jahr 80 *regelmäßig*, bis zum Jahr 110 *zumeist vor* ihrer Entlassung (Alföldy, Römische Heeresgeschichte, 54ff.). Das conubium, die Möglichkeit, eine peregrine Frau in eine nach römischem Recht vollgültige Ehe zu führen, ist zwar zu unterscheiden von einer allgemeinen Heiratserlaubnis, dem ius uxorem ducendi, aber es scheint fraglich, ob das conubium ohne das ius uxorem ducendi logisch denkbar ist. Auch für die aus einer Soldatenehe hervorgegangenen Kinder hätte eine Trennung dieser beiden Rechte untragbare Folgen gehabt: *Vor* der Diplomvergabe geboren, wären sie römische Bürger geworden, ebenso wie die *nach* der Entlassung geborenen, wohingegen die *nach* der Diplomvergabe, aber *vor* der Entlassung geborenen Kinder peregrin geblieben wären. Das im römischen Heer sonst allgemein gültige Eheverbot scheint also auf die Auxiliarsoldaten, denen bereits ein Diplom ausgefertigt worden war, keine Anwendung gefunden zu haben.

Ich möchte hier lediglich noch auf die Meinung von Mirković eingehen, die annimmt, daß Soldaten auch während ihrer Dienstzeit ein matrimonium iustum haben konnten und daß sich alle Restriktionen für Kinder, die während der Militärzeit ihrer Väter geboren wurden, auf Disziplinarverstöße der Väter zurückführen lassen. Diese Disziplinarverstöße hätten sich daraus ergeben, daß die Soldaten - obwohl juristisch durchaus verheiratet - keine *faktische* Ehe führen durften (Mirković, ZPE 40 (1980), 259ff.). Wahrscheinlich ist diese Ansicht irrig, denn sie impliziert, daß durch die Privilegierung der Kinder bis zum Jahr 140 die Disziplinarverstöße der auxiliarii im Augenblick ihrer Entlassung rückwirkend sanktioniert wurden. Weiterhin setzt sie voraus, daß die Soldaten, die bei ihrer Entlassung ihre Kinder namentlich nannten, völlig überflüssigerweise (denn die Kinder wurden in jedem Fall privilegiert, und zwar aufgrund des *allgemeinen* Formulars) ihre Disziplinarverstöße öffentlich dokumentierten. Beide Annahmen sind sehr unwahrscheinlich, und schließlich bleibt unklar, was mit dem Begriff "consuetudo concessa", der in den Flottendiplomen seit 158 erscheint, ausgedrückt werden soll: Nach Mirković wäre dies konsequenterweise der "zugestandene Disziplinarverstoß".

[27] Alföldy, Römische Heeresgeschichte, 51ff.; siehe auch Mann, ES 9 (1972), 238ff.

chen Fällen, in denen er einen Beleg für die durch diese Konstitution verfügten Privilegien benötigte und anforderte[28]. Dabei sind mehrere Konstellationen denkbar, in denen das Diplom für ihn wertvoll sein konnte: (1.) Der Soldat konnte selbst Peregriner sein; in diesem Fall dürfte er an einem Dokument über sein Bürgerrecht interessiert gewesen sein. (2.) Er konnte den Wunsch haben, eine Peregrine vollrechtlich zu ehelichen. Da er spätestens seit seiner Entlassung römischer Bürger war, konnte in diesem Fall das conubium von Nutzen sein. (3.) Er konnte Kinder haben, die Peregrine waren und durch das Militärdiplom mit dem Bürgerrecht ausgestattet wurden. (4.) Mehrere der oben genannten Fälle konnten in Kombination eintreten.

Solche Soldaten, die nach 25 oder mehr Dienstjahren bereits römische Bürger waren und weder peregrine Kinder hatten noch eine peregrine Frau zu heiraten wünschten, forderten im Normalfall wahrscheinlich keine Diplome an; in diesem Fall wurden die Tafeln auch nicht vergeben[29]. Andererseits reichte aber schon einer der oben genannten Gründe aus, ein Diplom auszustellen, wobei der Text der einzelnen Diplome nicht auf die individuellen Bedürfnisse der Empfänger hin formuliert wurde, sondern im allgemeinen Formular immer den vollständigen Wortlaut der Originaltafel wiedergab.

Die Voraussetzungen für die Vergabe der Privilegien

Im allgemeinen scheinen die Diplome nach einer Dienstzeit von 25 oder mehr Jahren und etwa seit dem Jahr 80 zunehmend im Zusammenhang mit der ehrenhaften Entlassung vergeben worden zu sein[30]. Für den Erwerb eines Anspruchs auf Bürgerrecht und conubium galten dieselben Bedingungen wie für die honesta missio[31]. Besonders herausragende militärische Tüchtigkeit o.ä. war wohl keine Voraussetzung[32]. Auch die Entlassung selbst war keine

[28]Kraft, Zur Rekrutierung, 108ff., bes. 110.

[29]Kraft, Zur Rekrutierung, 110.

[30]Vgl. Alföldy, Römische Heeresgeschichte, 62f.

[31]So auch: Vittinghoff, Historia 1 (1950), 402f.; Alföldy, Römische Heeresgeschichte, 51ff.

[32]Eine grundsätzlich andere Einschätzung der Diplome legt, soweit ich sehe, lediglich Dušanić seinen Publikationen zugrunde, wobei er eine These Domaszewskis aufgreift: "Diese Art Auszeichnung erfolgt ob virtutem. Es ist daher die Erlassung dieser Constitutiones immer die Folge kriegerischer Ereignisse gewesen" (Domaszewski, Die Rangordnung, 75 Anm. 2). Auch nach Dušanić wurden Militärdiplome immer aufgrund militärisch herausragender Leistungen vergeben, waren immer sogenannte "special grants". Eine Art Einführung in seine Theorie gibt Dušanić in seinem Aufsatz "Military Diplomata and War Expeditions", Roman Frontier Studies III, 12 (1979/80), 1061ff., bes. 1064. Ähnlich: ZPE 47 (1982), 149f.; jetzt auch: Pre-Severan Di-

notwendige Voraussetzung, wie aus der Existenz von Diplomen hervorgeht, die regelmäßig ausgestellt wurden, *bevor* die honesta missio erteilt worden war, *nachdem* aber der Empfänger der Privilegien bereits 25 oder mehr stipendia abgeleistet hatte[33]. Wir können davon ausgehen, daß die Diplome den auxiliarii nach Ableistung ihrer Dienstjahre eher regelmäßig als ausnahmsweise vergeben wurden, sofern sie nur darum baten[34].

Eine zweite, seltener auftretende Art von Diplomen stellte man für solche Soldaten aus, die aufgrund herausragender militärischer Leistungen privilegiert wurden "ante emerita stipendia". Diese Diplome sind folglich klar von den erstgenannten zu trennen; sie dokumentieren zumeist nicht die Privilegierung römischer *Veteranen* und werden im weiteren als "special grants" bezeichnet[35].

Die Intention der Vergabe

Trotz der Regelhaftigkeit der Vergabe wird in der vorliegenden Arbeit der Begriff des "Privilegs" bzw. der "Privilegierung" verwendet. Dafür lassen sich im wesentlichen drei Gründe nennen: (1.) Der Begriff ist in der Forschung eingebürgert. (2.) Die Regelhaftigkeit, die für die Vergabe der Auxiliardiplome festgestellt werden kann, läßt sich nicht auf die Vergabe der Diplome aller Truppengattungen übertragen, so daß, wie sich im Verlauf der Arbeit

plomata, Heer und Integrationspolitik, 190ff. Diese Hypothese hat sich in der Forschung nicht durchsetzen können, vgl. bes. Strobel, Festschr. S. Lauffer, 930ff. und Clauss, JRA 1 (1988), Kapitel VII. (Die endgültige Druckfassung war mir nicht nicht mehr zugänglich; für die vorzeitige Überlassung des Manuskripts danke ich dem Rezensenten.) Die Grundlage seiner Schlüsse, die Tatsache, daß die statistische Verteilung der Diplome systematischen Verzerrungen und nicht bloßer Zufälligkeit in der Überlieferung unterliegt, haben die Vertreter der communis opinio noch nicht überzeugend erklären können; um so nachdrücklicher pocht Dušanić - zu Recht - auf dieses Argument: "The observations ... contain much that is hypothetical ... But one thing appears clear ...: the statistical 'anomalies' dealt with ... show that certain emeriti ... remained sine aeribus ..." (Heer und Integrationspolitik, 229; vgl. auch 191f.). Hypothesen zu diesem Thema sind m.E. wesentlich auch unter dem Aspekt zu bewerten, ob sie diesem hier von Dušanić herausgestellten Tatbestand angemessen Rechnung tragen können.

Im folgenden werden als "special grants" solche Diplome bezeichnet werden, die aufgrund militärischer Glanztaten vergeben und als solche auch durch das Formular kenntlich gemacht wurden.

[33] Vgl. Alföldy, Römische Heeresgeschichte, 54f.

[34] Vgl. auch Parker, The Roman Legions 242f.; Roxan, ES 12 (1981), 272f.; Campbell, The Emperor, 441. Zum verwaltungstechnischen Ablauf siehe Wolff, ZPE 43 (1981), 403ff.

[35] In der Terminologie folge ich hier - wie in der neueren Forschung üblich - Dušanić; vgl. Anm. 32.

ergeben wird, die Ausgabe oder der Erhalt eines Militärdiploms sachlich völlig zutreffend als gewährtes oder empfangenes Privileg verstanden werden kann. (3.) Der Begriff dient zur Abgrenzung gegen einen Zweig der Forschung, der, und zwar mit weitreichenden Konsequenzen, die Diplomvergabe nicht nur nicht als Privileg, sondern als disziplinarische Maßnahme, gewissermaßen als Zwangsbeglückung mit Auszeichnungen von fraglichem Wert, versteht. Diese Richtung wurde besonders von Durry vertreten[36]. Kraft hat sich überzeugend gegen diese Ansicht gewandt[37], und hier soll seinen Argumenten noch ein weiteres zur Seite gestellt werden:

Unsystematische Verleihungen des römischen Bürgerrechts an peregrine Soldaten sind sehr viel älter als die Militärdiplome. Als Beispiel aus der ausgehenden Republik sei hier auf eine Maßnahme des Pompeius Strabo verwiesen: [C]n. Pompeius Sex. [f. imperator] virtutis caussa equites Hispanos ceives [Romanos fecit][38]. Unsystematisch dürften solche Verleihungen in mehrfacher Hinsicht gewesen sein: Wir erhalten weder Hinweise darauf, daß die Privilegien allen peregrinen Soldaten zukamen, was wahrscheinlich nicht der Fall war, noch darauf, aufgrund welcher Qualifikation sie ihnen zugestanden wurden, noch darauf, daß es einen festgelegten Kanon der Privilegien gegeben hätte, die zu solchen Gelegenheiten immer verliehen wurden. Vermutlich gab es keinen solchen Katalog: Ein Beispiel sehr viel umfassenderer Privilegierung, die sich darüber hinaus möglicherweise an Legionäre richtete[39], findet sich unter Oktavian. Er gab "ipsis parentibu[s lib]erisque eorum e[t uxo]ribus qui sec[um]que erunt im[mu]nitatem omnium rerum ..., utique optimo iure optimaq[u]e legis (sic!) cives Romani sint, immunes sunto, liberi s[unto mi]litiae, muneribus publicis fu[ngend]i vocat[i]o (!)."[40]

Anhand dieser Beispiele[41] wird deutlich, daß die Vergabe zumindest des Bürgerrechts Vorläufer schon in der Republik hatte, bei denen der Belohnungscharakter unzweifelhaft ist. Die Diplomvergabe seit Claudius steht in dieser Tradition, und es bedürfte eindeutiger Argumente, um sie als solche nicht primär als Belohnung, sondern als Restriktion, Disziplinierungsmaß-

---

[36] Durry, Les cohortes prétoriennes, 300f.; siehe auch u. S. 36ff.

[37] Kraft, Zur Rekrutierung, 123f.

[38] Criniti, L'Epigrafe, 16ff.

[39] So auch: Saddington, The Development, 188 Anm. 40; Wolff, Heer und Integrationspolitik, 94.

[40] FIRA I^2, Nr. 56.

[41] Weitere Beispiele finden sich bei Plutarch, Marius, 28,3; in ILS 2531; ILA 634 (bereits claudisch); vgl. auch Saddington, The Development, 188ff.; Holder, Studies in the Auxilia, 47; und u. S. 68ff.

nahme o.dgl. erscheinen zu lassen. Die Diplome als solche verfügen Privilegien.

Eine andere Frage ist, ob sich für den Kaiser weitere Motive für die Verleihung von Bürgerrecht und conubium aufzeigen lassen. Hier liegt nun für die frühen Auxiliardiplome die Absicht des Claudius offen zutage, über die Einbindung der Soldaten in das römische Bürgerrecht den Prozeß der Romanisierung in den Provinzen zu beschleunigen[42]. Es war zu erwarten, daß die auxiliarii zum Zeitpunkt ihrer Entlassung römisch-militärische Formen bereits als selbstverständlich angenommen hatten. Durch die Auszeichnung mit dem Bürger- und Eherecht wurden sie in die Lage versetzt, in ihren zumeist peregrinen Heimatgemeinden, in die sie sich, zumindest im 1. Jahrhundert, wieder zurückzogen, als sozial und rechtlich bevorzugte Gruppe aufzutreten und das früher angenommene Denken und Sozialverhalten als Richtschnur zu vermitteln. Dies war um so eher möglich, als der Veteran nicht als einzelner römischer Bürger erschien, sondern eine römische Familie gründen konnte oder bereits gegründet hatte. Lediglich die Frau wurde nicht mit dem römischen Bürgerrecht bedacht, was aber nur noch einmal auf den ausgeprägten Belohnungscharakter der Privilegierung verweist: Dem Soldaten, der gedient hatte bzw. weiterhin diente, wurde die Zivität zugestanden; die Frau, die auf keine Verdienste verweisen konnte, erhielt - personenrechtlich gesehen - nichts. Durch das den Soldaten verliehene conubium aber wurde diese de facto ohnehin stark romanisierte Ehe auch de jure unter römisches Recht gestellt.

Das Ende der Vergabe

Das Ende der Vergabe nicht nur der Auxiliar-, sondern auch der Flottendiplome stellt ein ganz eigenes, außerordentliches Problem dar. Man könnte erwarten, daß die Vergabe der durch die Diplome verfügten Privilegien erst mit der Auflösung oder grundsätzlichen Umformung einer Truppe endete, was aber nach Ausweis der Diplome selbst nicht der Fall war: Das letzte erhaltene Auxiliardiplom fällt in das Jahr 203[43], das letzte erhaltene Flottendiplom in das Jahr 249/50[44] - beide Daten spielen aber in der Geschichte der jeweiligen Truppen keine herausragende Rolle. Eine andere Vermutung liegt

[42] So auch: Vittinghoff, Historia 1 (1950), 390; Sherwin-White, The Roman Citizenship, 247; 249. Unabhängig davon mag zutreffen, daß die Eroberung Britanniens den Anlaß für die Herausbildung der Praxis der Diplomvergabe darstellte; so: Dušanić, ZPE 47 (1982), 166f.

[43] Eck - Wolff, Heer und Integrationspolitik, 561.

[44] CIL XVI 154.

nahe: Seit der constitutio Antoniniana mußten Diplome eigentlich wertlos sein, denn die meisten Soldaten selbst waren mit hoher Wahrscheinlichkeit
18
römische Bürger, und auch Ehen mit noch peregrinen Frauen dürften eine seltene Ausnahme gewesen sein. Aber auch dieser Gedanke trifft nicht zu, wie sich am Beispiel der Prätorianer zeigen läßt: Der größere Teil ihrer Diplome, durch die den als ehemaligen Prätorianern ohnehin römischen Veteranen das Recht zur Ehe mit einer peregrinen Frau verliehen wurde, wurde *nach* dem Jahr 212 ausgegeben[45].

Die behelfsmäßige Annahme, daß die Vergabe von Diplomen die Verleihung der Privilegien in der Form überlebte, daß Diplome nach einem bestimmten Zeitpunkt nur noch als inhalts*leere* Ehrungen vergeben wurden[46], ist von vornherein abzulehnen: Zum einen kann diese Hypothese nicht den allgemeinen, starken Rückgang der Diplome gerade unter Mark Aurel erklären (denn *er* hätte doch wegen der schweren militärischen Auseinandersetzungen seiner Zeit allen Grund gehabt, Soldaten auszuzeichnen), und zum anderen führt sie auf methodisch überaus unsicheren Boden: Werden die erhaltenen Privilegierungsurkunden als leere Formeln verstanden, so wird bei ihrer Interpretation der Unverbindlichkeit völlig Raum gegeben.

Bei dieser Sachlage scheint es angebracht, die Diplome zunächst auf ihre chronologische Verteilung hin zu betrachten.

Die meisten Auxiliardiplome pro Jahr liegen für die fünfziger und sechziger Jahre des 2. Jahrhunderts vor. Diese Häufung kommt mit dem Jahr 167/8 zu einem abrupten Ende; auf die Zeit nach 168 sind nur sieben Auxiliardiplome sicher zu datieren[47]. Wird also nach Gründen für das Ende der Vergabe von Diplomen an auxiliarii gefragt, so liegt der Gedanke nahe, dieses Ende zunächst in den 60er Jahren des zweiten Jahrhunderts zu suchen. Die vereinzelten und weit gestreuten Belege der späteren Zeit sind besser als Ausnahmen zu erklären; der *wesentliche* Grund muß vom Jahr 167/8 aus erschlossen werden. Es gilt also, eine Hypothese zu finden, die einerseits weit genug gefaßt ist, um Ausnahmen zuzulassen, andererseits aber erklärt, weshalb die Masse der Auxiliarsoldaten auf Diplome verzichtete. Aufgrund die-

---

[45] Außerdem wissen wir mit relativer Sicherheit, daß auch die Vergabe von Diplomen an Auxiliarsoldaten mindestens bis zur Mitte des 3. Jahrhunderts fortgesetzt wurde; dazu siehe Lieb, Heer und Integrationspolitik, 343 mit Anm. 175.

[46] So: Kraft, Zur Rekrutierung, 123 schon für die Prätorianerdiplome des 1. und 2. Jahrhunderts; ders., Zur Rekrutierung, 128 für alle Diplome nach der constitutio Antoniniana.

[47] CIL XVI 128; RMD 123. 69; CIL XVI 131. 132; ein Fragment aus dem Jahr 202, welches Lieb, Heer und Integrationspolitik, 343 Anm. 174 und Eck - Wolff, Heer und Integrationspolitik, 566 mit Anm. 42 erwähnen, sowie das von den letztgenannten veröffentlichte Diplom aus dem Jahr 203 (ebda.).

ser Vorüberlegung ist der Gedanke an eine unmittelbare gesetzliche Restriktion a priori zurückzuweisen, denn diese Vermutung kann die oben genannten Ausnahmen nicht erklären. Außerdem liegt in RMD 53 und CIL XVI 132 aus den Jahren 159 und evtl. 189[48] ein Formular[49] vor, das deutlich werden läßt, daß für bevorzugte Veteranen (nämlich ehemalige Dekurionen und Centurionen) *besondere* und *umfassendere* Privilegien durch die Diplome verfügt wurden als für die gemeinen auxiliarii. Daraus ist zu schließen, daß die Verleihung der Privilegien in dem *geringeren* Umfang, in dem sie seit dem Jahr 140 vergeben wurden, über die sechziger Jahre hinweg noch als Norm galt. Der Grund ist also tatsächlich zunächst einmal in dem Verhalten der Veteranen zu suchen, nicht in dem der kaiserlichen Zentrale.

Die einzige bekannte Hilfestellung, die die Diplome selbst zur Beantwortung dieser Frage geben, ist die Änderung des Formulars im Jahr 140. Die Auxiliarsoldaten dienten 25 oder mehr Jahre, so daß zwischen der Änderung von 140 und 167/8 ziemlich genau eine Soldatengeneration liegt. Diese Beobachtung führte Roxan zu der Annahme, daß seit 140, als die Kinder der auxiliarii kein Bürgerrecht mehr erhielten, sich nur noch solche Männer rekrutieren ließen, die die Diplome nicht mehr benötigten[50]. Diese Hypothese aber bleibt in mehrfacher Hinsicht unbefriedigend: Sie setzt voraus, daß die Rekruten seit 140 selbst fast ausschließlich römische Bürger waren, daß sie fast nur römische Frauen heiraten wollten und daß die Privilegierung der zum Zeitpunkt der Rekrutierung noch nicht einmal geborenen Kinder vor 140 für einen Peregrinen der ausschlaggebende Grund dafür gewesen wäre, sich immatrikulieren zu lassen. Vor allem aber erklärt diese Vermutung nicht, weshalb zwischen 140 und 167/8 in steigender Anzahl Diplome ausgestellt wurden: Wenn es die Privilegierung der Kinder war, die vor dem Jahr 140 einen wesentlichen Grund dafür darstellte, daß die Veteranen Diplome anforderten, so wäre zu erwarten, daß sie *seit 140* auf die Diplome verzichteten, da die Kinder seit *diesem Jahr* kein Bürgerrecht mehr erhielten. Die kurz vor 140 rekrutierten Veteranen hätten also, durch die Neuregelung enttäuscht, wohl auf ihre nun wertlosen Diplome verzichtet, nicht aber - wie die chronologische Verteilung der Diplome wahrscheinlich macht - in steigendem Maße Bronzeausfertigungen angefordert (und bezahlt)[51].

---

[48]Vgl. Wolff, Chiron 4 (1974), 481 mit Anm. 3.

[49]Zur Ergänzung des Fragments siehe Nesselhauf, Historia 8 (1959), 438; Wolff, Chiron 4 (1974), 484.

[50]Roxan, ES 12 (1981), 278.

[51]Zum finanziellen Aspekt siehe u. S. 139 Anm. 510. Neben dieser im Text genannten Hypothese sind noch zwei weitere, allerdings gleichermaßen unwahrscheinliche Möglichkeiten zu bedenken: (1.) Die Soldaten gaben bereits bei Dienst*beginn* bekannt, ob sie ein Diplom wollten

Die Frage nach dem Ende der Vergabe von Diplomen an Auxiliarveteranen muß damit an dieser Stelle unbeantwortet bleiben. Zu ihrer Klärung sind weitere Informationen notwendig, die erst im zweiten Teil der vorliegenden Untersuchung erarbeitet werden können. Aus diesem Grund ist die Frage zurückzustellen und in einen Appendix zu verweisen[52].

oder nicht. Sie hätten also als Rekruten bis zum Jahr 140 in dem Glauben, das Bürgerrecht auch für ihre Kinder zu erhalten, ein Diplom angefordert und nach 25 oder mehr Dienstjahren erhalten, allerdings mit dem geänderten Text. Es ist aber unwahrscheinlich, daß bereits die Rekruten sich für oder gegen ein Diplom entscheiden mußten, zumal zum Zeitpunkt ihrer Rekrutierung die zu privilegierenden Kinder sicherlich häufig noch gar nicht existierten.

(2.) Den Rekruten wurden bei Dienstantritt zum letzten Mal offiziell die Bedingungen bekanntgegeben, unter denen sie zu dienen hatten und zu denen sie entlassen wurden. Diese Annahme schlösse ein, daß die Soldaten bis zu der im Jahr 140 rekrutierten Generation erst bei der Diplomausgabe in der zweiten Hälfte der 60er Jahre erfahren hätten, daß sie verminderte Privilegien erhalten sollten, und deshalb auch nach 140 ein Diplom angefordert hätten. Diese Hypothese ist aber ebenfalls unwahrscheinlich, und zwar deswegen, weil wir von einem recht zügigen Informationsfluß innerhalb des Heeres ausgehen dürfen, vor allem bei Fragen, die den einzelnen Soldaten so zentral betrafen. Dies gilt in besonderem Maße dann, wenn die vorliegenden Diplome an Mitglieder derselben Truppe ausgestellt wurden. Bei einem Vergleich von RMD 47 (= CIL XVI 110) und RMD 35 ergibt sich z.B., daß die als Empfänger auftretenden Soldaten 20 Jahre gleichzeitig und in derselben Einheit Dienst getan hatten (nämlich in der cohors I Ulpia Brittonum milliaria, gleichzeitig von ca. 133 bis ca. 154), ein entsprechender Informationsaustausch also wohl vorausgesetzt werden darf.

[52] Siehe u. S. 138ff.

B. Die Flotten

Bei der Betrachtung der Vergabe von Bürger- und Eherecht an Veteranen der Flotten ist zwischen den provinzialen Flotten einerseits und denen Misenums und Ravennas andererseits zu unterscheiden. Diese Trennung ist sinnvoll, da die jeweiligen Diplome, auch wenn sie im Formular (zunächst) gleich waren, in unterschiedliche Zusammenhänge gehören: Soldaten einer prätorischen Flotte wurden - soweit wir wissen - zum erstenmal im Jahr 52 durch Diplome privilegiert (CIL XVI 1), provinziale im Jahr 79 (CIL XVI 24). Spätestens seit dem Jahr 99 (CIL XVI 45) wurden die Privilegierungen der Provinzflotten mit der Diplomvergabe an auxiliarii zusammengefaßt, und mit dem Auslaufen der Diplome für Auxiliarsoldaten enden auch die Belege für die Vergabe von Bürger- und Eherecht an die provinzialen classici im 2. Jahrhundert[53]. Dagegen liegen für die Angehörigen der prätorischen Flotten weiterhin Diplome vor, deren Formular spätestens im Jahr 158 einer grundlegenden Änderung unterworfen wurde; spätestens seit diesem Jahr erhielten sie das Bürgerrecht nur noch für jene Kinder, mit deren Mutter sie in einer sogenannten "consuetudo concessa" gelebt hatten[54]. Dieser Befund läßt auf einen Unterschied in der Behandlung einzelner Flotten schließen. Es scheint daher gerechtfertigt, sie zunächst getrennt voneinander zu betrachten.

Die prätorischen Flotten bis zur Zeit Hadrians

Soweit bekannt, erhielten die Veteranen der misenatischen Flotte - wie gesagt - zum erstenmal im Jahr 52 Diplome, deren Formular im wesentlichen mit dem der Auxiliardiplome identisch war und deshalb hier nicht noch einmal aufzuführen ist. Der einzige Unterschied besteht darin, daß bei den classici im Gegensatz zu den auxiliarii nicht die abgeleistete Dienstzeit (bei den

---

[53] Letztes Beispiel: RMD 111 im Jahr 161. Die Lesung ist unsicher. Sofern es sich nicht um ein Flottendiplom handelt, liegen die letzten Beispiele für das Jahr 148 vor: CIL XVI 179 u. 180.

[54] Hanel, BJ 185 (1985), 89ff. Wie Hanel zu Recht betont, liegt die eigentliche historische Bedeutung dieses Diploms in dem Umstand, "daß die Grenze zwischen zwei unterschiedlichen Textformeln zeitlich näher zusammengerückt werden kann" (93). Seine Ansicht bezüglich der Intention dieser Änderung vermag ich aber nicht zu teilen: Sie lag sicherlich nicht darin, die Kinder aus nur noch *einer* Ehe anzuerkennen. Nach dem Wortlaut des Diploms war auch die Privilegierung von Kindern aus früheren Verbindungen erlaubt, sofern diese staatlicherseits anerkannt waren, was mit der Formel "consuetudo concessa" ausgedrückt wurde; vgl. dazu: Link, ZPE 63 (1986), 190.

Hilfstruppen mindestens 25 Jahre), sondern die honesta missio als Voraussetzung angenommen worden zu sein scheint[55]. Die Bürger- und Eherechtsschenkung ist wahrscheinlich auf den gleichen politischen Entschluß des Claudius zurückzuführen, der auch zu der regelmäßigen Privilegierung der auxiliarii führte[56].

Die nächsten Hinweise auf Bürger- und Eherechtsschenkungen an Flottensoldaten liegen für die Jahre 68 und 70 vor; sie wurden von Galba und Vespasian vorgenommen. In beiden Fällen wurden classici zu Legionären befördert, um aus ihnen neue Legionen zu gründen, und in diesem Prozeß, der die Dienstverpflichtung des einzelnen Soldaten auf 20 Jahre reduzierte, fielen Entlassungen an[57]. Dabei sind mehrere rechtliche Schritte in direkter Folge vollzogen worden. Sie sind leicht zu differenzieren: Die betroffenen Soldaten wurden befördert, erhielten daraufhin die Entlassung und dann das Bürgerrecht mit dem conubium. Dies sind getrennte Rechtsakte; die Tatsache, daß von Galba in den entsprechenden Diplomen[58] Entlassung und Bürgerrechtsverleihung zusammengefaßt wurden, läßt diese Diplome nicht als außerordentliche erscheinen. Von Vespasian[59] wurde die honesta missio bei der Privilegierung wieder ausdrücklich vorausgesetzt. Inhaltlich betrachtet erhielten diese Veteranen in Bezug auf das Bürgerrecht die gleichen Privilegien wie ihre dienstjüngeren Kommilitonen: Auch jene werden in Zukunft als Legionäre den Bürgerstatus gehabt haben. Bevorzugt wurden die Veteranen in Bezug auf das conubium mit einer peregrinen Frau - dieses Recht blieb den zunächst einmal noch Dienst ableistenden Legionären als Legionsveteranen wohl vorenthalten[60].

Unter Vespasian wurden noch ein weiteres Mal Flottenveteranen privilegiert, und zwar im Jahr 71[61]. In diesem Fall waren jene betroffen, die nicht zu Legionären befördert worden waren. Soweit wir wissen, fanden diese Entlas-

---

[55] Mann, ES 9 (1972), 233.

[56] Siehe o. S. 15. Auch die enge Beziehung des Claudius zu den Flotten mag ausschlaggebend gewesen sein, vgl. Kienast, Untersuchungen zu den Kriegsflotten, 54; vgl. auch Dušanić, ZPE 47 (1982), 166f.

[57] Offensichtlich wurden die Flottensoldaten nicht Mann für Mann ausgesucht, sondern in geschlossenen Verbänden befördert. Nur dadurch erklärt sich, daß Soldaten zu Legionären wurden, die - als Legionäre - bereits ihre Dienstzeit überschritten hatten. Zu der Bildung dieser Legionen ausführlicher: Kienast, Untersuchungen zu den Kriegsflotten, 61ff.; Alföldy, Römische Heeresgeschichte, 110ff.

[58] CIL XVI 7-9; RMD II, S. 231, Nr. 2 (veteranis, qui militaverunt ..., honestam missionem et civitatem dedit); vgl. auch Kienast, Untersuchungen zu den Kriegsflotten, 62 Anm. 50.

[59] CIL XVI 10. 11.

[60] Dazu u. S. 83 Anm. 320 u. S. 85ff.

[61] CIL XVI 12-17.

sungen zwischen dem 9. Februar und dem 5. April 71 statt; eine spätere Entlassung, in der auch die causarii berücksichtigt wurden, fällt in die Zeit zwischen dem 14. und dem 30. April dieses Jahres. Es ist möglich, daß Vespasian sich mit dieser Massenentlassung vornehmlich von den unruhigen Elementen in der Flotte befreite (was zumindest für gewisse Soldaten eine vorzeitige Entlassung impliziert)[62]; wahrscheinlicher aber ist, daß er hier jene Flottensoldaten entließ, die ohnehin ihre Dienstzeit vollendet oder sogar überschritten hatten, da in allen Fällen auf eine bereits abgeleistete Dienstzeit von 26 oder mehr Jahren Bezug genommen wird[63]. Diese Privilegierung durch Diplome ist dann unmittelbar als Belohnung verständlich, die in Analogie zu derjenigen vorgenommen wurde, die Vespasian - und dies wieder parallel zu dem Vorgehen Galbas - den zu Legionären beförderten Flottenveteranen zugestanden hatte[64].

Für die Zeit bis Hadrian liegt noch ein weiteres Diplom für Angehörige der italischen Flotten vor: Im Jahr 114 privilegierte Trajan eine bestimmte Schiffsmannschaft[65]. Der Text dieses Diploms weicht vom normalen Schema ab und läßt darauf schließen, daß es sich hier um eine außerordentliche Privilegierung für ein außerordentliches Verdienst handelte[66].

Die einzelnen Diplome wurden hier für die Zeit bis in das 2. Jahrhundert hinein in dieser Ausführlichkeit besprochen, weil sie bei unvoreingenommener Betrachtung einen Schluß sehr wahrscheinlich machen, der m.W. noch nicht gezogen worden ist[67]: Angehörige der misenatischen und ravennatischen Flotte konnten bis zur Regierungszeit Hadrians im Normalfall nicht damit rechnen, die Privilegien zu erhalten, die den Auxiliarveteranen seit Claudius zugestanden wurden. In allen Fällen, in denen wir Flottendiplome aus dieser Zeit haben, liegen besondere Situationen und außerordentliche Anlässe vor, so daß es voreilig erscheint, sie als reguläre Privilegierungen zu interpretieren. Besonders eindrucksvoll wird dies durch das gehäufte Auf-

---

[62]Kienast, Untersuchungen zu den Kriegsflotten, 69f.

[63]Natürlich nicht bei den causarii, CIL XVI 17.

[64]Vielleicht hing sie auch mit den in Tac., Hist. 3,57 erwähnten Versprechungen Vespasians zusammen, der den Soldaten im Bürgerkrieg angeblich besondere Belohnungen in Aussicht gestellt hatte. Die Soldaten werden diese Zuwendungen wohl unabhängig davon erwartet haben, ob der Brief, der diese Versprechungen enthielt, echt oder, wie Tacitus sagt, gefälscht war.

[65]CIL XVI 60: iis, qui naviga[verunt in qua]driere Ope.

[66]Starr, The Roman Imperial Navy, 81 vermutet, daß diese Mannschaft den Kaiser in einem Sturm rettete; ihm folgt Webster, The Roman Imperial Army, 165 Anm. 2; vgl. auch Forni, Heer und Integrationspolitik, 296.

[67]Der einzige, ganz vage in diese Richtung gehende Satz findet sich bei Roxan, ES 12 (1981), 283: "The distribution of Fleet diplomas by decades is distorted, in the period 61-80, by the "legionary" diplomas of Galba and Vespasian, and the special diploma of 71 (CIL XVI 17)."

treten der Diplome in bestimmten Jahren[68] und durch das völlige Fehlen über ganze Jahrzehnte hinweg illustriert. Diese unregelmäßige Verteilung der Diplome, aus der wohl auf eine Unregelmäßigkeit der Vergabe der Privilegien geschlossen werden kann, kennzeichnet die Situation bis zu einer wahrscheinlichen Reform Hadrians: Seit seiner Zeit jedenfalls liegen Diplome für Angehörige der prätorischen Flotten in einer gewissermaßen "normalen" Verteilung vor, das heißt für spätestens jedes fünfte Jahr ist ein Diplom erhalten, und Häufungen wie die oben genannte treten nicht auf.

Als Stütze für diesen Schluß ist auf das bereits erwähnte Diplom CIL XVI 60 aus dem Jahr 114 noch einmal besonders hinzuweisen. Es ist auf die Auszeichnung zurückzuführen, die Trajan der Mannschaft der Quadriere Ops, sicherlich virtutis causa, zuteil werden ließ. Der Text lautet: "Imp. ... Traianus ... iis, qui naviga[verunt in qua]driere Ope et [militaverunt in] classe praetor[ia ---] sub Q. Marcio Tu[rbone, quorum] nomina subsc[ripta sunt, ipsis] liberi[s posterisque eorum civitatem dedit]." Wie sich zeigen wird, handelt es sich hierbei um eine Privilegierung, die auch unter den "special grants" einzigartig ist (aber nicht, wie McClees will, einen neuen Typ von Diplomen darstellt)[69]. Zum Vergleich müssen die Diplome CIL XVI 10 und 17 (aus den Jahren 70 und 71) und 160 (vom Jahr 106) herangezogen werden[70].

---

[68]Für die Zeit vom Jahr 68 bis zum Jahr 71 sind 11 Diplome erhalten, welche ausnahmslos an Angehörige der prätorischen Flotten ausgestellt wurden.

[69]McClees, AJA 30 (1926), 421.

[70]Alle anderen "special grants" bieten keine Vergleichsmöglichkeiten. A priori gilt dies für CIL XVI 68 und RMD 17, 27 und 28, die für palmyrenische Bogenschützen ausgestellt wurden und besonderen Bedingungen unterlagen (siehe u. S. 48ff.) Auszuscheiden ist auch CIL XVI 25, weil es sich hier um ein verderbtes Exemplar handelt. CIL XVI 132 und RMD 53 beinhalten Besonderheiten in der Frage der Privilegierung bestimmter Kinder. Dieser Aspekt ist hier uninteressant. Bei RMD 19 handelt es sich wahrscheinlich nicht um ein "special grant" (vgl. auch Roxan im zugehörigen Kommentar Anm. 1). RMD 20 ist zu fragmentarisch überliefert, als daß Sicheres festgestellt werden könnte. Schwieriger ist die Bewertung von CIL XVI 41 und dem Diplom, welches Gerasimova-Tomova 1984 veröffentlichte (Archeologija 26 (1984), 81-84; wieder abgedruckt bei Lőrincz - Visy, ZPE 63 (1986), 249). Nach Lőrincz - Visy, 246f. handelt es sich bei beiden Diplomen um reine Bürgerrechtsverleihungen "ante emerita stipendia" und "virtutis causa". Ihr Argument für diese Annahme besteht darin, daß auf der erhalten *Innen*seite (!) der Diplome kein Hinweis auf eine abgeleistete Dienstzeit oder eine honesta missio gegeben wird. Ihrer Hypothese widerspricht aber die Tatsache, daß in beiden Diplomen Kinder und Nachkommen ebenfalls genannt sind (was aus den erhaltenen Teilen, besonders aus "ipsis", fortzusetzen durch "[liberis posterisque]", erschlossen werden kann). Dies aber war unter der Bedingung eines allgemeinen Heiratsverbots für noch aktive Soldaten bei Privilegierungen *vor* ihrer Entlassung undenkbar (so argumentiert beispielsweise auch Roxan, RMD 19 Anm. 1, und diese Argumentation scheint zutreffend zu sein, wobei allerdings darauf hingewiesen werden muß, daß sie sich in RMD II, S. 127 Anm. 10 zu CIL XVI 41 ohne Begründung widerspricht).

In den ersten beiden Fällen wurden causarii "ante emerita stipendia" privilegiert. Sie waren aufgrund ihres mannhaften Einsatzes für Vespasian dienstuntauglich geworden und traten in den Ruhestand. Dementsprechend wurden die üblichen Privilegien auch ihren Familien verliehen. Im dritten Fall wurden Auxiliarsoldaten aufgrund besonderer Verdienste noch während ihrer regulären Dienstzeit mit Diplomen ausgezeichnet, die konsequenterweise nur die Verleihung des Bürgerrechts für die Soldaten selbst aufführten; Kinder und Frauen blieben unerwähnt. Im Gegensatz zu diesen Beispielen handelt es sich bei dem Diplom CIL XVI 60 um eine Auszeichnung, die - wie aus der Erwähnung der Kinder zu schließen ist - sowohl erst in dem Augenblick verliehen wurde, in dem die Soldaten den Dienst quittierten, als auch Bezug auf eine außerordentliche Leistung (oder wenigstens die Zugehörigkeit zu einer herausragenden Schiffsmannschaft) nimmt. Damit läge also ein zu CIL XVI 17 analoger Fall vor, wenn es sich bei den Soldaten um causarii handelte. Obwohl das Diplom nur fragmentarisch erhalten ist, läßt sich aber mit Sicherheit sagen, daß der bei Kriegsverletzten übliche Hinweis auf ihren Versehrtenstatus nicht vorgenommen wurde. Folglich ist anzunehmen, daß die Soldaten nach Absolvierung ihrer regulären Dienstzeit und anläßlich ihrer Entlassung das Diplom erhielten, weil sie sich irgendwann im Laufe ihres Dienstes ausgezeichnet hatten. Es muß in der Sache tatsächlich eine hervorragende Leistung gewesen sein, die dazu führte, daß dieser Schiffsmannschaft Diplome verliehen wurden, denn in keinem der in großer Zahl bekannten "normalen" Fälle, in denen die bloße Ableistung der Dienstzeit zum Erhalt eines Diploms ausreichte, wurde auf besondere Verdienste der Empfänger verwiesen. Damit ist nun die letzte Schlußfolgerung zu ziehen: Wenn im Falle des Diploms CIL XVI 60 für Veteranen einer prätorischen Flotte zur Zeit Trajans ein *besonderes Verdienst* während ihrer Militärzeit

---

Die frühen Auxiliardiplome, die nach einer gewissen Dienstzeit, aber noch vor der honesta missio ausgestellt wurden, unterliegen natürlich anderen Bedingungen. In jedem Fall wird in ihnen auch auf die abgeleistete Dienstzeit verwiesen, so daß sie hier nicht als Gegenbeispiel dienen können.

Es ist daher gegen Lőrincz und Visy anzunehmen, daß es sich bei den betreffenden Diplomen nicht um "special grants" handelte, sondern daß der Schreiber im Jahr 97, in welchem beide Diplome ausgestellt wurden, aus irgendwelchen Gründen (z.B. Gründen der Ökonomie, wenn - wie Lőrincz und Visy zu Recht vermuten - ein Versehen ausscheidet) den Innentext der Diplome, in dem allgemein kleinere Auslassungen bzw. starke Abkürzungen vorgenommen wurden, weiterhin verkürzte. Vor allem aber scheint mir der folgende Grund die Lösung von Lőrincz und Visy unhaltbar zu machen: Sie erkannten zwar richtig, daß auf den Diplomfragmenten kein Raum für die Ergänzung einer Angabe der Dienstzeit zur Verfügung steht; es ist ihnen aber entgangen, daß in den von ihnen als Parallelen herangezogenen Vergleichsbeispielen CIL XVI 17 und 160 die Angabe des besonderen Verdienstes in *dem* Teil erfolgt, der in den von Lőrincz und Visy besprochenen Diplomen noch erhalten ist. Würde es sich bei diesen Diplomen also tatsächlich um Privilegierungen "virtutis causa" handeln, so wäre das militärische Verdienst im erhaltenen Teil der Diplome genannt. Dies ist aber nicht der Fall.

notwendige Voraussetzung für den Erhalt eines Diploms war, so waren Angehörige dieser Flotten im Normalfall, das heißt durch bloße Ableistung ihrer Dienstzeit, nicht zum Empfang von Diplomen berechtigt.

Diplome wurden also an Angehörige der prätorischen Flotten bis in hadrianische Zeit nur in Ausnahmefällen vergeben. Am Anfang stand wahrscheinlich eine politische Entscheidung des Claudius, die sich in den Rahmen seiner Bürgerrechtspolitik eingliedern läßt, sich aber nicht über seinen Tod hinaus durchzusetzen vermochte. Ein eindeutiger Hinweis auf den Grund für diese Entwicklung, die ja in krassem Gegensatz zur Praxis einer fortlaufenden Diplomvergabe an Auxiliarveteranen stand, ist m.W. nicht überliefert. Möglicherweise war es für Nero zu Regierungsantritt opportun, die Bürgerrechtsverleihungen des Claudius nicht in vollem Umfang fortzusetzen, da sie Opposition in Rom hervorgerufen hatten[71] und Nero sein zunächst noch ungetrübtes Verhältnis zu Senat und Ritterschaft zu erhalten trachtete[72]. Für diese Opposition nun muß die Bürgerrechtsvergabe an Flottenveteranen noch weitaus geschmackloser gewesen sein als die an ehemalige Auxiliare, da die Flotten zum einen ein noch geringeres Prestige genossen und zum anderen eher im Blickfeld der stadtrömischen Gesellschaft standen als die Hilfstruppen. Die Tatsache, daß Claudius, dessen Verhältnis zu den Prätorianern zwiespältig war, sich nicht zuletzt durch seine Bürgerrechtspolitik auch die Unterstützung der misenatischen Flotte sichern wollte, mag einen weiteren Grund für Nero dargestellt haben, die Privilegierung wieder einzustellen, und zwar vor allem, wenn man an die einflußreiche Rolle denkt, die gerade die Prätorianer unter ihrem Präfekten Burrus zu Beginn der neronischen Herrschaft spielten[73]. Es folgte die aus einer politischen Zwangslage entstandene Maßnahme Galbas, der nicht nur das Versprechen Neros erfüllen und Flottensoldaten zu Legionären befördern, sondern sich auch das Wohlwollen dieser Truppen sichern mußte und daher sowohl die Aktiven als auch die zu Entlassenden mit dem Bürgerrecht versah[74]; für die letzteren ist offensichtlich das unter Claudius einmal geprägte Formular für gut befunden

---

[71]Siehe Sen., Apocol. 3,3.

[72]Vgl. auch Tac., Ann. 13,4.

[73]Vgl. Durry, Les cohortes prétoriennes, 367ff.

[74]Die Haltung Galbas diesen Soldaten gegenüber war nur scheinbar wechselhaft. Sueton berichtet, daß er sie mit dem grausamen Mittel der Dezimierung bestrafte, als sie ihre Bestätigung als Legionäre forderten (Galba, 12). Nach Cassius Dio 55,24,2 jedoch vollzog Galba diese Bestätigung. Wahrscheinlich handelte es sich um verschiedene Truppen: Nero hatte wohl gewissen ehemaligen classici den Status von Legionären versprochen, aus anderen Flottensoldaten aber lediglich Landtruppen gebildet, ohne sie zu echten Legionären zu machen. Die ersteren bestätigte Galba als Legionäre, während er die letzteren abschlägig beschied, als sie die Gleichstellung mit ihren Kameraden forderten. So: Nicolas, De Néron, 353f.

worden und hat hier Pate gestanden. Die Maßnahme Vespasians für Veteranen der legio II adiutrix pia fidelis ist als Analogie zu den Privilegierungen Galbas für Veteranen der legio I adiutrix zu erklären, sein Verfahren in der Massenentlassung im Jahr 71 als Analogie zu dem für die legio II: Vespasian enthielt den *ausgedienten* Flottenveteranen nicht vor, was er den *beförderten* Flottenveteranen zugestanden hatte. Das Diplom Trajans vom Jahr 114 ist ein "special grant".

Mithin ist davon auszugehen, daß Veteranen der misenatischen und der ravennatischen Flotte erst seit Hadrian regelmäßig Bürger- und Eherecht erhielten. Das erste Beispiel liegt für das Jahr 118/9 vor[75].

Die provinzialen Flotten bis zur Zeit des Titus

Da vor der Zeit des Titus kein Beispiel dafür überliefert ist, daß Veteranen der provinzialen Flotten civitas und conubium erhalten hätten, ist der Gedanke naheliegend, daß diese Auszeichnung auch ihnen vorenthalten wurde. Außerdem weist das Formular im ersten erhaltenen Diplom, CIL XVI 24 aus dem Jahr 79, darauf hin, daß hier ein gewisser Neuansatz gegenüber den früheren, prätorischen Flottendiplomen vorliegt: Galt bei den Flottensoldaten im Jahr 52 die honesta missio als Berechtigungsgrundlage, bei den Auxiliarsoldaten aber eine abgeleistete Dienstzeit von mindestens 25 Jahren, so wurden diese beiden Aspekte in den Flottendiplomen seit dem Jahr 79 vereinigt und gemeinsam als zum Diplomempfang berechtigende Faktoren erwähnt. Schließlich läßt sich diese Hypothese anhand einiger Papyri erhärten, die wahrscheinlich machen, daß zumindest die Flottensoldaten in Ägypten zeitweise keine Diplome erhielten. Der sich auf die sogenannten *χάρις Νέρωνος* beziehende Text[76] ist im Jahr 63 verfaßt worden und stellt die in einer Audienz erteilte Antwort des Präfekten von Ägypten[77] auf eine Anfrage dar, die ihm schon mindestens zum zweitenmal (Z.11) von zunächst nicht näher spezifizierten Veteranen (Z.10) vorgelegt wurde. In seiner Antwort ging der Präfekt auf Probleme der Bürgerrechtsverleihung ein (Z.10), das heißt entweder auf die Vergabe des Bürgerrechtes selbst[78], oder auf die Zuerkennung

---

[75] CIL XVI 66.

[76] P. Fouad I, Nr. 21, zu ergänzen durch P. Oslo. Inv. 1451; beide Papyri in Daris, Documenti, Nr. 101f.; zum Text siehe auch u. S. 109.

[77] Scherer, P. Fouad I, S. 39.

[78] So Dušanić, Heer und Integrationspolitik, 198 mit Anm. 38.

weiterer, mit dem Bürgerrecht verbundener Vorteile[79], oder auf beide Aspekte gleichzeitig. Die Veteranen erhielten folgenden Bescheid: "Ich habe euch schon einmal gesagt, daß der zugrundeliegende Sachverhalt bei jedem einzelnen von euch weder ähnlich noch gleich ist (οὔκ ἐστιν ὁμοία οὐδὲ ἡ αὐτὴ [ἑκάστων] ὑμῶν ὑπόθεσις). Denn die einen von euch sind Entlassene aus den Legionen, andere aus den Alen, andere aus den Kohorten, andere aus der Flotte, so daß nicht für alle dasselbe Recht gilt."

Wie Scherer bereits vermutet hat, scheint die vollständige Aufzählung der verschiedenen Truppengattungen die besondere Komplexität des Problems verdeutlichen zu sollen[80]. Der Präfekt scheint die Sachlage aber nicht nur deutlich gemacht zu haben; er hat, ärgerlich, wie er bereits war[81], *über*deutlich formuliert, indem er *alle* Truppengattungen aufzählte. Damit differenzierte er seiner "erschlagenden" Antwort zuliebe feiner, als dies eigentlich gerechtfertigt war. Sachlich notwendig war lediglich eine Aufgliederung in drei Kategorien, nämlich Legions-, Auxiliar- und Flottenveteranen, wie daraus hervorgeht, daß die Legionäre in ihrem Gedächtnisprotokoll derselben Sitzung[82], als sie die Angelegenheit vom Ergebnis her betrachteten, nur diese drei Kategorien voneinander unterschieden[83]: ἄλλη ἡ ἀγωγὴ{ι} ἡ ̣τῶ̣ν λεγεωναρίων, ἄλλο ἡ ̣τῶν χωρταρίων, ἄ<λ>λο ἡ τῶν κοπηλατῶν (Z. 18ff.). Jede dieser *drei* Gruppen scheint also letztendlich anders behandelt worden zu sein.

Nach welchen Kriterien ging man vor, wenn eine solche Dreiteilung notwendig war? Das Bürgerrecht allein kann nicht ausschlaggebend gewesen sein, denn sowohl die Legionäre als auch die Auxiliarveteranen waren sicherlich cives Romani[84]. Wäre das Bürgerrecht alleiniges Kriterium gewesen, so wäre ohnehin allenfalls eine Zwei-, nicht aber eine Dreiteilung zu erwarten. Aus demselben Grund können auch die in der modernen Forschung immer wieder bemühten weitergehenden, an das Bürgerrecht gebundenen

---

[79]Scherer, P. Fouad I, S. 42f.; Wenger, ZRG 62 (1942), 373; Chalon, L'édit, 65; Wolff, Heer und Integrationspolitik, 100f.; vgl. auch Kraft, Ges. Aufsätze, 153.

[80]Scherer, P. Fouad I, S. 43.

[81]Z. 11; vgl. auch den sich auf dieselbe Sitzung beziehenden Text Daris, Documenti, Nr. 103, Z. 17ff.

[82]P. Yale Inv. 1528 (= Daris, Documenti, Nr. 103); vgl. Welles, JRS 28 (1938), 41f.; Westermann, CPh 36 (1941), 23ff.

[83]Die Trennung in Alen und Kohorten dürfte in der Verwaltungssprache üblich gewesen sein (vgl. z.B. die Diplome, aber auch die Epikrisislisten in Daris, Documenti, Nr. 91-93 und 95) und sich daher dem Präfekten aufgedrängt haben.

[84]Für die letztgenannten liegen Diplome vor: CIL XVI 4 und 5 für die Jahre 60 und 64.

Privilegien[85] nicht das einzige Kriterium dargestellt haben: Ausgehend von der Annahme, daß Auxiliar- wie Flottenveteranen die Zivität erhielten, bleibt unerklärt, weshalb zwischen ihnen getrennt wurde, ihre ὑπόθεσις nicht gleich war (wobei von vornherein eine juristisch faßbare Ungleichheit zwischen dem altrömischen Legionsveteranen und den erst bei der Entlassung mit dem Bürgerrecht bedachten Neurömern zu konzedieren wäre, da sonst bei allen drei Gruppen der Sachverhalt hätte derselbe sein müssen). Daraus ist zu folgern, daß wohl beide Aspekte, nämlich sowohl das Bürgerrecht selbst als auch die mit ihm verbundenen weitergehenden Privilegien (zunächst in dieser unspezifischen Fassung) berücksichtigt werden müssen, um die Dreiteilung zu erklären, und zwar müssen in der dreistufigen Hierarchie die "weitergehenden Privilegien" die Trennung von Auxiliar- und Legionsveteranen bedingt haben, die ja als cives Romani allein dem Bürgerrecht nach gleich waren[86], und die Zivität selbst muß herangezogen werden, um die Trennung der Auxiliar- von den Flottenveteranen zu erklären, da sie, wären sie beide Römer geworden, auch hinsichtlich der "weitergehenden Privilegien" wohl gleich gewesen wären. Dieses Ergebnis ist mit der Tatsache in Beziehung zu setzen, daß Auxiliarveteranen zur Zeit Neros die Zivität erhielten[87], und da sie gerade hinsichtlich des Bürgerrechts selbst von den Flottenveteranen unterschieden werden müssen, scheint die Folgerung notwendig, daß die letztgenannten aller Wahrscheinlichkeit nach die civitas Romana nicht erhielten.

Die χάρις[88] galt zunächst einmal nur in Ägypten und für die Zeit Neros; das Ergebnis läßt sich m.E. aber auch auf andere provinziale Flotten übertragen, denn die Begründung des Präfekten für die Verweigerung des Bürgerrechts stützte sich allein auf Unterschiede zwischen den Truppengattungen, nicht aber auf Unterschiede zwischen verschiedenen Garnisonsprovinzen[89]. Wenn weitergehend für die Zeit bis Titus keine Diplome für provinziale Flotten vorliegen, so sollte auch dieser Befund dahingehend gedeutet

---

[85] Siehe o. Anm. 79.

[86] Diese "weitergehenden Privilegien" werden noch behandelt werden; siehe u. S. 111ff.

[87] Siehe o. Anm. 84.

[88] Es ist überaus naheliegend, χάρις hier nicht primär im Sinne von beneficium, sondern als constitutio zu verstehen und darin - hypothetisch - die Konstitution Neros zu sehen, mit der er die Empfangsberechtigung einzelner Truppengattungen bezüglich der Diplome neu regelte (dieser Sprachgebrauch war auch im 1. Jahrhundert durchaus üblich; vgl. z.B. OGIS 666,7; 669,29. 33. 44; BGU I. 19 I 7. 21; II 8). Natürlich beinhaltete diese constitutio eine χάρις, insofern sie ein beneficium verfügte, nämlich für die Auxiliarveteranen.

[89] Daher könnte die oben genannte Folgerung auch auf Veteranen der prätorischen Flotten angewendet werden, die nach ihrer Entlassung in ihre Heimat zurückgekehrt sein könnten. Diese Hypothese ist aber nicht zwingend.

werden, daß ihre Veteranen kein römisches Bürgerrecht erhielten. Aufgabe bleibt, eine plausible Erklärung für dieses Ergebnis zu finden.

Die provinzialen und die prätorischen Flotten in der Zeit zwischen Titus und Hadrian

Das erste erhaltene Diplom für einen Angehörigen einer provinzialen Flotte wurde, wie gesagt, im Jahr 79 unter Titus ausgestellt. Es scheint sich hier um ein ganz "normales" Diplom zu handeln; das nächste, ebenso "normale", fällt in das Jahr 86[90]. Angehörige der prätorischen Flotten wurden aber, wie oben herausgestellt, erst seit Hadrian regelmäßig durch Diplome privilegiert. Damit bleibt der erstaunliche Tatbestand zu erklären, daß zumindest einigen der provinzialen classici spätestens seit dem Jahr 79 gewährt wurde, was den italischen noch vorenthalten blieb.

Es ist sicherlich kein Zufall, daß bezüglich der provinzialen Flotten für die in Ägypten stationierte die ersten regulären Diplome vorliegen. Nach seinen mehrmaligen Seereisen im Zusammenhang mit dem jüdischen Krieg und den Wirren in den Jahren 68/69 konnte Titus dieser Flotte besonders gewogen sein, und es ist nicht unwahrscheinlich, daß er sie in den Rang jener Truppen erhob, die Anspruch auf diese Privilegierung hatten. Wahrscheinlich liegt eine Parallele hierzu in der Behandlung der Donauflotte durch Domitian vor: Auch ihre Privilegierung dürfte darauf zurückgehen, daß sich der Kaiser erkenntlich zeigen wollte; in diesem Fall erklärt sich die Verbundenheit wohl aus dem Krieg gegen Daker und Sarmaten[91].

Vor diesem Hintergrund muß nun erklärt werden, weshalb Vespasian den italischen Flotten das Recht auf fortlaufende Privilegierung verweigerte, das Titus und Domitian provinzialen Flotten zugestanden. Der Grund hierfür liegt wohl in den bereits oben genannten Motiven Vespasians: Für ihn ging es darum, eine Legion aus Flottensoldaten aufzustellen, und er zog alle damit verbundenen Konsequenzen in Analogie zu dem Vorgehen Galbas. Daß sich die Flotten, die sich in einem Zustand gefährlich gelockerter Disziplin be-

---

[90] CIL XVI 24. 32.

[91] CIL XVI 37 im Jahr 92 an die Flotte in Mösien. Ich gehe hier nicht, wie Dušanić, davon aus, daß alle Diplome "special grants" seien und in unmittelbarem Zusammenhang zu herausragender kriegerischer Leistung des einzelnen Soldaten stünden. Ich vermute dagegen, daß kaiserliches Wohlwollen ausschlaggebend dafür war, wenn eine bestimmte Flotte - als ganze - das Recht auf die durch die Diplome verliehenen Privilegien für ihre Veteranen erhielt, und dieses Wohlwollen konnte durchaus im Zusammenhang mit militärischen Ereignissen evoziert werden. Zu den starken Belastungen der mösischen Flotte in den Dakerkriegen Domitians siehe Webster, The Roman Imperial Army, 162.

fanden[92], seiner uneingeschränkten Wertschätzung erfreut hätten, läßt sich indessen nicht behaupten[93]. Anders war dies bei Titus und der ägyptischen Flotte, anders auch bei Domitian und der mösischen.

Seit Hadrian erhielten auch die Soldaten der prätorischen Flotten mit ihrer Entlassung Bürger- und Eherecht. Ihre Erhebung in den Kreis derer, die regelmäßig mit den durch die Diplome garantierten Privilegien ausgestattet wurden, könnte auf die besonderen Zugeständnisse zurückzuführen sein, die er den Truppen allgemein zu Regierungsbeginn wegen seines fragwürdigen Nachfolgeanspruchs und der Ermordung der vier Konsulare machte[94]. Eher wird man jedoch noch daran denken, den engen Kontakt, den Hadrian auf seinen vielen Reisen gerade zu den prätorischen Flotten knüpfen konnte, für ausschlaggebend zu halten[95].

Spätestens seit dem Jahr 99 wurden die Angehörigen provinzialer Flotten, sofern sie Bürger- und Eherecht erhielten, in den Diplomen mit den im entsprechenden Gebiet stehenden auxiliarii zusammengefaßt. Sie erschienen seitdem nicht mehr als eigenständige Empfängergruppe und wurden auch von der Änderung im Jahr 158 nicht betroffen[96].

---

[92]Siehe Kienast, Untersuchungen zu den Kriegsflotten, 66ff.; bes. 69f.

[93]Auch Kienast kommt zu dem Ergebnis, "daß Vespasian nicht gewillt war, den weiter auf den Flotten dienenden Leuten irgendwelche (!) Vergünstigungen einzuräumen" (Die Kriegsflotten, 70). Er bezieht dies aber nicht auf die Vergabe von Zivität und conubium an die Veteranen dieser Flotten.

Nur beiläufig soll hier auf die Parallelität zu der Behandlung der Prätorianer durch Vespasian verwiesen werden; siehe u. S. 39ff. Es scheint so, als habe er die Diplomvergabe als sehr geeignetes Mittel zur Beeinflussung der Soldaten gehandhabt.

[94]Auch die Vergünstigung, daß Flottensoldaten die tria nomina führen durften, wird Hadrian zugeschrieben; siehe Kienast, Untersuchungen zu den Kriegsflotten, 76f. Zu den Auswirkungen des gewaltsamen Todes der vier Konsulare auf die Politik Hadrians dem Heer gegenüber siehe bes. Alexander, HSPh 49 (1938), 144ff.

[95]Ähnliche Motive mögen bereits für Claudius gegeben gewesen sein, der im Jahr 43 einen Teil der Flotte selbst kommandierte; siehe Dušanić, ZPE 47 (1982), 167.

[96]Zur Änderung des Formulars siehe den folgenden Abschnitt. Zum Jahr 158: Hanel, BJ 185 (1985), 89ff. Die letzte Erwähnung einer provinzialen Flotte findet sich in RMD 111 vom Jahr 161, sofern man die mit guten Argumenten vorgetragene Ergänzungsmöglichkeit zugrundelegt, die Dietz (Chiron 11 (1981), 277ff.) vorgeschlagen hat: Die lesbare Zahl "XXVI" scheint tatsächlich darauf hinzudeuten, daß auch Flottenveteranen in diesem Auxiliardiplom genannt wurden, da allein sie eine Dienstzeit von 26 Jahren abzuleisten hatten; der Text folgt anscheinend der alten, unveränderten Vorlage.

Die prätorischen Flotten im 2. und 3. Jahrhundert

Für die Angehörigen der prätorischen Flotten dagegen liegen weiterhin "eigene" Diplome vor, und seit 140 folgte der Text ihrer Konstitutionen sogar einem eigenen Formular, was aus der Änderung des zunächst gleichen Formulars für die auxiliarii resultierte. Seit spätestens dem Jahr 158 erscheint aber auch der Text in den Flottendiplomen in abgewandelter Form: Der Kreis der Soldatenkinder, die das Bürgerrecht erhielten, umfaßte von nun an jene, "quos susceperint (sc. classici) ex mulieribus, quas secum concessa consuetudine vixisse probaverint". Ich habe an anderer Stelle nachzuweisen versucht, daß durch diese Neuerung, der in gewisser Hinsicht die Begrenzung der Privilegien für Auxiliarsoldaten vom Jahr 140 entsprach, der Anerkennung illegitimer Kinder Schranken gesetzt werden sollten[97]. Dieser Interpretation folgend ist es nicht möglich, in dem Begriff "consuetudo concessa" ein vollrechtliches matrimonium zu erkennen, was eine Aufhebung des Heiratsverbots speziell für die Flottensoldaten und damit eine Bevorzugung gegenüber allen anderen Truppen bedeutet hätte[98]. Diese Änderung ist im Gegenteil als Einschränkung zu verstehen, die den classici einen Teil ihrer bisherigen Privilegien nahm und eine längere Phase einleitete, während der überhaupt keine Diplome für diese Truppen bezeugt sind: Von 166 bis 192/4[99] liegt kein misenatisches, von 152 bis 213/7[100] kein ravennatisches Diplom vor. Damit drängt sich wieder die Frage auf, ob in der Zeit vor den Severern überhaupt regelmäßig Bürger- und Eherecht an die Veteranen der prätorischen Flotten vergeben wurde. Wenigstens punktuell (und damit gewissermaßen exemplarisch) läßt sich diese Frage aufgrund des Gnomon des Idios Logos eindeutig beantworten. Paragraph 55 sei hier seiner grundlegenden Bedeutung wegen vollständig wiedergegeben: "Wenn ein Ägypter unbemerkt in einer Legion Kriegsdienst tut, so tritt er mit der Entlassung in den

---

[97] ZPE 63 (1986), 190.

[98] So: Starr, The Roman Imperial Navy, 91f.; Watson, The Roman Soldier, 138; vgl. auch Campbell, JRS 68 (1978), 165 Anm. 89. Es ist ebensowenig möglich, aus der Vergabe von Diplomen auch nach Septimius Severus zu schließen, daß das Heiratsverbot für die Flottensoldaten aufrechterhalten worden sei. Mit den Diplomen verlieh man das conubium mit einer peregrinen Frau auch für den zum Bürger avancierten Flottenveteranen. Auf ein Eheverbot oder eine Eheerlaubnis während des Dienstes kann nicht geschlossen werden. Für die Diplome der Flottensoldaten gilt in diesem Punkt dieselbe Interpretation wie für die der Prätorianer. Verfehlt Wickert, WJA 4 (1949/50), 110.

[99] CIL XVI 122. 127. Zu CIL XVI 127: Lőrincz, ZPE 33 (1979), 157ff.; Eck, ZPE 51 (1983), 291ff.; RMD II, S. 134, Nr. 127; zur Datierung siehe u. S. 32 Anm. 108. Bei dem Diplom handelt es sich mit Sicherheit um die Privilegierungsurkunde eines Angehörigen einer *prätorischen* Flotte, und zwar wahrscheinlich der in Misenum stationierten; vgl. CIL XVI 127 Anm. 1.

[100] CIL XVI 100 und 138.

Ägypterstand zurück. Ebenso treten auch die von der Rudermannschaft mit der Entlassung zurück, ausgenommen allein die von der Flotte von Misenum."[101] Der zweite Satz hat allgemeine, nicht auf Ägypten oder Ägypter beschränkte Gültigkeit[102]. Er bestimmt, daß den Flottensoldaten im allgemeinen nicht das Bürgerrecht im Zusammenhang mit der ehrenhaften Entlassung gegeben werde, und somit implizit auch, daß sie keine Diplome erhielten. Auch die Vergabe des conubium mit einer peregrinen Frau schied aus, wenn die Veteranen keine Römer wurden.

Die Datierung dieser Bestimmungen ist umstritten[103], aber die hier vorausgesetzten bzw. geforderten Zustände treffen nach dem Zeugnis der Diplome auf die Jahre nach 152 bzw., falls sich RMD 111 auch auf Flottensoldaten beziehen sollte, auf die Jahre nach 161 zu[104]. Die deutliche Bevorzugung der misenatischen Flotte, die sich in dieser Regelung ausspricht, hatte gewissermaßen Tradition: Die classici Misenums taten, ähnlich den Prätorianern, de facto direkt unter dem Kaiser Dienst[105], im 2. Jahrhundert erschien die ravennatische Flottenpräfektur als *Vor*stufe der misenatischen[106], und

---

[101] 'Ἐὰν Αἰγύπτ[ιο]ς λαθὼν στρατεύσητα[ι ἐ]ν λεγῶνι, ἀπολυθ[εὶς εἰ]ς τὸ Αἰγύπτιο̣[ν] τάγμα ἀποκαθίστατ[αι]. ὡμοίως δὲ καὶ οἱ ἐκ [τοῦ] ἐρετικοῦ ἀπ[ολ]υθέντες ἀποκαθίστανται πλὴν μόνων τῶ[ν] ἐ̣κ Μησινῶν [σ]τόλου. Übersetzung nach Schubart, BGU V, § 55.

[102] So aber irrtümlich Uxkull-Gyllenband, Der Gnomon, 45. Die Hypothese, daß sich die Gültigkeit des zweiten Satzes auf Ägypten beschränkte, ist a priori zurückzuweisen, weil die Flotte Misenums erwähnt wird. Die Annahme, daß von diesem Satz nur Ägypter, nicht aber andere Peregrine betroffen gewesen sein sollen, ist ebenfalls nicht haltbar, da die Vergabe des Bürgerrechts an Veteranen nicht vom vormaligen Status der Empfänger abhängig gemacht wurde, sondern von der Frage, in welcher Truppe sie gedient hatten (Bürgerrechtsverleihungen auch an ägyptische Flottenveteranen waren hingegen möglich; vgl. CIL XVI 24 und 32). Und die Hypothese schließlich, daß von diesem Satz nur solche Ägypter betroffen gewesen sein könnten, die sich den Dienst erschlichen hatten, wie es Uxkull-Gyllenband im Falle ägyptischer Legionäre für möglich hält, scheitert daran, daß für Ägypter nur der Legionsdienst verboten, der Dienst auf der Flotte aber gestattet war, so daß man in diesem Fall nicht von einer Erschleichung reden konnte. Außerdem würde diese Interpretation zu der sicherlich irrigen Annahme zwingen, daß Ägypter, die sich den Dienst in der *misenatischen* Flotte erschlichen, mit dem römischen Bürgerrecht belohnt wurden.

[103] Vgl. Uxkull-Gyllenband, BGU V, 3f. Sicher scheint, daß der Text nicht vor dem Jahr 149 zusammengestellt wurde; ob er aber in die Zeit des Antoninus Pius oder die des Mark Aurel zu datieren ist, konnte bis heute nicht eindeutig geklärt werden; vgl. Swarney, The Ptolemaic and Roman Idios Logos, 121f.

[104] Vgl. o. Anm. 53. Die Annahme, daß die Privilegierung der Ravennaten gleichzeitig mit der Einschränkung der Privilegien für die Misenaten, das heißt spätestens im Jahr 158, aufgegeben wurde, ist naheliegend, muß aber hypothetisch bleiben.

[105] Kienast, Die römischen Kriegsflotten, 49.

[106] Kienast, Die römischen Kriegsflotten, 35f.

Antoninus Pius eröffnete den Nauarchen der misenatischen Flotte neue Aufstiegsmöglichkeiten[107]. Aus der Diskussion der Diplome hat sich nun ergeben, daß auch die Mannschaften der beiden Flotten von dieser ungleichen Behandlung betroffen waren: Es gab eine Episode, während der die Ravennaten (sowie alle weiteren Flottenveteranen) weder Diplome noch die durch sie verfügten Privilegien erhielten, während diese gleichzeitig an die Misenaten vergeben wurden.

Leider läßt sich nicht feststellen, ob auch die Misenaten dieses Recht noch im Laufe des 2. Jahrhunderts verloren. Wir können lediglich versuchen, aus den Diplomen der severischen Zeit Rückschlüsse zu ziehen, und zwar aus der Analyse der Situation im Jahr 194 heraus[108]. Als Septimius Severus von seinen Truppen zum Kaiser proklamiert worden war und nach Rom zog, setzten ihm die beiden Flotten keinen Widerstand entgegen. Er konnte Ravenna ohne Kampf einnehmen[109], und die Gesandten des Didius Iulianus gingen mit der Flotte auf seine Seite über oder konnten wenigstens ihre Mission nicht ausführen[110]. Die misenatischen Soldaten werden als disziplinlos ge-

---

[107]Kienast, Die römischen Kriegsflotten, 77.

[108]CIL XVI 127, wahrscheinlich ausgestellt an Veteranen der Flotte von Misenum; vgl. den Kommantar von Nesselhauf Anm. 1.

Die Datierung der Inschrift ist schwierig. 1978 schlug Roxan ein Datum zwischen 192 und 212 vor, wobei sie sich auf einen Vergleich der Zeugen mit denen von CIL XVI 133 (im Jahr 192) und RMD 74 (im Jahr 212) stützte (RMD I, S. 26 Anm. zu CIL XVI 127). 1985 (RMD II, S. 134 Anm. 97) rückte sie von dieser Argumentation wieder ab und schloß sich zögernd den Ergebnissen Ecks an, der mit der Datierung nach Konsuln argumentiert und das Diplom den Jahren 192 - 194 zuweisen möchte (Eck, ZPE 51 (1983), 291ff.). Die beiden Argumentationsstränge lassen sich aber miteinander verbinden:

Geht man von den Ergebnissen Ecks aus, so wird für die Argumentation mit den Zeugen L. Pullius Benignus ausschlaggebend. Im Jahr 192 (CIL XVI 133) erscheint er auf Rangplatz 5 in der Zeugenliste, im Jahr 212 (RMD 74) an sechster Stelle, ebenso in dem hier fraglichen Diplom CIL XVI 127. Dies ist sehr ungewöhnlich, da die Reihenfolge der Zeugen zu dieser Zeit die Rangordnung in der Verwaltung widerspiegelt und daher im allgemeinen *Auf*stiege, nicht aber *Ab*stiege üblich sind. Damit wäre das Diplom CIL XVI 127 (Benignus auf Rangplatz 6) eigentlich *vor* das Jahr 192 (CIL XVI 133 - Benignus auf Rangplatz 5) zu datieren, wenn nicht im Jahr 212 (RMD 74) Benignus ebenfalls erst an sechster Stelle erschiene. Da dies aber der Fall ist, muß ein Durcheinander in der Büroordnung angenommen werden, das *nach* dem Jahr 192 und *vor* dem Jahr 212 sowie vor der Ausstellung des hier fraglichen Diploms CIL XVI 127 (nach der Datierung Ecks: 192-194) eingetreten sein muß. Der Gedanke ist naheliegend, diese Unregelmäßigkeit in die Zeit des Bürgerkrieges, also auf das Jahr 193 zu datieren. Damit ergibt sich unter Kombination der Ergebnisse Ecks mit der hier vorgelegten Argumentation der Mai des Jahres 194 als Ausstellungsdatum; das heißt auf eine Analyse des Jahre 192 kann verzichtet werden.

[109]Cass. Dio 73,17,1.

[110]Cass. Dio 73,17,1; HA, DI 6,3f.

schildert[111]; in jedem Fall waren sie wohl kampfunwillig, zumindest auf seiten des Didius Iulianus[112].

Im anschließenden Kampf gegen Pescennius Niger leisteten die zwei Flotten Septimius gleichermaßen gute Dienste[113]. Er konnte also mit beiden sehr viel zufriedener sein als mit den Prätorianern. Hinzu kommt, daß er die Vergabe von Diplomen als ein politisches Mittel gegenüber den Soldaten schätzte, wie sich an seinem Verhalten gegenüber den "neuen" - seinen eigenen - Prätorianern und gegenüber den städtischen Kohorten zeigen läßt[114]. Daher läßt sich vermuten, daß Septimius Severus die Diplomvergabe an die classici der beiden prätorischen Flotten wieder aufleben ließ. Das erste bezeugte Diplom fällt in das Jahr 194, und zwar auf den 13. Mai, das heißt auf einen Zeitpunkt, zu dem sie ihre Treue im Zusammenhang mit den Schlachten bei Kyzikos und Nikaia bereits hatten unter Beweis stellen können.

Die Diplomvergabe scheint aber noch unter den Severern weitgehend wieder "eingeschlafen" zu sein. Nur zwei Diplome sind für die spätere Zeit bekannt[115]. Es ist möglich, daß es für die einzelnen Soldaten unter den wechselnden Umständen des 3. Jahrhunderts schwieriger wurde, eine Abschrift der Konstitutionen zu erhalten. Außerdem waren die Bronzetafeln wohl weniger wichtig[116]. Hier ist besonders darauf hinzuweisen, daß die beiden in diese Epoche gehörenden Diplome einmal die Frau und vier Kinder, einmal wenigstens ein Kind des Empfängers nennen. Wir können also mit ziemlicher Sicherheit den Grund dafür angeben, aus dem die beiden Veteranen darauf Wert gelegt haben, ein individuelles Diplom zu erhalten: Es ging ihnen um die Dokumente für die Privilegien der aus einer "consuetudo concessa" stammenden Kinder. Unter Umständen hat ihnen bei der Durchsetzung ihrer Ansprüche auch ihre besondere Stellung geholfen: Im ersten Fall ist der Empfänger ein optio, im zweiten ein librarius sesquiplicarius[117].

---

111 Cass. Dio 73,16,3.

112 Völlig kampfunfähig werden sie wohl nicht gewesen sein; Septimius Severus konnte sich schon kurze Zeit später auf sie stützen.

113 Kienast, Untersuchungen zu den Kriegsflotten, 78.

114 Siehe u. S. 45f.

115 CIL XVI 152. 154 (im Jahr 247; 249/50).

116 Siehe u. S. 138f.

117 Wenn im voranstehenden Kapitel im wesentlichen zwischen prätorischen und provinzialen Flotten unterschieden wurde, so scheint dies der einleitend genannten Gründe wegen gerechtfertigt zu sein. Abschließend soll hier aber wenigstens angedeutet werden, daß - wenn erst mehr Diplome bekannt sein werden - auch bei den prätorischen Flotten eine noch feinere Differenzierung, nach ravennatischer und misenatischer Flotte nämlich, nötig werden könnte. Diese Annahme stützt sich auf mehrere Beobachtungen, die sich allerdings zur Zeit noch nicht zu einem kohärenten Bild zusammensetzen lassen:

Zusammenfassung

Für den Beginn der Auszeichnung von Flottenveteranen mit Bürger- und Eherecht war wohl derselbe Grund ausschlaggebend, der auch zu der Privilegierung der Auxiliare geführt hatte: Am Anfang stand wahrscheinlich der sich auf classici und auxiliarii gleichermaßen erstreckende politische Wille des Claudius, diese Veteranen zu Trägern seiner Bürgerrechtspolitik zu machen. Die Frage, ob diese Privilegien neben den prätorischen auch für provinziale Flotten galten, muß offen bleiben. Während die Auxiliarsoldaten seit Claudius regelmäßig Ansprüche geltend machen konnten, verloren die Flottensoldaten diese Berechtigung wieder, und nur in außerordentlichen Situationen griff man auf das Mittel der Diplomvergabe zurück. Diese Situationen waren aber nicht unbedingt durch herausragende militärische Leistungen der einzelnen Soldaten gekennzeichnet, folglich handelte es sich bei den Diplomen auch nicht im engeren Sinne um "special grants". Einen Anspruch auf die Privilegierung konnten einzelne Flotten aufgrund eines kaiserlichen Entscheides erwerben; diese Berechtigung erwarb dann die ganze betreffende Flotte und behielt sie unter Umständen über längere Zeit als Vorrecht

---

(1.) Allgemein übertrifft die Anzahl der Diplome, die von misenatischen Veteranen bekannt sind, die von ravennatischen etwa um das Dreieinhalbfache. (Die Diplome aus den Jahren 68 und 70 wurden hier nicht mitgerechnet.)

(2.) Für die Zeitspanne von Hadrian bis zu Septimius Severus einschließlich erhöht sich die Differenz gar auf das Verhältnis von 1:6 zugunsten der Misenaten.

(3.) Die beiden aus dieser Zeit bekannten ravennatischen Diplome zeigen Besonderheiten: CIL XVI 72 (vom Jahr 127) ist - im Gegensatz zu den Diplomen im Umfeld (vgl. CIL XVI 66 und 74) - im Präsens gehalten ("militant"), galt also nur für solche Veteranen, die nach dem regulären Abschluß ihrer Dienstzeit weiterdienten, und in CIL XVI 100 (vom Jahr 152) wurde nachträglich im Text der Außenseite "ex gregale" zu "ex armor. cust." verbessert, wahrscheinlich vom Empfänger des Diploms (vgl. Nesselhauf zu CIL XVI 100 Anm. 4). Hatte evtl. auch er über seine reguläre Zeit hinaus gedient? Und verdankte er diesem verlängerten Dienst unter Umständen nicht nur seine Beförderung, sondern auch sein Diplom? - Andererseits aber gestand man die Privilegien in diesem Fall eindeutig all jenen zu, "qui militaverunt ... sex et viginti stipendis emeritis dimissis honesta missione".

(4.) Es ist natürlich möglich, daß der Grundsatz, den wir im Gnomon des Idios Logos § 55 finden, nicht nur in den 150er oder 160er Jahren, sondern mehr oder weniger während des ganzen Jahrhunderts Geltung hatte. Allerdings wäre in diesem Fall die Existenz von Diplomen für die mösische Flotte bis zum Jahr 148 oder 161 kaum zu erklären (CIL XVI 180; RMD 111).

Auch wenn aber diese Hinweise eine Differenzierung zwischen den beiden prätorischen Flotten, und das heißt: eine Betrachtungsweise, die *jede* Flotte von jeder anderen isoliert, erzwingen sollten, so ändert sich doch nichts Grundsätzliches an dem hier vorgelegten Ergebnis: Die Hypothese einer regelmäßigen Ausstattung der Flottenveteranen mit Bürgerrecht und conubium ist zugunsten einer stärker individualisierenden und Unterbrechungen zulassenden Betrachtungsweise aufzugeben.

gegenüber anderen[118]. Dabei bestand kein prinzipieller Unterschied zwischen prätorischen und nichtprätorischen Flotten; es dürfte dem Zufall zuzuschreiben sein, daß gerade die prätorischen Flotten ihre Diplome nicht dem Wohlwollen Vespasians, sondern den Auswirkungen des Bürgerkriegs verdankten, was sicherlich mit ein Grund dafür war, daß sie im 1. Jahrhundert keine längerwährende Berechtigung zum Empfang von Diplomen erwarben.

Die Diplome der provinzialen Flotten, seit dem Ende des 1. Jahrhunderts in die für auxiliarii integriert, liefen mit diesen aus; die Privilegierung der prätorischen classici, seit Hadrian regelmäßig vorgenommen, wurde in den 150er oder 160er Jahren zunächst bezüglich der Ravennaten - später unter Umständen auch bezüglich der Misenaten - unterbrochen und wahrscheinlich von Septimius Severus wieder aufgenommen.

Folglich ist es nicht möglich, davon auszugehen, daß die Flottenveteranen seit Claudius kontinuierlich mit Bürger- und Eherecht bedacht wurden. Diese Auszeichnungen wurden wahrscheinlich nie an Angehörige aller Flotten vergeben, und auch in chronologischer Hinsicht sind bei der Vergabe der Privilegien deutliche Brüche zu konstatieren.

[118] So die ägyptische Flotte: CIL XVI 24 (im Jahr 79); 32 (86); RMD 9 (105); CIL XVI 56 (107; hier handelt es sich wahrscheinlich um ein Detachement der ägyptischen Flotte). Die mösische Flotte: CIL XVI 37 (92); 45 (99); 50 (105); 83 (138); 175 (139); 91 (145); 179 (148); 180 (148); RMD 111 (161).

C. Die prätorischen und die städtischen Kohorten

Auch die Prätorianer und die Angehörigen der städtischen Kohorten[119] konnten Militärdiplome erhalten, was in der Forschung z.T. zu Erstaunen geführt hat: Sollten diese stadtrömischen Soldaten, darunter auch die mit dem höchsten Sozialprestige, tatsächlich Diplome erhalten, gerade so wie Flottenangehörige und Auxiliarsoldaten?[120] Sollten darüber hinaus für Prätorianer und Stadtsoldaten, verglichen mit den classici und auxiliarii, eingeschränkte Privilegien angenommen werden?[121] Denn abgesehen davon, daß den stadtrömischen Soldaten, die römische Bürger waren, selbstverständlich kein Bürgerrecht verliehen wurde, geht aus ihren Diplomen hervor, daß die Zivität ihren Kindern vorenthalten wurde, soweit sie sie vor dem Ende der Dienstzeit mit peregrinen Frauen gezeugt hatten[122]. Vollständig lautet das allgemeine Formular zu Beginn der Ausgabe dieser Diplome unter Vespasian: nomina speculatorum, qui in praetorio meo militaverunt, item militum, qui in cohortibus novem praetoriis et quattuor urbanis, subieci, quibus fortiter et pie militia functis ius tribuo conubi dumtaxat cum singulis et primis uxoribus, ut, etiamsi peregrini iuris feminas matrimonio suo iunxerint, proinde liberos tollant ac si ex duobus civibus Romanis natos[123].

Privilegierungen oder Disziplinarmaßnahmen?

Bevor auf andere Aspekte der Diplomvergabe eingegangen werden kann, stellt sich also zunächst die Frage, ob - wie in der Einleitung formuliert - die Vergabe des conubium an die Veteranen der prätorischen und städtischen Kohorten tatsächlich als Privilegierung verstanden werden sollte. Ein grundsätzlicher Einwand gegen diese Annahme wurde von M. Durry vorgetragen. Diplomvergaben sind nach Durry keine Ehrung oder Belohnung: "Le di-

---

[119] Der Begriff "städtische Kohorte" wird im Text als direkte Übersetzung von "cohors urbana" verwendet. Der Ausdruck "stadtrömische Soldaten" wird als Sammelbegriff für Prätorianer und Angehörige der städtischen Kohorten benutzt.

Eine gute Zusammenfassung des Forschungsstands für die Privilegierungen von Veteranen der stadtrömischen Truppen durch die Vergabe des Eherechtes findet sich jetzt bei Lieb, Heer und Integrationspolitik, 322ff.

[120] So: Durry, Les cohortes prétoriennes, 298.

[121] So: Durry, Les cohortes prétoriennes, 196. 299f.; Campbell, The Emperor, 440.

[122] Zur rechtlichen Relevanz von "gezeugt" gegenüber "geboren" siehe Gaius, Inst. 1, 93f.

[123] Frühester vollständig erhaltener Beleg: CIL XVI 21 vom 2. Dezember 76.

plôme n'est nullement une marque d'honneur. Au contraire. On aime à dire qu'il est 'octroyé' comme une grâce ... Il serait plus juste de dire qu'il est donné, et même imposé."[124] Claudius habe durch die Diplomvergabe das Heiratsverbot bei auxiliarii und classici wieder eingeschärft, Vespasian habe dasselbe - in noch verschärfter Form - bei den Prätorianern getan[125]. Die besondere Schärfe habe darin bestanden, daß die während der Militärzeit geborenen Kinder kein Bürgerrecht erhielten, und zwar im Gegensatz zu denen der Flotten- und Auxiliarsoldaten[126]. Bei dieser Annahme aber muß Durry die Existenz von Kindern voraussetzen, die während der Dienstzeit gezeugt worden und nicht römischen Rechtes waren. Solche Kinder hätten nichtrömische Mütter haben müssen, da Nachkommen aus faktischen Ehen der Prätorianer hinsichtlich ihrer personalrechtlichen Stellung der Mutter folgten[127]. Damit muß Durry also nicht nur die Anwesenheit einer größeren Zahl von freien, aber peregrinen Frauen in Rom annehmen, sondern auch - weitergehend - den Wunsch der Prätorianer, mit diesen Frauen eine dauerhafte Ehe einzugehen, denn nur dann dürfte die Rechtsstellung der Kinder die Veteranen interessiert haben[128]. Da beide Voraussetzungen aber gleichermaßen unwahrscheinlich sind, hat die Annahme einer beabsichtigten Einschränkung der Privilegien für diese Truppe und für die städtischen Kohorten, die ja ebenfalls ein relativ hohes Sozialprestige genossen, wenig für sich.

Wahrscheinlicher ist, daß das Bedürfnis, vor der Entlassung geborene, nichtrömische Kinder nachträglich mit dem Bürgerrecht auszustatten, im 1. Jahrhundert, als die Formel der Prätorianerdiplome ausgeprägt wurde, bei diesen Truppen gar nicht bestand[129]. Unabhängig davon ist der Wunsch zu

---

[124] Durry, Les cohortes prétoriennes, 300f.

[125] Durry, Les cohortes prétoriennes, 299f.

[126] Durry, Les cohortes prétoriennes, 296.

[127] Gaius, Inst. 1, 64; 1, 78.

[128] Zur Stellung der Mütter und Kinder solcher de-facto-Ehen siehe auch Campbell, JRS 68 (1978), 154.

[129] Hier ist es besonders wichtig, auf die im folgenden zu behandelnde Vorgeschichte der Diplomverleihungen zu verweisen. Mochten die ersten Empfänger dieser Diplome, die Prätorianer der Krise von 68/69, auch aus Legionen oder gar Auxilien, vergleichsweise weniger angesehenen Truppengattungen also, stammen, so dürfte nur um so mehr ihre militärische Tüchtigkeit ausschlaggebend für ihre Beförderung gewesen sein. (Zur Herkunft sogar aus den Auxilien siehe Tac., Hist. 2,94,1.) Zu der Einschätzung eines Soldaten als militärisch tüchtig gehörte in dieser Zeit aber, daß er unverheiratet war; anders ist das bis zum Ende des 2. Jahrhunderts beibehaltene Eheverbot gar nicht zu erklären. Es kann also davon ausgegangen werden, daß die Prätorianer der kurzlebigen Kaiser von 68/69 auch de facto unverheiratet waren, das heißt vor ihrem Dienst in Rom keine Kinder hatten. Für ihre Dienstzeit in Rom gilt dann nicht nur, was oben ausgeführt wurde, sondern auch, daß sie sehr kurz bemessen war.

sehen, nach der Entlassung in Gebiete zu ziehen, in denen sich mit einer gewissen Wahrscheinlichkeit Kontakte mit der peregrinen Bevölkerung ergaben[130]. In diesem Fall konnte das conubium wertvoll werden, und diesem Wunsch wurde in den Diplomen Rechnung getragen. Die Diplome der stadtrömischen Truppen sind also durchaus als Dokumente für Privilegierungen zu verstehen. Sie sind aber gegenüber denen der Auxiliarsoldaten modifiziert und der Situation einer in Rom stationierten Truppe angepaßt.

Das Verständnis der Prätorianerdiplome bei Arnaud-Lindet

Eine bisher nicht widerlegte, m.E. im wesentlichen zutreffende, aber in einem entscheidenden Punkt unvollständige Interpretation dieser Diplome hat M.-P. Arnaud-Lindet gegeben[131]. Sie bemühte sich besonders darum, die Gründe zu erhellen, die überhaupt erst zur Privilegierung der Prätorianer führten. Da gerade der außergewöhnliche Beginn den Fortgang der Diplomvergabe bestimmte, seien die Ergebnisse ihrer Untersuchungen hier zusammengefaßt:

Die erstmalige Vergabe der Prätorianerdiplome habe im Zusammenhang mit der Krise von 68/69 gestanden und sei auf die exzeptionellen Erscheinungen dieser Jahre zurückzuführen. Bedingt durch die wechselnden Herrscher sei eine hohe Fluktuation nicht nur in den prätorischen, sondern auch in den städtischen Kohorten aufgetreten. Bis zu Vespasian habe sich darüber hinaus die Zahl der Prätorianer so erhöht, daß er die Truppe habe verkleinern müssen. Als einzige Möglichkeit habe sich ihm angeboten, die Soldaten ehrenvoll zu entlassen und mit Diplomen zu versehen. Das conubium mit peregrinen Frauen, das ihnen verliehen wurde, habe ihren Bedürfnissen entsprochen, da sie selbst zum großen Teil aus Legionen und Auxilien stammten[132]. Mit der Vergabe dieser Diplome sei ein Präzedenzfall geschaffen worden. Bis zur Zeit Mark Aurels hätten sich die stadtrömischen Soldaten dieses Privileg erhalten können. Durch Septimius Severus sei es nach der Neuformierung des Prätoriums wieder eingeführt worden, nun als Kompensation dafür, daß für

[130] Dafür spricht auch die Fundortstatistik, aus der hervorgeht, daß die Prätorianer nach ihrer Entlassung häufig in die Provinzen zogen; siehe Roxan, ES 12 (1981), 272. Auch mögliche Kontakte mit Frauen latinischen Rechts konnten Motiv für die Bitte um ein Diplom sein; so Roxan, ES 12 (1981), 272f.

[131] Arnaud-Lindet, REL 55 (1977), 304ff.

[132] Diese Darstellung findet auch die Anerkennung M. Roxans: Roxan, ES 12 (1981), 269ff.; hier auch eine Zusammenstellung der Diplome.

die Prätorianer - im Gegensatz zu den Soldaten anderer Truppen - weiterhin das Heiratsverbot gegolten habe.

Diese letztgenannte Hypothese wird mit der Tatsache begründet, daß die Prätorianer zu dieser Zeit noch Diplome erhielten, die ihnen das Recht auf legale Ehe zugestanden, und zwar zum Abschluß ihres Dienstes. Mit den Diplomen wurde aber, wie oben dargelegt, lediglich das Recht verliehen, eine legale Ehe mit einer *Peregrinen* einzugehen; die Formulierung sagt gar nichts aus über die Möglichkeiten einer Ehe mit einer Römerin, zu welchem Zeitpunkt auch immer. Folglich gibt sie auch keinen Aufschluß darüber, ob prätorische Soldaten während ihrer Dienstzeit heiraten konnten.[133].

Da Arnaud-Lindet ihren Ausführungen die anfechtbare Hypothese eines Eheverbots für Prätorianer zugrunde legt, ist auch ihre darauf bauende Schlußfolgerung, daß Septimius Severus die Privilegierung durch die Diplome für die Prätorianer als *Kompensation* wiederaufgenommen habe[134], abzulehnen. Ihre Darstellung des Beginns der Diplomvergabe aber wird davon nicht berührt.

Die Prätorianerdiplome von Vespasian bis Antoninus Pius

Gehen wir mit Arnaud-Lindet davon aus, daß Vespasian die Prätorianerdiplome ausgab, um das Prätorium zu "reinigen", so ergibt sich als Datum dieser "Reinigung" aus einer Kombination der drei frühesten Diplome[135] die Zeit zwischen dem 30. Dezember 71 oder 72 und dem 30. Mai 73. Zu dieser Zeit kümmerte sich Vespasian ohnehin besonders um die Angelegenheiten in Rom, wozu er im Jahr 73 auch die Zensur annahm, und zwar wahrscheinlich im April[136]. Die drei Diplome könnten also Ausnahmen darstellen. Neben ihnen existiert nun aber noch ein weiteres Prätorianerdiplom aus dem Jahr

---

[133] So auch: Campbell, JRS 68 (1978), 164. Verfehlt: Durry, Les cohortes prétoriennes, 295. Auch seine Annahme, daß die durch Septimius Severus erteilte Heiratserlaubnis das Ende der Diplome für Auxiliarsoldaten bewirkt habe (ebda.), ist aufgrund dieser Überlegung nicht zu halten. Umgekehrt aber ist zu fragen, wie denn das Ende der Auxiliardiplome begründet werden kann, wenn die Gewährung des Eherechts mit einer Peregrinen für die Prätorianer auch im 3. Jahrhundert noch erstrebenswert war. Es läßt sich offensichtlich nicht damit begründen, daß von einer weiteren Verbreitung des Bürgerrechts im Umkreis der Auxilien ausgegangen wird; die dann gleichzeitig notwendige Annahme, daß es sich im Umkreis der Legionen, aus denen die Prätorianer des 3. Jahrhunderts ja stammten, weniger ausgebreitet haben sollte, ist unmöglich.

[134] Arnaud-Lindet, REL 55 (1977), 308.

[135] RMD 1; CIL XVI 25. 18. Zum Datum von CIL XVI 25 siehe Eck, ZPE 6 (1970), 68f.

[136] Vgl. Weynand, RE VI 2, 2655.

76[137]. Es kann aus chronologischen Gründen nicht mehr in *direktem* Zusammenhang mit der Aktion Vespasians im Jahr 72/3 stehen. Daher stellt sich die Frage, ob dieses Diplom als Indiz für die Annahme zu betrachten ist, daß den Prätorianern tatsächlich eine *regelmäßige* Vergabe des Eherechts für ihre Veteranen zugestanden wurde.

Gegen diese These spricht von vornherein, daß bis zur Zeit Hadrians kein weiteres Prätorianerdiplom belegt ist. Diesem argumentum e silentio läßt sich aber auch ein Bericht des Tacitus zur Seite stellen, der gegen die Hypothese einer fortlaufenden Privilegierung der Prätorianer spricht. Die entscheidenden Passagen[138] sollen zitiert und etwas ausführlicher behandelt werden[139]: Während Vespasian, noch im Osten, sein Augenmerk besonders darauf richtete, daß die Dinge in Rom und Italien geordnet würden[140], "wäre beinahe unter den Soldaten ein Aufruhr aufgeflammt. Die von Vitellius entlassenen und für Vespasian (wieder) zusammengestellten (Prätorianer) verlangten, wieder prätorischen Dienst zu tun, und die aus den Legionen mit der gleichen Aussicht ausgelesenen Soldaten forderten den versprochenen Sold. Nicht einmal die Vitellianer hätte man ohne großes Blutvergießen abweisen können. Aber es erforderte eine ungeheure Geldsumme, sollte eine solche Menschenmasse behalten werden." Nach einigen für beide Seiten unerfreulichen Zwischenszenen, während der Mucian Ruhe zu stiften versuchte, bot Domitian den Soldaten eine ehrenhafte Entlassung und praemia militiae an; sie gingen aber nicht darauf ein, sondern wollten Dienst und Sold. "So nahm man sie denn in das Prätorium auf. Dann wurden alle, die das entsprechende Alter und die vorgeschriebene Dienstzeit hatten, mit Ehre entlassen (dimissi cum honore), andere (aber) wegen ihres Vergehens (ob culpam; Sontheimer: als Bestrafung), jedoch nur nach und nach und einzeln, was das sicherste Mittel ist, die Einmütigkeit der Menge zu schwächen."

In dem Text werden zwei Kategorien von Prätorianern behandelt, nämlich solche, die ihre Dienstzeit abgeleistet hatten, und andere, für welche dies noch nicht galt. Die erstgenannten erhielten die honesta missio[141], das heißt in ihrer Behandlung folgte man dem herkömmlichen Verfahren. Das heißt aber auch, daß diese Prätorianer mit aller Wahrscheinlichkeit - eben dem her-

---

[137] CIL XVI 21.

[138] Tac., Hist. 4,46. Denselben Vorgang schildert Suet., Vesp. 8,2, allerdings weniger genau. Die von ihm genannten Vitellianer müssen die Prätorianer sein; vgl. Tac., Hist. 2,94.

[139] Die Übersetzung folgt weitgehend der W. Sontheimers, Stuttgart 1968.

[140] Tac., Hist. 4,51.

[141] Dieser terminus technicus liegt zweifellos der Formulierung "dimissi cum honore" zugrunde. Heubner, P. Cornelius Tacitus. Die Historien IV, 111 hält dies mit Hinweis auf Tac., Hist. 3,81,2 zwar nicht a priori für gegeben; in Zusammenhang mit der Erwähnung, daß die Entlassenen ihre Dienstzeit vollendet hatten, scheint diese Bedeutung aber sicher.

kömmlichen Verfahren entsprechend - keine Diplome erhielten. Tatsächlich war das Privileg des Eherechts mit einer peregrinen Frau für sie wohl auch bedeutungslos: Sie stammten noch aus dem Prätorium Neros, waren Italiker und hatten den weitaus größten Teil ihres Lebens in Rom oder der unmittelbaren Umgebung verbracht, weshalb sie vermutlich kaum eine Ehe mit einer peregrinen Frau einzugehen wünschten.

Daneben erscheinen andere Prätorianer, die ihre Dienstzeit noch nicht vollendet hatten. Bei ihnen handelte es sich, wie Tacitus ausführt, um Soldaten, welche erst im Laufe der Bürgerkriege in die prätorischen Kohorten aufgenommen worden waren: Teilweise stammten sie aus dem Prätorium Othos, waren von Vitellius entlassen worden und zum frühestmöglichen Zeitpunkt zu Vespasian übergelaufen[142], teilweise handelte es sich bei ihnen um Legionäre, denen bisher lediglich Hoffnungen auf die Übernahme in die Garde gemacht worden waren, und schließlich befand sich der größte Teil der Prätorianer des Vitellius in Rom[143]. Sie alle wollten nun in das Prätorium Vespasians aufgenommen werden[144]. Dieses Ansinnen trugen sie als Bitten vor, aber doch als Bitten, "denen man nicht hätte widersprechen können", wie Tacitus kommentiert. Der Grund hierfür wie für das nun folgende Verfahren lag in der doppelten Schwäche der neuen flavischen Dynastie: Einerseits war Vespasian nicht in der Lage oder nicht bereit, nach dem kostspieligen Bürgerkrieg die finanziellen Mittel für ein überdimensioniertes Prätorium von nunmehr 16 gegenüber den bisherigen neun Kohorten bereitzustellen, andererseits war die Dynastie noch keineswegs gefestigt, und es wäre äußerst unvorsichtig gewesen, die große, zweifellos schlagkräftige und sowieso unzufriedene Truppe durch unpopuläre Maßnahmen vor den Kopf zu stoßen. Also nahm man die Soldaten gewissermaßen zum Schein wieder in das Prätorium auf, um sie anschließend zu entlassen[145]. Bei diesen Entlassungen al-

---

[142]Tac., Hist. 2,67,1f.

[143]Tac., Hist. 4,46,1; vgl. Heubner, P. Cornelius Tacitus. Die Historien IV, 108.

[144]Heubner weist darauf hin, daß sich die Maßnahmen Mucians und Domitians insbesondere, vielleicht sogar ausschließlich gegen diejenigen unter den Vitellianern richteten, welche sich bei Bovillae ergeben hatten (P. Cornelius Tacitus. Die Historien IV, 109. 111). Tatsächlich scheint diese Einschränkung aber nicht begründet (vgl. auch Fabia, RPh 38 (1914), 73f.), wenigstens in Hinblick auf die endgültige Lösung des Problems, an dem alle Vitellianer beteiligt waren. Die Legionäre, denen der prätorische Dienst bisher lediglich versprochen worden war, die aber noch nie als Prätorianer gedient hatten, mögen evtl. weniger konziliant behandelt worden sein.

[145]Arnaud-Lindet hat ganz ähnliche Beobachtungen gemacht, ohne aber weitere Schlußfolgerungen für ihre Einschätzung der Diplomvergabe an Veteranen der prätorischen Kohorten zu ziehen: Arnaud-Lindet, REL 55 (1977), 307f.

Besonders hinzuweisen ist auch auf die Parallelität in der Behandlung der Prätorianer zu der jener classici, die ihre Entlassung einer (anders gearteten und motivierten) Scheinaufnahme in

lerdings mußten ihnen weitreichende Zugeständnisse gemacht werden, nachdem sie Domitians Angebot, mit Ländereien abgefunden zu werden, bereits als unzureichende Alternative zurückgewiesen hatten: Es ist zu vermuten, daß aus dieser Zwangslage heraus - neben der Versorgung mit Land - eine Privilegierung der vorzeitig Entlassenen durch Diplome resultierte[146]. Alle Besonderheiten, die im Zusammenhang mit den vespasianischen Prätorianerdiplomen zu konstatieren sind, stützen diese Schlußfolgerung: In diesen Diplomen wird auffälligerweise kein Hinweis auf eine vollständig abgeleistete Dienstzeit gegeben[147], aber das Verb ("militaverunt") erscheint im Perfekt, während der terminus technicus "honesta missio" vermieden wird, und zwar all dies im Gegensatz zu den Auxiliardiplomen. Das durch die Diplome verliehene Privileg, das heißt das conubium mit einer peregrinen Frau, war zu dieser Zeit fast ausschließlich für Prätorianer *provinzialer* Herkunft sinnvoll, da sie häufiger Kontakt zu peregrinen Frauen haben mochten. Bei Prätorianern aus der Provinz konnte es durchaus geeignet erscheinen, ihren Unmut über die Entlassung zu dämpfen und sie gleichzeitig in ihre Herkunftsgebiete bzw. auf die zugeteilten Ländereien zu verweisen, das heißt aus Rom zu entfernen[148]. Dieses Interesse dürfte auch schon für das Angebot Domitians ausschlaggebend gewesen sein. Und der Gedanke, daß bereits de facto Ehen der Prätorianer existierten, scheint dem Verfasser der Urkunde gar nicht gekommen zu sein, da im Gegensatz zu den Auxiliardiplomen dieser Zeit nur solche Frauen erwähnt sind, die die Prätorianer in die Ehe führen *werden*[149]. Schließlich erklärt der Bericht des Tacitus nicht nur die ersten drei Diplome aus der sich unmittelbar an die geschilderten Szenen anschließenden Zeit, sondern auch das Diplom vom Jahr 76: Die Prätorianer

---

eine der beiden legiones adiutrices verdankten. Zu diesen Versetzungen vgl. Alföldy, Römische Heeresgeschichte, 110ff.

[146]Man beachte auch den Hinweis auf die Vergabe von Ländereien mit den dazugehörigen Privilegien in dem verderbten Diplom CIL XVI 25. Das Angebot Domitians scheint also wiederaufgenommen worden zu sein. Daß der entsprechende Hinweis in den anderen Diplomen fehlt, erklärt sich daraus, daß die Diplome dem "regulären" Formular folgen, in dem Landzuweisungen normalerweise nicht erwähnt werden.

Die den Prätorianern verliehenen Privilegien dürften die von Suet. Vesp. 8,2 implizit als "illegitima praemia" bezeichneten sein; vgl. Chilver, JRS 47 (1957), 35.

[147]Dies haben weder Arnaud-Lindet noch Roxan für ihre Interpretation geltend gemacht: Arnaud-Lindet, REL 55 (1977), 304ff.; Roxan, ES 12 (1981), 269ff. Es stützt natürlich auch ihre Auffassung entsprechend.

[148]Wolff vermutet - wenig überzeugend - eine Ansiedlung dieser Prätorianer in Reate (Heer und Integrationspolitik, 106). Die Fundorte der vier Diplome sprechen deutlich für eine Ansiedlung in der Provinz: RMD 1 stammt aus Augst, CIL XVI 18 und 21 aus Sirmium und Konstanz, lediglich CIL XVI 25 aus Rom.

[149]So auch Arnaud-Lindet, REL 55 (1977), 297; siehe auch Anm. 129.

erhielten ihre Privilegierung "wegen ihrer Verfehlung, jedoch nur nach und nach und einzeln".

Da den Privilegierungen Vespasians aber diese von Tacitus genau beschriebene und aus der einmaligen historischen Situation resultierende Intention zugrunde lag, da die Privilegierungen hier "ob culpam" erfolgten, ist nicht davon auszugehen, daß die Diplomvergabe im 1. Jahrhundert fortgesetzt wurde.

Eine Betrachtung des Diplomtextes aus der Zeit Hadrians führt mit einer gewissen Wahrscheinlichkeit zu demselben Ergebnis:

Unter Antoninus Pius konnten Prätorianer und Soldaten der städtischen Kohorten Diplome erhalten, wie aus CIL XVI 95 hervorgeht. Die beiden Truppen wurden, wie auch schon früher, in gemeinsamen Konstitutionen mit den entsprechenden Privilegien bedacht. Für die Prätorianer allein aber liegt ein Diplom schon aus dem Jahr 122, also aus der Zeit Hadrians, vor[150]. Es gibt zwei Möglichkeiten, das Fehlen der städtischen Kohorten auf diesem Diplom zu erklären: Entweder wurden aus ihnen am 18. Nov. 122 keine Soldaten entlassen, oder die Soldaten dieser Truppe hatten zu diesem Zeitpunkt (noch) nicht die Möglichkeit, bei ihrer Entlassung Ansprüche auf Diplome geltend zu machen.

Leider läßt sich kein schlüssiger Beweis dafür erbringen, daß Hadrian nur die Prätorianer, nicht aber die städtischen Kohorten mit Diplomen versah. Man kann lediglich auf die Tatsache verweisen, daß in allen vorhergehenden und folgenden Diplomen bis zur Regierungszeit des Septimius Severus[151] in allen Fällen, in denen Prätorianer entlassen und mit Diplomen versehen wurden, gleichzeitig und durch dieselbe Konstitution auch Soldaten der städtischen Kohorten in den Besitz der Privilegien kamen. Es wäre also sehr erstaunlich, wenn gerade im Jahr 122 nicht ein einziger Soldat dieser Kohorten entlassen worden wäre[152]. Wurden aber Soldaten entlassen, so folgt daraus, daß die Unterlassung ihrer Nennung im Diplom darauf weist, daß sie keine Berechtigung zum Empfang der Privilegien hatten. Zeigt sich also unter Hadrian eine *sukzessive* (Wieder-) Einführung dieser Privilegierungen, so

---

[150]CIL XVI 81.

[151]Letztes Beispiel ist RMD 124 im Jahr 180/4.

[152]Entlassungslisten (CIL VI 32515ff.) liegen leider für diese frühe Zeit noch nicht vor; sie setzen erst im Jahr 136 ein. Auch der Versuch, aus der Entlassung im Jahr 142 Rückschlüsse in der Form zu ziehen, daß Soldaten der städtischen Kohorten, im Jahr 142 in größerer Zahl entlassen, im Jahr 122 rekrutiert wurden, daß also wahrscheinlich auch für 122 Entlassungen anzunehmen sind, muß scheitern: Gerade der die cohortes urbanae betreffende Teil der entsprechenden Inschrift, CIL VI 32516, ist nicht erhalten. Hülsen zweifelt allerdings nicht daran, daß das Fehlen dieser Kohorten tatsächlich auf die fragmentarische Überlieferung zurückzuführen ist (CIL VI 32516).

läßt auch dies das Fehlen der Diplome nach Vespasian nicht als bloße Überlieferungslücke erscheinen. Die Prätorianer hatten einen Anspruch auf Diplome erst seit Hadrian, die Angehörigen der cohortes urbanae wahrscheinlich erst seit Antoninus Pius[153].

Der Neubeginn unter Septimius Severus und die städtischen Kohorten

Arnaud-Lindet ging davon aus, daß die Vergabe von Militärdiplomen an Prätorianer von Vespasian eingeführt, von Mark Aurel unterdrückt und von Septimius Severus wiederaufgenommen worden sei[154]. Nach der erneuten Veröffentlichung des von Nesselhauf übersehenen Diploms RMD 124 vom Jahr 180/4 läßt sich diese Hypothese auch für die Zeit von Mark Aurel bis Septimius Severus nicht mehr halten: Es scheint so, als sei die Vergabe in der zweiten Hälfte des zweiten Jahrhunderts zwar zurückgegangen, aber nicht grundsätzlich unterbunden worden.

Wenn also auch nicht davon ausgegangen werden kann, daß die Diplomvergabe von Septimius Severus gänzlich neu aufgenommen wurde, so läßt sich ein gewisser Neuanfang doch nicht von der Hand weisen (allerdings aufgrund anderer Beobachtungen als der von Arnaud-Lindet herausgestellten und mit einer anderen Erklärung). Um diesen Nachweis zu führen, ist es notwendig, die bisher eher beiläufig behandelte Diplomvergabe an Soldaten der städtischen Kohorten neu zu skizzieren.

In der Frage nach dem Beginn dieser Privilegierungen für Soldaten der cohortes urbanae ist Arnaud-Lindet zuzustimmen, die ihn in engen Zusammenhang mit dem der Prätorianerdiplome stellt[155]. Wir erhalten Hinweise nur auf die in Rom stationierten städtischen Kohorten; diese erscheinen auf denselben Diplomen, die auch an Prätorianer ausgegeben wurden[156].

---

[153]Nur beiläufig sei hier auf die Tatsache verwiesen, daß Hadrian auf seinen Reisen mit Sicherheit von Prätorianern begleitet wurde und ständig ein praefectus praetorio bei ihm war, was den engen Kontakt zu den Prätorianern erklären mag. Antoninus Pius dagegen verließ Italien nicht - vielleicht förderte dies einen engeren Kontakt zu den cohortes urbanae?

[154]Arnaud-Lindet, REL 55 (1977), 308. Auch Roxan, die zumindest den letzten Teil der Ausführungen Arnaud-Lindets für zu einfach hält, legt diese Annahme zugrunde: Roxan, ES 12 (1981), 271ff.

[155]Arnaud-Lindet, REL 55 (1977), 306f., bes. Anm. 3. Vgl. auch CIL XVI 18; dazu: Mócsy, Heer und Integrationspolitik, 446.

[156]So: RMD 1; CIL XVI 21. 95. 98. 124; CIL XVI 25 muß außer Betracht bleiben.

Das Diplom CIL XVI 133 vom Jahr 192 beweist, daß auch Angehörige der 13. städtischen Kohorte, in Lugdunum stationiert, Diplome erhalten konnten, und zwar, wie es scheint, bereits ähnlich lange wie die stadtrömischen urbaniciani: Die Angehörigen dieser Kohorte haben - wohl ihres auswärtigen Stationierungsortes wegen - regelmäßig eigene Diplome erhalten, das heißt sie wurden nicht in denselben Konstitutionen aufgeführt, in denen die stadtrömischen Truppen zusammengefaßt wurden, was leicht zu erklären ist, da auf sie die Angabe "qui militaverunt in praetorio meo" nicht zutraf. Dieser Zusatz aber und damit der Grund für eine gesonderte Behandlung der nicht stadtrömischen urbaniciani entfiel spätestens im Jahr 166[157]. Sowohl die Privilegierung als auch die Diplomvergabe an die nicht in Rom stationierten cohortes urbanae scheinen also schon älter als das oben genannte Diplom CIL XVI 133, also "normal" gewesen zu sein.

Durchaus keinen "normalen" Eindruck aber macht das erste erhaltene Diplom für die städtischen Kohorten Roms aus der Regierungszeit des Septimius Severus[158]. In diesem Diplom werden die Prätorianer nicht berücksichtigt; das erste für diese - und zwar ebenfalls für sie allein - ausgestellte Diplom ist für das Jahr 208 belegt, das heißt es wurde für Veteranen konzipiert, die von Septimius Severus im Jahr 193/4 in das Prätorium aufgenommen worden waren. Das macht die Vermutung sehr wahrscheinlich, daß er im Jahr 194 allein bei den *cohortes urbanae* zu genau dem Mittel griff, welches Vespasian, mehr als 100 Jahre früher, in der Behandlung der *beiden* stadtrömischen Truppen angewendet hatte: Er versah die Soldaten, derer er sich entledigen wollte, mit Diplomen, das heißt er entließ sie, wie Tacitus kommentiert hatte, "ob culpam". Diese leichte Strafe - verglichen mit der Verabschiedung der "alten" Prätorianer durch Septimius Severus - wurde ihnen zuteil, da sie sich in den politischen Unruhen weniger als jene exponiert hatten. Die Prätorianer, die ja zuvor den Thron an Didius Iulianus "versteigert" hatten, entließ er unehrenhaft[159]. Seine eigenen Gardisten aber bedachte er mit allen Ehren. Sie erhielten am Ende ihrer Dienstzeit nicht nur wieder das conubium (und zwar, wegen ihrer nun provinzialen Herkunft und den damit wohl vorauszusetzenden Kontakten zur peregrinen Bevölkerung,

---

[157]CIL XVI 124; zur Datierung siehe Alföldy, Konsulat und Senatorenstand, 181f.; vgl. auch Dietz, Chiron 11 (1981), 298f.; Freis, Die Cohortes Urbanae, 42f. Der Wegfall dieses ehrenden Zusatzes wird von Freis allerdings zu spät angesetzt.

[158]CIL XVI 134 im Jahr 194.

[159]Herodian 2,13,8; Arnaud-Lindet, REL 55 (1977), 308. Ähnlich streng verfuhr Septimius Severus mit der in Lugdunum stationierten 13. städtischen Kohorte: Wahrscheinlich nach seinem Sieg über Albinus löste er sie auf und ersetzte sie durch loyale Vexillationen der vier germanischen Legionen; vgl. Fabia, La garnison romaine, 55. 75ff.

in steigender Zahl[160]); der Text dieser Diplome unterscheidet sich auch von dem der früheren, zwar nicht in der Sache, wohl aber im Wortlaut: In Abgrenzung gegen die früheren Prätorianer (und damit gleichzeitig gegen die bei der alten Formulierung verbleibenden Diplome der cohortes urbanae) bestätigte Septimius Severus seinen Gardisten, daß sie "pie et fortiter" gekämpft hatten, nicht, wie bisher bei beiden Truppen und weiterhin bei den Stadtsoldaten üblich, "fortiter et pie"[161]. Dieser formale Unterschied war nicht zufällig, denn gleichzeitig verband er sich mit der Ehrung "pia vindex"[162], die in Zukunft einer prätorischen Kohorte zukam[163]. Die Stadtkohorten erhielten dagegen nur - einem Zug der Zeit entsprechend - den Kaiserbeinamen[164], der den Prätorianern ebenfalls zugestanden wurde[165]. Die beiden Truppen wurden nicht mehr zusammen auf denselben Diplomen erwähnt. Die städtischen Kohorten erhielten der Überlieferung zufolge nur noch sehr wenige Diplome. Das letzte erhaltene Exemplar, das für einen Angehörigen der cohortes urbanae ausgestellt wurde, ist in das Jahr 222 zu datieren und beweist noch einmal deutlich die Trennung der cohortes urbanae von den Prätorianern: An demselben Tag wurden Diplome auch für die Gardisten ausgestellt, aber nach einer anderen Originaltafel und dem leicht geänderten Text folgend[166].

Zusammenfassung

Es konnte herausgearbeitet werden, daß auch die Diplome für Soldaten der prätorischen und städtischen Kohorten, durch welche allein das conubium verliehen wurde, ihrem Wortlaut und ihrer inhaltlichen Wirkung nach Dokumente für *Privilegierungen* sind, nicht etwa für Restriktionen oder Disziplinarmaßnahmen. Unabhängig davon ist es zu sehen, wenn Vespasian zum Mittel der Diplomvergabe griff, um sich unliebsamer Soldaten zu entledigen. Aus dieser Maßnahme entwickelte sich keine fortlaufende Auszeichnung der

---

[160]Im einzelnen ist die Herkunft der Prätorianer im 3. Jahrhundert für uns schwer zu erkennen, da das Namenmaterial keine zuverlässigen Rückschlüsse erlaubt; vgl. Mócsy, Heer und Integrationspolitik, 446f. und 461ff.

[161]Vgl. CIL XVI 135. 137.

[162]Durry, RE XXII 2, 1614.

[163]CIL XVI 135. Zu weiteren Ehrungen siehe Durry, Les cohortes prétoriennes, 384f.

[164]CIL XVI 137.

[165]CIL XVI 139.

[166]CIL XVI 140; RMD 75.

stadtrömischen Veteranen. Erst seit Hadrian ist die Verleihung des Eherechts für Prätorianer, erst seit Antoninus Pius für Angehörige auch der städtischen Kohorten belegt. Septimius Severus trennte die beiden Truppen insofern voneinander, als sie ihre Privilegien in Zukunft auf verschiedenen Diplomen und mit leichten formalen Unterschieden erhielten: Dahinter stand eine Bevorzugung der "eigenen" Prätorianer durch Septimius Severus und eine der Maßnahme Vespasians vergleichbare Behandlung der städtischen Kohorten. Diese Truppe setzte nach der oben genannten Trennung ein Fortlaufen ihrer Privilegierungen nur noch während der severischen Dynastie durch. Im Gegensatz dazu erlangten die Prätorianer im 3. Jahrhundert mehr Diplome als je zuvor (was in Verbindung mit ihrer seit Septimius Severus gegebenen provinzialen Herkunft zu sehen ist). Diese Privilegierungen blieben ihnen bis in das 4. Jahrhundert hinein erhalten.

D. Die sogenannten nationalen Numeri

Diplome, die für die sogenannten nationalen Numeri[167] ausgestellt wurden, liegen in CIL XVI 68, RMD 17 (beide aus dem Jahr 120), RMD 27 und 28 (aus dem Jahr 126) und CIL XVI 114 vor. Das letzte, stark beschädigte Diplom betraf maurische Reiter[168], die anderen vier, z.T. vollständig erhalten, z.T. sicher zu ergänzen, palmyrenische Bogenschützen[169]. Die Mauri gentiles erscheinen außerdem in dem Diplom CIL XVI 108; hier sind sie aber wohl nicht Empfänger der Privilegien[170]. Die Untersuchung muß sich somit im wesentlichen auf die sagittarii Palmyreni beschränken[171].

Das Formular der Diplome

Das allgemeine Formular der Diplome, durch welche lediglich das Bürgerrecht verliehen wurde, ist ausgesprochen kurz und lautet: "Palmyrenis sagittariis ex Syria qui sunt in Dacia sup. sub Iulio Severo civitatem dedit iis quorum nomina subscripta sunt." Innerhalb der Reihe der vier uns bekannten Diplome läßt sich nur eine eher unwesentliche Veränderung des allgemeinen Formulars feststellen: Im Jahr 126 wurde auf die Bezeichnung "ex Syria" verzichtet. Dafür bieten sich zwei Erklärungen an: Entweder war die Rekrutierungsbasis zur Zeit der späteren Diplome nicht mehr allein Palmyra in Syrien, sondern es wurde auch auf andere Gebiete zurückgegriffen. In diesem Fall wäre anzunehmen, daß der Name der Truppe, der seine Berechtigung

---

[167]Dieser Begriff ist nicht unumstritten; eine mangelnde Differenzierung zwischen nationalen und andersartigen Numeri hat auch in der Forschungsgeschichte zu sachlichen Unklarheiten Anlaß gegeben. Hier stehen nur jene Truppen im Blickfeld, die tatsächlich nationale Kontingente darstellten im Sinne der Definition Speidels: "Even the expression 'national numeri' might better be translated, e.g. as 'ethnic units', so as to avoid misunderstandings. If a Latin term ist needed, it will have to be *nationes*" (Speidel, Roman Army Studies, 121); vgl. auch Le Roux, Heer und Integrationspolitik, 360ff.

[168]Zu seiner Verwandtschaft mit den vier "palmyrenischen" Diplomen siehe Callies, BRGK 45 (1964), 198 Anm. 386.

[169]Evtl. liegt in extrem fragmentarischer Form ein weiteres Diplom für die palmyrenischen Bogenschützen vor, ebenfalls aus dem Jahr 120: Petolescu, Latomus 34 (1975), 1020ff. Aus den Resten lassen sich aber keine sicheren Schlüsse ziehen.

[170]So: Stein, Die kaiserlichen Beamten, 234f.; Callies, BRGK 45 (1964), 201; Rowell, YClS 6 (1939), 77.

[171]Soweit erkennbar, folgt der Text von CIL XVI 114, das an maurische Reiter ausgestellt wurde, genau dem Formular der Diplome für die palmyrenischen Bogenschützen.

ursprünglich in der rein palmyrenischen Rekrutierung gehabt hätte, beibehalten wurde, daß aber der inzwischen sachlich unzutreffende Zusatz "ex Syria" entfiel. Oder wir können davon ausgehen, daß die Rekrutierungsbasis sich innerhalb von sechs Jahren nicht wesentlich änderte, sondern daß die Truppe als ganze im Jahr 120 noch sehr neu war, ja, daß die Diplome, die 120 ausgestellt wurden, unter Umständen sogar die ersten für diese Truppe waren. Diese Annahme könnte erklären, weshalb man sich die Mühe gemacht hat, den Text - bei aller Kürze - in einer doch sehr "vollständigen" Form abzufassen, denn "ex Syria" hat lediglich erläuternden Charakter. Im Jahr 126, als man die zweite Originaltafel, wahrscheinlich in unmittelbarer Nähe der ersten vom Jahr 120, aufhängte, entfiel dieser einzige redundante Teil des Textes, und zwar lediglich deshalb, weil er eben sachlich überflüssig war[172]. Da die zweite Erklärung eher überzeugt als die erste, läßt sich die fest in Dacia superior stationierte Truppe der sagittarii Palmyreni auch durch das Formular der Diplome als eine Schöpfung des 2. Jahrhunderts, evtl. Hadrians, wahrscheinlich machen[173].

Bürgerrecht für Veteranen der nationalen Numeri? Forschungsüberblick und Kritik

Die Frage, ob die Veteranen der nationalen Numeri das römische Bürgerrecht erhielten, hat in der Forschung zu zwei sehr grundsätzlichen Antworten geführt: Während Mommsen und Vittinghoff davon ausgehen, daß die ehemaligen Soldaten dieser Truppe prinzipiell ein Recht auf dieses Privileg hat-

---

[172]Eine andere, jedoch unbefriedigende Erklärung gibt Strobel, Festschr. S. Lauffer, 932 Anm. 116. Er geht davon aus, daß die palmyrenischen Bogenschützen im Jahr 126 einen "regulären Bestandteil des oberdakischen Heeres" bildeten, weshalb auf die Angabe "ex Syria" verzichtet worden sei. Abgesehen davon, daß die palmyrenischen Bogenschützen 126 vermutlich nicht mehr und nicht weniger regulär waren als im Jahr 120, scheint mir auch fraglich, ob die Hypothese Strobels den Wegfall von "ex Syria" tatsächlich erklären könnte.

[173]Tatsächlich sind wir über den Entstehungsprozeß dieser Truppe etwas genauer unterrichtet, vgl. Strobel, Untersuchungen zu den Dakerkriegen, 149f., bes. Anm. 24 (mit Literatur). Der Hinweis von Callies, daß palmyrenische Bogenschützen schon für das Jahr 70 zu belegen sind, widerspricht dieser Annahme keineswegs (Callies, BRGK 45 (1964), 165; so auch Strobel, Untersuchungen zu den Dakerkriegen, 150 Anm. 24). Er bestätigt eher den Gedanken von Baatz, daß die Organisation der Numeri mehrere Stufen durchlief, "... wobei wohl auch improvisiert und experimentiert wurde." (Baatz, Kastell Hesselbach, 73). Bei den palmyrenischen Bogenschützen des Jahres 70 muß es sich durchaus nicht um dieselbe Truppe handeln; siehe auch Speidel, Roman Army Studies, 122f.: "The ethnic units ... might differ far more from each other than has been assumed up to now." "Differentiation becomes essential."

ten[174], verteidigt vor allem Callies als Vertreter der communis opinio die Hypothese, daß sie generell keine Diplome erhielten[175]. Ohne die Vorschläge Mommsens und Vittinghoffs unbeachtet zu lassen, kann diese Frage doch vor allem in Auseinandersetzung mit den Argumenten von Callies erörtert werden.

Er bemüht sich in besonderem Maße um eine angemessene Berücksichtigung des allgemeinen Formulars der Diplome[176] und stellt fest, daß die Bürgerrechtsverleihungen an die palmyrenischen Bogenschützen alle Merkmale aufweisen, die für außerordentliche Auszeichnungen typisch sind, für solche Vergünstigungen nämlich, die wegen besonderer Leistungen der Soldaten "ante emerita stipendia" durch Diplome verfügt wurden: Es fehlen eine feste Truppenbezeichnung, der Dienstgrad des Soldaten und der Name des Truppenführers, der Name der Truppe folgt direkt auf die Kaisertitulatur, die Entlassungsformel fehlt ebenso wie die Verleihung des Eherechts an die Soldaten und der Zivität an ihre Kinder[177]. So kommt er zu dem Schluß, "daß der Grund zu dieser Zivitätsverleihung in einer besonderen Leistung gelegen hat."[178] Er gerät allerdings in Schwierigkeiten, weil die Diplome keine besondere Leistung nennen, wie nicht nur theoretisch zu erwarten wäre, sondern

[174]So Mommsen: "... das fast völlige Schweigen der uns vorliegenden Diplome aus dem 2. Jahrhundert (deutet darauf hin), dass diese neue Formation damals erst in der Bildung begriffen war" (Die Conscriptionsordnung, Ders., Ges. Schriften VI, 113f.). - "Es war .. natürlich, daß für beide Truppenteile (sc. Auxiliartruppen und Numeri Anm. d. Verf.) die Dienstverpflichtung der Soldaten auf 25 Jahre lief. Entlassene Soldaten wurden Veteranen und erhielten bei ihrem Abschied wie die Auxiliare - so müssen wir zwingend folgern - das römische Bürgerrecht und mit ihm das 'Recht auf Ehegemeinschaft' ..." (Vittinghoff, Historia 1 (1950), 402f.). Die Tatsache, daß keine solchen "Entlassungsdiplome" für die Angehörigen der nationalen Numeri vorliegen, erklärt Vittinghoff damit, daß diese Dokumente in größerer Zahl erst zu einem Zeitpunkt zu erwarten seien, zu dem auch für die Auxiliarsoldaten kaum noch Diplome ausgestellt wurden, nämlich in der zweiten Hälfte des 2. Jahrhunderts (403f. Anm. 57).

[175]Callies, BRGK 45 (1964), 198: Es "kann nicht von der Meinung abgegangen werden, die Soldaten der Numeri hätten keine Diplome erhalten." So auch Kraft, Zur Rekrutierung, 121. Auch Speidel geht davon aus, daß an die Numeri keine Diplome ausgegeben wurden, was einen ursprünglich niederen personalrechtlichen Status ihrer Rekruten reflektiere; ihre Gleichwertigkeit oder zumindest ihre Bedeutung aber komme darin zum Ausdruck, daß sie im Falle besonderer militärischer Auszeichnung korporativ das Bürgerrecht bekommen konnten (Speidel, Roman Army Studies, 118).

[176]Callies, BRGK 45 (1964), 195ff.

[177]So bereits Forni, Athenaeum 36 (1958), 19. Eine Ausstellung der Diplome vor Abschluß der Dienstzeit nehmen auch Benea und Piso, ZPE 56 (1984), 294 an; ebenso: Benea, Apulum 18 (1980), 140.

[178]Callies, BRGK 45 (1964), 196; so auch: Roxan, ES 12 (1981), 267. Eine Kombination von außerordentlicher Leistung und Entlassung schlägt, seiner immer wieder zugrunde gelegten Hypothese folgend, Dušanić vor: Roman Frontier Studies III 12 (1979/80), 1062.

auch üblich war[179]. Sein Verweis auf CIL XVI 60[180], wo ein ähnlicher Fall vorliegt, ist nicht tragfähig: Hier heißt es "iis, qui naviga[verunt in qua]driere Ope et [militaverunt in] classe praetor[ia ...]"[181]; damit liegt also eine genauere Spezifizierung vor als in den vergleichbaren Flottendiplomen, so daß sich eine militärisch herausragende Leistung noch erahnen läßt[182]; in den hier zur Debatte stehenden Diplomen der palmyrenischen Bogenschützen aber fehlt *jeder* Hinweis auf eine solche Leistung. Dennoch hat Callies wahrscheinlich - gegen Forni - recht in der Annahme, daß die bekannten Diplome nicht im Zusammenhang mit einer honesta missio ausgestellt wurden. Folglich geht er davon aus, daß die Numeri bei ihrer Entlassung im allgemeinen keine Diplome erhielten. Diese These will Callies belegen, indem er auf das Fehlen der numeri in den Auxiliardiplomen Dakiens hinweist: Wären sie im allgemeinen regelmäßig privilegiert worden - so argumentiert er -, so sollten sie eigentlich in den Auxiliardiplomen mit erwähnt werden, wie dies auch bei Veteranen der provinzialen Flotten geschah. Da die Numeri in den Auxiliardiplomen aber keine Erwähnung finden - so die Schlußfolgerung -, wurden sie auch nicht privilegiert.

Gegen diese Argumentation bleibt aber einzuwenden, daß zwar, wie in den von Callies beigebrachten Beispielen, verschiedene Truppengattungen auf denselben Diplomen genannt sein könnten[183], daß dies aber eine im wesentlichen gleiche Gestaltung des allgemeinen Formulars voraussetzt. Das allgemeine Formular der Auxiliardiplome mit dem Text der für die Numeri ausgestellten Konstitutionen sinnvoll zu verbinden scheint jedoch schwierig zu sein. Das Fehlen der Numeri auf den Auxiliardiplomen allein beweist also noch nicht eine mindere Privilegierung in der Form, daß sie *keine* Diplome erhalten hätten.

Während Vittinghoff das Fehlen der Diplome für Angehörige der Numeri damit zu erklären versuchte, daß seit dem späteren 2. Jahrhundert auch die Diplome der auxiliarii fast völlig verschwunden seien[184], wandte Callies dagegen ein, daß die Auxilien keine Diplome mehr erhalten hätten, weil sich in ihrem Umfeld - im Gegensatz zu dem der Numeri - das Bürgerrecht stark ausgebreitet habe[185]. Für die Numeri seien Diplome also durchaus auch weiterhin zu erwarten.

---

[179]Vgl. CIL XVI 17. 160.

[180]Callies, BRGK 45 (1964), 197.

[181]Vgl. dazu Mann, Hermes 82 (1954), 503.

[182]So auch: Starr, The Roman Imperial Navy, 81; siehe auch o. S. 22ff.

[183]Callies, BRGK 45 (1964), 197 Anm. 385.

[184]Vittinghoff, Historia 1 (1950), 403f. Anm. 57.

[185]So auch Kraft, Zur Rekrutierung, 127f. 138.

Abgesehen davon, daß diese Erklärung für das Ende der Vergabe der Auxiliardiplome wahrscheinlich unzutreffend ist, läßt sie auch die Frage nach dem Ende der Diplomvergabe an Angehörige der Numeri unbeantwortet: Geht man - wie Callies - allgemein von einem minderen Status der Numeri und bei den vorliegenden Diplomen von Sonderverleihungen virtutis causa aus, so erklärt sich das Fehlen solcher Sonderverleihungen gerade bei einer Truppengattung, auf die sich die römische Heeresleitung wegen ihrer besonderen Schlagkraft zunehmend stützte, durchaus nicht.

Ein letztes Argument, das Callies anführte, bleibt aufzugreifen. Anlaß für die von ihm als solche erkannten Sonderverleihungen soll der Krieg Hadrians gegen die Sarmaten im Jahr 118 gewesen sein[186]. Läßt sich diese Hypothese auch noch damit in Einklang bringen, daß zwischen dem Krieg und der ersten Diplomvergabe im Jahr 120 zwei Jahre verstrichen, so doch nicht mehr mit der zweiten Diplomvergabe im Jahr 126, da uns für die Zeit von 120 bis 126 keine entsprechenden militärischen Auseinandersetzungen unter persönlicher Teilnahme des Kaisers bekannt sind[187].

Damit sind Callies' wesentliche Argumente hinfällig geworden, was dazu zwingt, die Deutung dieser Diplome einer Revision zu unterwerfen und ggf. nach neuen Erklärungen zu suchen.

Diesen Versuch hat J.C. Mann unlängst im Appendix zu RMD II unternommen. Er entfernt sich mit seiner bestechend wirkenden Hypothese gleichermaßen weit von beiden oben skizzierten Forschungspositionen. Seine Ausführungen seien hier kurz zusammengefaßt: Mann geht davon aus, daß für die palmyrenischen Bogenschützen gar keine generell übliche Dienstzeit bestand, sondern daß sie von Trajan wahrscheinlich schon im Jahr 113 ausschließlich für den Partherkrieg und eine ad hoc improvisierte Zeitspanne von sechs Jahren rekrutiert wurden. Sechs Jahre habe Trajan als ausreichend für den Krieg betrachtet, und für den Abschluß dieser Dienstzeit habe er ihnen die Entlassung und das Bürgerrecht versprochen[188]. Hadrian habe die Bogenschützen aber nicht gegen die Parther eingesetzt, sondern sie hätten ihre Qualitäten in Dakien bewiesen, wo sie über die sechs von Trajan veranschlagten Jahre hinaus benötigt worden seien. Daher habe man, als sie nach

[186]Callies, BRGK 45 (1964), 200.

[187]Balla, Acta Classica 1 (1965), 42. 48.

[188]Für die Belohnung mit dem Bürgerrecht nach sechsjähriger Leistung kann Mann auf zwei Analogien verweisen, nämlich (1.) die lex Vitellia vom Jahr 24 n.Chr. und (2.) die Gesetzgebung des Claudius, der für bestimmte Fälle das Bürgerrecht nach sechsjährigem Dienst für die Getreideversorgung Roms versprach (Mann, RMD II, 217 und 218 Anm. 6). Die dritte von Mann beigebrachte Parallele, die lex Iulia municipalis, bezieht sich nicht auf personenstandrechtliche Veränderungen und muß hier a priori ausgeschieden werden. Auch die beiden anderen Beispiele beziehen sich auf Latiner, nicht auf Peregrine, was ihren Wert schmälert.

sechs Jahren entlassen worden seien, neue Palmyrener zu gleichen Bedingungen rekrutiert, die - ganz analog - im Jahr 126 Diplome erhalten hätten. Danach sei man zu anderen, reguläreren Rekrutierungsmethoden übergegangen, die die Diplomvergabe am Ende des Dienstes überflüssig gemacht hätten[189]. Damit kommt Mann zu dem Schluß, daß es sich bei den Diplomen der nationalen Numeri zwar um Veteranenprivilegien handelte, daß sie aber gleichzeitig Ausnahmen geblieben seien[190].

Ausnahmen werden sie tatsächlich gewesen sein. Die Situation in den Jahren 120 und 126 aber ist wohl anders einzuschätzen, so daß die Diplome auch nicht als *Veteranen*privilegien verstanden werden können. Hier sei daher auf zwei Aspekte aufmerksam gemacht, die die Hypothese Manns nicht erklären kann und die m.E. eine andere Deutung nahelegen:

(1.) Wenn Trajan den palmyrenischen Bogenschützen bei ihrer Rekrutierung eine nur sechsjährige Dienstzeit und das römische Bürgerrecht versprach, so lag eine außerordentliche Situation bei *dieser Rekrutierung* vor. Wenn Hadrian aber im Jahr 120 die Versprechungen Trajans erfüllte und zu diesem Zweck auf das Mittel der Diplomvergabe zurückgriff, so war eine *völlig normale Situation bei der Entlassung* gegeben. Wird weiterhin bedacht, daß die sechsjährige Dienstzeit, wie Mann zeigt, nicht ohne Analogien ist, ja, daß sie *gesetzlich verankerte* Parallelen hat, so erklärt sich überhaupt nicht, weshalb die Ableistung der Dienstjahre nicht als qualifizierendes Merkmal in den Diplomen erwähnt wurde. Das Hauptargument, das sich gegen eine Entlassung der Palmyrener nach abgeleisteten Dienstjahren einwenden ließ, trifft also auch die Hypothese Manns.

(2.) Mann wurde vor allem durch die Tatsache zu seinem Ergebnis geführt, daß die beiden zu erschließenden Diplomvergaben durch einen sechsjährigen Abstand voneinander getrennt vorgenommen wurden. Seine Hypothese setzt voraus, daß die mit sechsjährigem Abstand privilegierten Bogenschützen Angehörige derselben Truppe waren, deren Mitglieder ausgewechselt wurden. Diese Annahme ist aber unwahrscheinlich: Die beiden ersten Diplome wurden bei Porolissum, die beiden letzten bei Tibiscum gefunden. Da Truppenverschiebungen in Dakien während dieser Zeit aber, wenn überhaupt, nicht in Richtung auf das Landesinnere, sondern auf die Grenze hin zu erwarten sind, sollte eher mit *zwei* Einheiten gerechnet werden als mit

---

[189] Die weitergehenden Schlußfolgerungen, die Mann, RMD II, 218 aus dieser Hypothese für die Geschichte Palmyras zieht, sind für die vorliegende Arbeit ohne Belang.

[190] Die Ausführungen, die Le Roux jüngst zu diesen Diplomen machte, stellen im wesentlichen eine Mischung älterer Lösungsversuche dar; Heer und Integrationspolitik, 369f.

einer[191]. Damit wird die Annahme einer sechsjährigen Dienstverpflichtung fragwürdig.

Ein neuer Erklärungsversuch

Der ganze mit diesen Privilegierungen verbundene Fragenkomplex muß hier also neu behandelt werden:

Mit Sicherheit ist festzuhalten, daß es sich bei der Vergabe der vorliegenden Diplome nicht um "normale" Privilegierungen im Sinne jener Diplome handelte, die zu dieser Zeit in besonderem Maße an die Auxiliarsoldaten vergeben wurden. Fraglich erscheint dagegen schon, ob es sich um Sonderprivilegierungen virtutis causa handelte, da das militärische Verdienst nicht genannt wird. Unklar ist auch, zu welchem Zeitpunkt im Dienstverlauf der Soldaten die Privilegien erteilt wurden, und schließlich bleibt zu klären, wer der Empfängergruppe angehörte.

Die übliche Methode, die Empfänger der Privilegien in den Diplomen zu spezifizieren, besteht darin, zum einen die allen gemeinsamen, darunter auch die qualifizierenden Merkmale zu nennen (z.B. "stipendiis emeritis", "dimissis honesta missione", "[qui] ... [eo quo]d se in expeditione belli fortiter industrieque gesserant, exauctorati sunt"[192] usw.) und zum anderen die Empfänger namentlich anzuführen. Wenn in den hier vorliegenden Diplomen im ersten Teil nur allen gemeinsame, aber darunter keine qualifizierenden Merkmale aufgeführt werden, so ist daraus zu folgern, daß es solche qualifizierenden Merkmale nicht gab. Das ganze Gewicht der Spezifizierung einzelner Empfänger mußte also auf die namentliche Nennung gelegt werden, eine Notwendigkeit, die sogar im allgemeinen Formular zum Ausdruck kommt: "Palmyrenis sagittariis ... civitatem dedit, iis quorum nomina subscripta sunt." Nicht nur wird hier ein zusätzliches "iis" eingefügt, das sich sinnvollerweise wohl nur mit "und zwar denen" übersetzen läßt und die Bedeutung des Teils "quorum nomina subscripta sunt" betont, sondern außerdem wird die Passage "civitatem dedit" vom Ende des ersten Formularteils, wo sie normalerweise steht, vorgezogen, so daß auch im Satzaufbau alles Gewicht auf die namentliche Nennung fällt. Solche Umgestaltungen des Formulars lassen sich wohl

---

[191] Insgesamt waren in späterer Zeit sogar *drei* Einheiten der palmyrenischen Bogenschützen in Dakien stationiert; vgl. den Kommentar zu AE 1967, 393. Zwei von ihnen, und zwar eben zwei *verschiedene*, lagen in Porolissum bzw. Tibiscum und nahmen die Ortsbezeichnungen auch in ihren Namen auf; so z.B. AE 1979, 501g; 1971, 389; 1947, 170 (Porolissum) bzw. AE 1977, 695; 1972, 466; 1971, 404d (Tibiscum). Vgl. auch Wade, The Roman Auxiliary, 172ff. 178 und 191.

[192] CIL XVI 17.

am besten daraus erklären, daß tatsächlich keine weiteren Spezifizierungsmerkmale zur Verfügung standen, die zu erwähnen nicht nur offizieller[193], sondern auch einfacher gewesen wäre. Auch unter diesem Aspekt scheint eine Sonderverleihung virtutis causa ganz unwahrscheinlich.

Eine andere Beobachtung aber deutet auf eine Verleihung der Privilegien *vor* der Entlassung hin:

Bürgerrecht für sich selbst, für Kinder und Nachkommen sowie conubium erhielten bei *Sonder*privilegierungen nur Soldaten, welche mit der Diplomerteilung in den Veteranenstatus traten. Dieser Fall war bei der Konzeption der Diplome CIL XVI 10; 17 und 60 gegeben[194]; sie richteten sich an ehemalige Flottensoldaten und verliehen die Privilegien in vollem Umfang. CIL XVI 160 dagegen wurde für auxiliarii konzipiert, die noch im Dienst standen - sinnvollerweise konnte ihnen noch kein conubium verliehen werden, und auch evtl. vorhandene Kinder waren rechtlich noch nicht existent[195]. Die inhaltliche Parallelität dieses Diploms mit den hier zu betrachtenden der Numeri deutet also auf eine Verleihung des Bürgerrechts an Angehörige der Numeri während des Dienstes, vor der Entlassung[196].

Konnte bisher gezeigt werden, daß es sich um eine Privilegierung während der Dienstzeit der Soldaten handelt, die inhaltlich mit den Sonderprivilegierungen der aktiven Auxiliarsoldaten übereinstimmt, wegen des Fehlens von herausragenden Leistungen aber keine solche darstellt, so ist nun eine Hypothese über den Grund der Verleihung aufzustellen. Wir dürfen vermuten, daß die Numeri in der ersten Phase ihrer (jeweils individuellen) Entwicklung unter einheimischen Unterführern kämpfen konnten und taktisch römischen Einheiten zugeordnet wurden[197]. In den Militärdiplomen erscheinen diese peregrinen Kommandeure nicht; als Verantwortlicher ist lediglich Sex. Iulius Severus, kaiserlicher Legat in Dacia superior, aufgeführt[198]. Können wir also davon ausgehen, daß zu dieser Zeit Palmyrener den direkten

[193] So: Callies, BRGK 45 (1964), 197.

[194] Zum letztgenannten Diplom siehe o. S. 22ff.

[195] Gaius, Inst. 1, 64. Auf die inhaltliche Parallelität dieses Diploms mit denen der palmyrenischen Bogenschützen macht auch Dušanić aufmerksam; er zieht aber, seiner allgemein anderen Einschätzung folgend, andere Konsequenzen: Dušanić, Roman Frontier Studies III 12 (1979/80), 1062.

[196] Aus dieser Parallelität folgt aber auch noch einmal, daß aus den vorliegenden Diplomen eine mindere Privilegierung der Angehörigen der nationalen Numeri gegenüber den Auxiliarsoldaten gar nicht ersichtlich ist; anders Callies, BRGK 45 (1964), 196.

[197] Callies, BRGK 45 (1964), 172.

[198] PIR IV 2, Nr. 576.

Befehl über die Truppenkörper ausübten[199], so könnte man vermuten, daß eben diese Truppenführer mit dem römischen Bürgerrecht ausgezeichnet wurden, und zwar nicht aufgrund bereits unter Beweis gestellter militärischer Leistungen, sondern wegen der noch zu erwartenden, das heißt primär: Treue in ihrer Verpflichtung Rom gegenüber. Vermutet Strobel richtig, daß diese Kontingente im Zusammenhang mit dem ersten Dakerkrieg Trajans aufgestellt wurden[200], so sind sie seit 118 zum erstenmal außerhalb der unmittelbaren Nähe des Kaisers eingesetzt worden[201]. Dieser Tatbestand mag Veranlassung dazu geboten haben, zumindest die Truppenführer, die plötzlich in höherem Grade auf sich selbst gestellt waren als vorher, auf besondere Treue zu verpflichten: Sie mit dem römischen Bürgerrecht zu belohnen könnte als geeignetes Mittel erschienen sein[202].

Diese Hypothese läßt sich nicht beweisen, aber sie läßt sich durch mehrere Argumente stützen, und vor allem widerspricht sie m.E. keinen bisher ungeklärten Beobachtungen. Die wesentlichen Argumente sind folgende:

Von vier bekannten Diplomen sind - jeweils am gleichen Tage - zwei im Jahr 120, zwei im Jahr 126 ausgestellt worden. Widersprechen diese Daten schon dem, was bei einer statistisch gleichmäßigen Verteilung zu erwarten wäre, so wird die Vermutung irgendeiner Besonderheit noch verstärkt dadurch, daß die beiden erstgenannten Diplome nicht weit entfernt von Porolissum, die beiden letztgenannten bei Tibiscum gefunden wurden. Es ist also anzunehmen, daß im Jahr 120 Angehörige der bei Porolissum bzw. Optatiana stationierten Einheit, im Jahr 126 Soldaten der bei Tibiscum stationierten ausgezeichnet wurden[203].

Beide Daten liegen in der Geschichte dieser Truppenkörper zu früh, als daß an eine Entlassung gedacht werden müßte[204]. Sie fallen zwar nicht mit

---

199 So auch: Strobel, Die Jahre 117-119 n.Chr., Festschr. S. Lauffer, 934 Anm. 117; vgl. auch Alföldy, Römische Heeresgeschichte, 112f.

200 Strobel, Untersuchungen zu den Dakerkriegen, 149f.

201 Hieran ändert sich auch nichts, falls man die Hypothese Manns, der von einer Rekrutierung für den Partherfeldzug ausgeht, bevorzugt; Mann, RMD II, 217.

202 Eine andere Erklärung, die sich auf den Ausnahmestatus der Stadt Palmyra und auf "allgemeine Bewährung" der Truppen stützt, versucht Strobel, Die Jahre 117-119 n.Chr., Festschr. S. Lauffer, 933f. Anm. 117 in Anlehnung an Roxan, ebda.

203 Zur Stationierung: Strobel, Untersuchungen zu den Dakerkriegen, 149. Eine nachträgliche Verschleppung der Diplome ist nicht nur deswegen unwahrscheinlich, weil an beiden Orten palmyrenische Bogenschützen stationiert waren, sondern auch aus dem Grund, daß sie für andere als die direkten Empfänger keinen Wert hatten, da die Privilegien ja nicht an Kinder und Nachkommen verliehen wurden.

204 Man könnte allerdings auch eine längerwährende Dienstzeit schon in anderen Verbänden annehmen, was aber unwahrscheinlich ist; vgl. Strobel, Untersuchungen zu den Dakerkriegen,

dem Beginn des Bestehens dieser Verbände[205], aber doch wohl mit dem Beginn ihrer festen Stationierung zusammen. Sollen die Diplome also einer Entwicklung zugeordnet werden, so sind sie zwangloser an den Anfang einer solchen zu setzen (an den Anfang der Geschichte dieser Truppen als feststationierter Einheiten nämlich) als an das Ende (als Dokumente für die Entlassung oder Privilegierung einzelner Soldaten nach Ablauf ihrer Dienstzeit). Hinzu kommt, daß die vier Diplome in unmittelbarer Nähe der Stationierungsorte gefunden wurden, was den Verdacht aufkommen läßt, daß die Empfänger bei der Diplomvergabe noch nicht entlassen wurden. Daß Militärdiplome, sonst nur *nach* unter Beweis gestellter Qualifikation ausgegeben, hier *vorher* verliehen wurden, braucht nicht zu stören. Tatsächlich erhielten die Privilegierten ein Diplom und das Bürgerrecht mit dem Ziel, sie loyal zu stimmen; die Form des Militärdiploms - und nur um die Form handelt es sich ja - unterstreicht den offiziell römisch-militärischen Charakter dieser Privilegierung. Eine schon formal mindere Auszeichnung hätte ihren Zweck wohl auch verfehlt.

Daß es sich bei den so Privilegierten nur um die Führer handelte, ergibt sich noch nicht allein aus der geringen Zahl der Diplome, evtl. aber schon aufgrund der Überlegung, daß es sich nicht um Auszeichnungen virtutis causa handelte, daß also keine qualifizierenden Merkmale vorlagen, durch die ein kleiner Teil der Truppe gegen einen anderen inhaltlich sinnvoll hätte abgesetzt werden können[206]. Die Alternative zu einer Privilegierung der Unterführer wäre also die Privilegierung mehr oder weniger der gesamten Truppe gewesen. In einem solchen Fall aber griff man zu anderen Mitteln, wie es in späterer Zeit auch für die palmyrenischen Bogenschützen bezeugt ist: Die ganze Truppe erhielt, zusammen mit dem Bürgerrecht für die einzelnen Soldaten, den ehrenden Beinamen "cohors ... civium Romanorum"[207]. Außerdem korrespondiert die Tatsache, daß in den Diplomen keine Truppenkommandeure als Vorgesetzte der Privilegierten genannt wurden, glanzend mit der Annahme, daß diese Truppenkommandeure selbst die Privilegierten waren[208].

149f: "Diese hochwertigen Bogenschützenverbände wurden zumindest wohl teilweise vor dem Ausbruch des 1. Dakerkrieges Trajans aufgestellt und wahrscheinlich im Rahmen der Aufgebote der orientalischen Provinzheere erstmals gegen die Daker an die Donaufront geführt." Schließlich könnte man auch der Hypothese Manns über eine nur sechsjährige Dienstverpflichtung folgen.

[205]Strobel, Untersuchungen zu den Dakerkriegen, 149.

[206]Vgl. CIL XVI 60.

[207]AE 1944, 56 (zur Zeit des Decius).

[208]Vgl. auch die andersartigen Erklärungen von Wolff, ZPE 43 (1981), 415 und Alföldy, Römische Heeresgeschichte, 112f.

Und noch ein weiteres Argument bleibt anzuführen, das die hier vorgetragene Hypothese stützt: Es liegt in der Tatsache, daß eine Bürgerrechtsverleihung an einen palmyrenischen *Führer* dieser Truppe schon durch Trajan belegt werden kann[209]. Es ist nicht auszuschließen, daß auch dieser Kaiser sich schon des Mittels der Diplome bediente, aber in Anbetracht dessen, daß er der Vergabe von Militärdiplomen allgemein weniger Interesse schenkte als Hadrian, daß kein Diplom dieser Art erhalten ist und daß die palmyrenischen Bogenschützen - anders als unter Hadrian - in seiner unmittelbaren Nähe kämpften, ist der Gedanke eher unwahrscheinlich. In jedem Fall aber hat die Privilegierung nur der peregrinen Führer dieser Truppe durch Hadrian eine Parallele in der Bürgerrechtsschenkung Trajans[210].

Kann damit also in modifizierter Weise an der Annahme festgehalten werden, daß Angehörige "der Numeri" als solche kein römisches Bürgerrecht erhielten, so erklärt sich auch das Fehlen solcher Diplome in späterer Zeit: Peregrine Truppenführer sollten an Rom gebunden werden; daher wurden sie mit dem Bürgerrecht ausgezeichnet[211]. In dem Augenblick aber, in dem sie durch bereits mit dem römischen Bürgerrecht versehene, im regulären römischen Militärdienst qualifizierte Palmyrener ersetzt werden konnten, zog man diese Möglichkeit dem irreguläreren Verfahren, welches zur Vergabe der Diplome geführt hatte, vor[212]. Ihre Auszeichnung durch die Verleihung der Zivität wurde damit überflüssig.

---

[209]AE 1947, 169; siehe Callies, BRGK 45 (1964), 189 Anm. 334. Obwohl in der Transskription des römischen Gentilizes in AE 1947, 169 ein Fehler unterlaufen ist - die Inschrift bietet Οὀλπιο[---] -, liegt doch offensichtlich das Nomen "Ulpius" zugrunde, nicht aber, wie Callies will, "Aelius". Der Palmyrener erhielt das Bürgerrecht also schon unter Trajan, nicht erst unter Hadrian. Das Erstaunen von Callies darüber, daß man einen erst jüngst mit dem Bürgerrecht ausgezeichneten Palmyrener als Führer verwandte, scheint dennoch unbegründet; wahrscheinlicher ist die umgekehrte Interpretation: *Weil* man ihn als Führer verwandte, verlieh Trajan ihm das Bürgerrecht! Trajan scheint dieses Verfahren aber entweder nicht konsequent oder erst von einem bestimmten Zeitpunkt an praktiziert zu haben, vgl. AE 1900, 197 ("Hermes Pergamenus").

[210]In der Tatsache dieser Bürgerrechtsverleihung Trajans liegt ein weiteres Argument gegen die Hypothese Manns, der zufolge Trajan zwar das *Versprechen* des Bürgerrechts, nicht aber dessen *Verleihung* zuzuschreiben ist (Mann, RMD II, 217).

[211]Die Privilegierung peregriner Truppenführer im Gegensatz zu den von ihnen geführten Truppen erschließt auch Rowell, YClS 6 (1939), 107, allerdings aufgrund von mir nicht geteilter Annahmen und lediglich für den Zeitpunkt der Entlassung.

[212]Vgl. Callies, BRGK 45 (1964), 187ff., bes. 189 Anm. 335. Ein Übergangsstadium erschließt auch Benea, Apulum 18 (1980), 140. Damit ist auch das Erstaunen Vittinghoffs über die Barbarisierung des Heeres, die die römische Regierung "ohne eigentlichen Zwang" zugelassen habe, unbegründet. Nach der oben genannten Interpretation verzichtete die kaiserliche Zentrale durchaus nicht auf das "arcanum imperii" einer "lautlosen Erziehung" peregriner Bevölkerungsteile (Vittinghoff, Historia 1 (1950), 390).

Zusammenfassung

In Bezug auf Soldaten der nationalen Numeri konnte festgestellt werden, daß sie die üblichen Privilegien nicht, wie die Auxiliarsoldaten, am Ende ihrer Dienstzeit bzw. nach 25 oder mehr Dienstjahren aufgrund dieser Qualifikation erhielten. Ihnen wurde als Privileg allein das römische Bürgerrecht gewährt, was dem "üblichen" Verfahren auch für die Auxiliarsoldaten entsprach, die *während* ihrer Dienstzeit virtutis causa ausgezeichnet wurden. Den hier besprochenen Diplomen liegt allerdings eine militärische Glanztat nicht zugrunde; sie wurden zu einem Zeitpunkt ausgestellt, als sich die betreffenden Truppenkörper als fest stationierte Einheiten erst formierten und sind wahrscheinlich im Zusammenhang mit diesem Prozeß zu sehen.

Als plausibel kann angenommen werden, daß sie an die palmyrenischen Unterführer der genannten Truppen ausgegeben wurden, und den Versuch dokumentieren, diese Führer in ihrer Loyalität Rom gegenüber zu bestärken. In diesem Fall wären sie Zeugen für einen Übergangsprozeß[213], denn diese peregrinen palmyrenischen Führer wurden sehr bald ersetzt durch Legionscenturionen oder -dekurionen, deren palmyrenische Herkunft eine enge Verbindung zur Truppe ebenfalls sicherstellen konnte, deren Ausbildung im regulären Heer aber noch eher loyales Verhalten erwarten ließ.

In jedem Fall aber - auch falls der oben genannten Hypothese Manns der Vorzug gegeben werden sollte - bleibt festzuhalten, daß sich die Bürgerrechtsverleihung an Angehörige der nationalen Numeri nicht als regelmäßig vorgenommene Privilegierung von Veteranen verstehen läßt.

Benea, Apulum 18 (1980), 295 gibt eine andere, m.E. sehr unwahrscheinliche, in jedem Fall aber nicht beweisbare Erklärung für das Fehlen der Diplome für Numeri in späterer Zeit, indem er davon ausgeht, daß die Numeri sich aus ihrem eigenen Lagernachwuchs rekrutiert hätten. Ihre Kinder aber seien bereits römische Bürger gewesen, da das conubium mit peregrinen Frauen den Soldaten durch eine andere, uns unbekannte Gesetzgebung verliehen worden sei.

[213] Treffen diese Annahmen zu, so läßt sich auch das Diplom, das an die maurischen Reiter ausgestellt wurde und - soweit erkennbar - dem gleichen Formular folgt, auf einen Zeitpunkt datieren, der in unmittelbarem Zusammenhang mit der festen Stationierung der Truppe stand (CIL XVI 114). Leider ist es bisher nicht gelungen, ein Stationierungsdatum für diese Truppe in Moesia Superior zu eruieren. Callies, BRGK 45 (1964), 201 Anm. 412 vermutet, daß sie erst 157/8 hierher gekommen seien. Immerhin aber läßt sich wahrscheinlch machen, daß maurische Reiterei fest in Moesia stationiert wurde. Vgl. auch Speidel, Roman Army Studies, 125.

E. Die equites singulares Augusti

Für die equites singulares Augusti sind zwei Diplome fast vollständig erhalten, von zwei weiteren liegen eindeutig zu identifizierende Fragmente vor[214]. Die Diplome fallen in die Jahre 230, 223/35 und 237. Durch sie wurde das Bürgerrecht und das conubium an die Veteranen dieses numerus nach Ableistung von 25 oder mehr Dienstjahren verliehen; sie sind also inhaltlich identisch mit den Auxiliardiplomen seit Antoninus Pius, denen sie auch formal genau entsprechen. Anders als bei den Auxiliarveteranen scheint die Verleihung des Bürgerrechts bei den ausgedienten equites singulares Augusti dem Charakter der Truppe aber kaum angemessen: Nach dem Ergebnis der Forschungen, die Speidel dieser Truppe widmete, gelten ihre Angehörigen heute als römische Bürger, die das Bürgerrecht spätestens anläßlich ihrer adlectio erhielten[215]. Bevor auf die Frage eingegangen werden kann, ob die Veteranen dieser Garde regelmäßig mit Bürgerrecht und conubium ausgezeichnet wurden, muß also untersucht werden, wie die Tatsache einer Bürgerrechtsverleihung bei der Entlassung mit der Hypothese bereits bei der adlectio verliehener Zivität in Einklang zu bringen ist. Dies bedeutet, daß die Frage nach dem personenrechtlichen Status dieser Reiter, die bereits mehrfach gestellt worden ist, noch einmal aufgegriffen werden muß. Dabei bieten sich von vornherein im wesentlichen zwei Möglichkeiten an: Entweder es gelingt, die Ansicht Speidels, die ursprünglich von Kraft entwickelt wurde[216], zu stützen, oder wir sind zu der Annahme gezwungen, daß den Gardereitern das römische Bürgerrecht nicht - oder wenigstens nicht allen Angehörigen dieser Truppe - zukam, so daß sie also peregrinen oder latinischen Rechtes gewesen sein müßten. Diese letztgenannte Lösung entspricht dem Verständnis Mommsens, Liebenams und Grossos[217]. Weder in der einen noch in der anderen Forschungsrichtung aber wurde den Militärdiplomen der ihnen m.E. in dieser Frage zukommende Stellenwert beigemessen; wenigstens eine Entscheidung über Bürger- oder Nichtbürgertruppe scheint aufgrund der Diplome problemlos. In den für diese Gardereiter ausgestellten Diplomen werden neben den equites singulares Augusti keine anderen Truppen genannt, für die das Formular ebenfalls hätte gedacht sein können, sondern die einzigen Empfänger aller Abschriften der Originaltafeln in Rom waren Gar-

---

[214] CIL XVI 144. 146; RMD 134; Mirković - Vasić, ZPE 64 (1986), 219ff.

[215] Speidel, Die equites singulares Augusti, Bonn 1965; bes. S. 65f.

[216] Kraft, Zur Rekrutierung, 73.

[217] Mommsen, Schweizer Nachstudien, Ders., Ges. Schriften V 405 u. 411; Liebenam, RE VI 1, 317; Grosso, Latomus 25 (1966), 905ff.; vgl. neuerdings auch Wolff, Ostbairische Grenzmarken, Passauer Jahrbuch 29 (1987), 36 mit Anm. 14 und 15.

dereiter. Da Militärdiplome, wie gezeigt werden konnte, zwar nicht individuell für den einzelnen Soldaten, wohl aber truppenspezifisch sehr sorgfältig formuliert wurden[218], müßte folglich das Formular dieser Diplome vollständig durch Eigenarten dieser Truppe erklärt werden können.

Aufgrund dieser Voraussetzung ist *gegen* Speidel allein aus dem Formular, in welches die Verleihung des Bürgerrechts aufgenommen wurde, der Schluß zu ziehen, daß sich unter den equites singulares Soldaten befanden, die *nicht* im Besitz des Bürgerrechts waren[219]. Die Diplome setzen also das Fehlen der Zivität mindestens für einen Teil der equites singulares zum Zeitpunkt ihrer Entlassung voraus.

Für Speidel ergibt sich die Annahme, daß alle diese Gardereiter römisches Bürgerrecht besaßen, aus der Namensform der equites singulares Augusti, wobei er drei verschiedene Gruppen voneinander unterscheidet, nämlich die Gruppe jener Soldaten, die "private Namen" trugen, insgesamt etwa 10%, die Gruppe jener, die kaiserliche Namen bereits verstorbener Herrscher trugen, insgesamt weitere 15%, und schließlich diejenigen Gardereiter, die bei ihrer adlectio das nomen gentile des jeweiligen Kaisers annahmen, etwa 75%[220]. Da wenigstens einige Gardereiter nichtrömischen Rechtes gewesen sein müssen, läßt sich nunmehr fragen, welche dieser drei Gruppen bis zum Zeitpunkt der Entlassung wahrscheinlich nicht im Besitz der Zivität war.

Zunächst könnte man diese Nichtbürger hinter einer der beiden Minderheitsgruppen vermuten, also hinter den 10% "private Namen" Tragender oder hinter den 15% jener Reiter, die das Gentiliz eines verstorbenen Princeps angenommen hatten; in diesem Fall wäre die Anzahl der Nichtbürger nicht so bedeutend, daß die Vorstellung einer "Bürgertruppe" ganz und gar aufgegeben werden müßte. Aber auch diese Vermutung bleibt unbefriedigend: Ihr zufolge hätten die Kaiser den bei weitem größeren Teil der equites singulares bei deren adlectio privilegiert, daneben aber einen kleinen Rest Nichtprivilegierter in diese Garde aufgenommen. Diese partielle Privilegierung hatte doch wohl Unmut bei den wenigen Zurückgesetzten wecken müssen. Es bleibt unwahrscheinlich, daß die Kaiser sich ein solches 'Kuckucksei' ins stadtrömische 'Nest' gelegt haben sollten, zumal sich für dieses Vorgehen

---

[218]Vgl. auch Visy, AAntHung 36 (1984), 226.

[219]Speidel, Die equites singulares Augusti, 65: ".. der Erhalt von Diplomen verträgt sich sehr wohl mit dem Bürgerrecht." Dies ist richtig, soweit es auf den einzelnen Bürger innerhalb einer Gruppe bezogen wird, die *auch* Nichtbürger umfaßte. In einem solchen Fall dürfte aus primär juristischen Gründen der vollständige Text von dem Original kopiert worden sein, soweit es um den allgemeinen Teil der Privilegierungsurkunde ging. Bezogen auf die equites singulares aber sind Speidels Feststellungen nicht haltbar. Mit genau derselben Argumentation weist neuerdings auch Wolff, Ostbairische Grenzmarken, Passauer Jahrbuch 29 (1987), 36 mit Anm. 18 die Annahme Speidels zurück.

[220]Speidel, Die equites singulares Augusti, 61f.; die Zahlen beziehen sich auf die Zeit vor 193.

weder Gründe noch Absichten aufzeigen lassen. So ergibt sich vielmehr als nächstliegende Hypothese die Annahme, daß es sich bei den Nichtbürgern unter den equites singulares Augusti um jene 75% handelte, die das nomen gentile des bei ihrer adlectio regierenden Kaisers annahmen[221]. Dieser Namenswechsel *ohne* Verleihung der Zivität war zwar, wie Speidel zu Recht betont, selten[222], aber auch die Truppe, für die dieses Verfahren praktiziert wurde, war einzigartig. Schließlich ist auch darauf hinzuweisen, daß sich der personenrechtliche Status dieser Soldaten im Zusammenhang mit ihrer adlectio und ihrem Namenswechsel möglicherweise durchaus verbesserte, indem sie evtl. in den Besitz der Latinität kamen.

Die equites singulares Augusti erscheinen also als durchaus "fremde" Truppe[223]: Ihre Mitglieder stammten aus den Alen und waren folglich bis gegen Ende des zweiten Jahrhunderts in der Mehrzahl peregriner Herkunft[224], und auch in Rom, nach ihrer adlectio, gab es für sie eine eigentümliche, gleichzeitig "fremde" und doch mit dem Kaiser aufs engste verbundene Stellung, was einerseits durch ihren häufig nichtrömischen Status, andererseits ihr kaiserliches nomen gentile zum Ausdruck gebracht wurde. Zu welchem Zweck nun hatte man eine solche "Zwittertruppe" geschaffen?

In Gestalt der equites singulares Augusti stand den Kaisern neben den Prätorianern eine zweite Leibwache zu Verfügung. Wir finden Hinweise darauf, daß diesen fremden Reitern des öfteren - ähnlich wie zeitweise den classici Misenums - als Gegenkraft gegenüber den Prätorianern eine wichtige Funktion zukam. Nach Einschätzung des Tacitus genossen diese fremden Soldaten gerade als Fremde das Vertrauen Neros, als es die wesentlich von den Prätorianern getragene Pisonische Verschwörung niederzuschlagen galt[225]. Speidel vermutet, daß Trajans Entscheidung, sie zu einer regulären Truppe aufzuwerten, ebenfalls auf den drohenden Konflikt zwischen Kaiser

---

[221]So auch Karlowa, Römische Rechtsgeschichte, I 577 Anm. 2.

[222]Speidel, Die equites singulares Augusti, 66; singulär ist dieser Vorgang nicht: Hadrian wird nachgesagt, daß er den Flottensoldaten die Führung der tria nomina, allerdings ohne kaiserliches Gentiliz, zugestanden habe; vgl. Kienast, Untersuchungen zu den Kriegsflotten, 76f. Überhaupt gilt es, die Ergebnisse Mócsys gebührend zu berücksichtigen. Er faßt seine Untersuchungen (Heer und Integrationspolitik, 463) folgendermaßen zusammen: "Die 'tria nomina' waren beim Militär nicht das Zeichen des Bürgerrechts, sondern das Zeichen der Zugehörigkeit zu gewissen Truppen". So jetzt auch Wolff, Ostbairische Grenzmarken, Passauer Jahrbuch 29 (1987), 39 mit der Konsequenz: "Alle entsprechenden früheren Forschungsergebnisse sind zu revidieren."

[223]So auch Wolff, Ostbairische Grenzmarken, Passauer Jahrbuch 29 (1987), 39.

[224]Siehe Speidel, Die equites singulares Augusti, 62.

[225]Tac., Ann. 15,58.

und Prätorianern zurückzuführen ist[226]. Diesen wurden sie, soweit es aus der Form der Feldlager ablesbar ist, auch im Rang gleichgeordnet[227]. In Rom selbst befand sich das Lager der equites singulares auf dem campus Caelimontanus, also näher am Palatin als das der prätorischen Kohorten. Beide Truppen lagerten weit voneinander getrennt, konnten also unabhängig voneinander aufgerufen werden. Auch aus der Zeit Caracallas sind Spannungen zwischen Prätorianern und fremden Leibgardisten bezeugt[228]: Ein Angehöriger dieser aus Skythen und Germanen bestehenden Truppe tötete jedenfalls den Prätorianer, der Caracalla ermordet hatte, unmittelbar nach der Tat[229].

Das Verhältnis zwischen Kaiser und Prätorianern erreichte unter Severus Alexander neue Tiefpunkte; die Konflikte datierten bereits seit dem Beginn seiner Herrschaft[230], spitzten sich aber 228 und 229 in der dreitägigen Straßenschlacht um die Präfektur Ulpians und dem Kampf um den Konsulat Cassius Dios zu[231]. Der Kaiser versuchte, die Prätorianer besser in seine Gewalt zu bekommen[232], aber er mußte mit aller Vorsicht handeln[233] und konnte ihnen nicht wirkungsvoll entgegentreten. Spätestens 228 also mußte Severus Alexander die Notwendigkeit einer schlagkräftigen, unbedingt treuen Truppe in Rom erkannt haben, die er als Gegengewicht gegen die Prätorianer einsetzen konnte. Dazu boten sich - gewissermaßen schon traditionell - die equites singulares an. Der Gedanke liegt nahe, daß Severus Alexander, um sich ihrer Loyalität zu vergewissern, sie überhaupt erst in den Rang jener Truppen erhob, deren Veteranen Bürgerrecht und conubium erhalten konnten[234]. Im weiteren Verlauf scheinen sie aber keine herausragende Rolle mehr gespielt

[226]Speidel, Die equites singulares Augusti, 92.

[227]Speidel, Die equites singulares Augusti, 13f.; Grundriß bei Domaszewski, Hygini gromatici liber, Taf. II. Ihr Tribunat stand allerdings nur auf der Stufe dessen der cohortes urbanae, also unter dem der cohortes praetoriae; Speidel, Die equites singulares Augusti, 28.

[228]Letztere wurden allerdings von Caracalla in einer besonderen Gruppe, den "Löwen", zusammengefaßt.

[229]Cass. Dio 78,5,4ff.

[230]Siehe Hopkins, The Life, 126f.

[231]Cass. Dio 80,2.

[232]Schon die Ernennung Ulpians war ein Schritt in diese Richtung gewesen; siehe Hopkins, The Life, 127.

[233]Vgl. die Bestrafung des Epagathus, Cass. Dio 80,2.

[234]Vor diesem Hintergrund ist der Gedanke, daß die equites singulares Augusti erst im 3. Jahrhundert Diplome erhielten, auch nicht mehr "unbehaglich", zumal sie eben *nicht* die einzige Truppe waren, die zeitweise keinen Anspruch auf diese Privilegien hatte; vgl. Lieb, der den Forschungsstand in diesem Sinne zusammenfaßt; Heer und Integrationspolitik, 345f.

zu haben[235], so daß Gordian III. sich in einer vergleichbaren Situation, vielleicht aufgrund der Erfahrungen des Severus Alexander, gegen die Gardereiter und für die Flottensoldaten entschied: Um dem Einfluß der Prätorianer nicht vollends ausgeliefert zu sein, stützte er sich auf die in Rom stationierten Matrosen der misenatischen Flotte, deren Lager er in diesem Zusammenhang auch vergrößerte[236].

Man kann also vermuten, daß den equites singulares Augusti das Recht, Diplome zu erhalten, erst unter Severus Alexander verliehen wurde, und zwar mit dem Ziel, sie als Gegengewicht gegen die Prätorianer einzusetzen, die ihrerseits aus einer starken Position heraus handelten und dieses Recht selbstverständlich nicht verloren.

---

[235] Jedenfalls werden sie in den literarischen Quellen nicht mehr genannt.

[236] Kienast, Untersuchungen zu den Kriegsflotten, 75.

F. Ergebnis

Das Ergebnis des ersten Teils läßt sich in wenigen Worten zusammenfassen. In komprimierter Form liegt es m.E. bereits bei Gaius, Institutiones 1, 57 vor: "Und[e et] veteranis quibusdam concedi solet principalibus constitutionibus conubium." Üblicherweise wird die Einschränkung "quibusdam" dahingehend gedeutet, daß es neben einigen nach Ansicht des Gaius prinzipiell berechtigten Truppengattungen Veteranen anderer Truppen gegeben habe, die - ebenso prinzipiell - keinen Anspruch auf Bürgerrecht und / oder conubium erheben konnten. Genau diese Deutung aber läßt sich wohl nicht halten, zumal sich kaum Truppengattungen finden lassen, deren Veteranen *prinzipiell nicht* in den Genuß der Privilegien kamen[237]. Es ist vielmehr anzunehmen, daß allgemein nicht die regelmäßige, fast gesetzmäßig anmutende Vergabe der durch die Diplome verfügten Privilegien das Bild bestimmte. Ihre Verleihung war normalerweise keine über längere Zeit von allen Betroffenen stillschweigend akzeptierte Selbstverständlichkeit, und es gab immer Veteranen gewisser Truppengattungen, die keinen Anspruch auf diese Auszeichnung hatten. Ihnen standen diejenigen gegenüber, die aufgrund einer kaiserlichen Entscheidung - man könnte beinahe sagen: zum jeweiligen Zeitpunkt gerade einmal - einen Anspruch erheben konnten. Daher konnte Gaius völlig zutreffend formulieren, daß "einige" Veteranen das conubium erhielten, ohne dabei konkret an die zu seiner Zeit gerade Berechtigten oder Benachteiligten denken zu müssen[238]. Die Frage, ob die durch die Diplome verfügten Privilegien vergeben wurden oder nicht, war in verschiedenen historischen Situationen immer wieder neu zu entscheiden. Diesem Sachverhalt trug der Jurist Rechnung.

---

[237]Vgl. David-Nelson, Gai institutionum commentarii I, 82; siehe auch Vittinghoff, Heer und Integrationspolitik, 543f., der die von Böhm (Gaiusstudien, 197ff.) vorgeschlagene Lesart "Und[e cum civitate] veteranis quibusdam concedi solet ... conubium" bevorzugt, weil sie das Problem beseitigt, daß kaum eine minderprivilegierte Gruppe mehr aufgezeigt werden kann: "Cum civitate" wurde das Eherecht nur an vormals peregrine Soldaten vergeben, während allein das conubium der communis opinio zufolge fast alle Veteranen erhielten. Zum einen aber scheint diese Begrenzung auf vormals Peregrine im Text des Gaius, dem es im Gesamtzusammenhang um das conubium, nicht aber um das Bürgerrecht geht, etwas gewaltsam, und zum anderen ist das Gesamtverständnis der Vergabe von civitas und conubium an Veteranen wohl zu revidieren, so daß die Aussage des Gaius problemlos erscheint, welche Form sie ursprünglich auch gehabt haben mag.

[238]Obwohl es durchaus Truppen gab, an die er im letztgenannten Sinne denken konnte: Flottenveteranen beispielsweise wurden - mit Ausnahme der Misenaten - zu seiner Zeit mit Sicherheit nicht durch die Vergabe von civitas und conubium privilegiert; siehe o. S. 30ff.

II. Die Vergabe von immunitas omnium rerum und vacatio muneris

Im folgenden Teil werden Befreiungen der Veteranen von Leistungen steuerlicher oder liturgischer Art behandelt. Diese Befreiungen sind unter dem Begriff "immunitas" zusammenzufassen, lassen sich aber auch durch ihr Objekt voneinander unterscheiden. Der Einfachheit halber werden sie im folgenden als immunitates omnium rerum bezeichnet, soweit sie sich auf steuerliche, als vacationes munerum[239], soweit sie sich auf liturgische Verpflichtungen bezogen. Diese Trennung ist antik, auch wenn bereits zur Zeit des frühen Prinzipats und besonders klar seit dem 3. Jahrhundert, als die Lehre von immunitates, vacationes, excusationes usw. erst in vollem Umfang entwickelt wurde, der Unterschied nicht mehr deutlich bewußt war[240]. Die republikanischen Quellen jedenfalls, die uns Auskünfte über Privilegierungen ehemaliger Soldaten mit den hier zu besprechenden Vergünstigungen geben, trennen zwischen diesen beiden Kategorien ebenso bestimmt, wie sie deutlich machen, daß sich die Befreiungen auf beide Bereiche erstreckten.

Das Hauptproblem des folgenden Teils ist in der Quellenlage begründet. Zum einen liegen aus der Zeit der ausgehenden Republik und der des Prinzipats bis hin zur Regierungszeit des Commodus nicht einmal zehn Texte vor, die mit dem hier zu behandelnden Thema in direktem Zusammenhang stehen, und zum anderen wurden die Immunitäten allem Anschein nach nicht in einer so schematisierten Form vergeben, wie dies bei dem Bürger- und Eherecht der Fall war. Erschwerend kommt hinzu, daß von diesen wenigen Quellen drei der Zeit der ausgehenden Republik zuzuordnen sind, folglich allenfalls indirekte Aussagen über die Epoche des Prinzipats zulassen, und daß einer der wichtigsten kaiserzeitlichen Texte, ein Edikt Domitians, lediglich in einer äußerst verderbten und unvollständig erhaltenen Fassung vorliegt[241].

---

[239] Sowohl die Singular- als auch die Pluralform war gängig; so z.B. Dig. 50,5,5: "De vacatione munerum"; Dig. 50,5,5,6: "Hi, qui muneris publici vacationem habent ...".

[240] Siehe Liebenam, Städteverwaltung, 426 Anm. 7; vgl. auch Kübler, RE XVI 1, 650.

[241] Der Einfachheit halber werden im folgenden alle in FIRA I^2 abgedruckten Quellen mit ihrer dortigen Nummer angegeben. Die republikanischen Quellen liegen in FIRA I^2 35 + AE 1948, 64 = Criniti, L'Epigrafe, 16ff. = Sherk, RDGE 22; FIRA I^2 55 = IGL Syr. 718 = Sherk, RDGE 58 und FIRA I^2 56 = W.Chrest 462 = CPL 103, das domitianische Edikt in FIRA I^2 76 = W.Chrest 463 = ILS 9059 vor. Besonders übersichtlich ist die Zusammenstellung von FIRA I^2 55. 56 und 76, die Wolff in Form einer Falttafel seinem Aufsatz über "Die Entwicklung der Veteranenprivilegien", Heer und Integrationspolitik, beigegeben hat.

Bei dieser Quellenlage scheint es nicht nur gerechtfertigt, sondern notwendig, wenigstens die kaiserzeitlichen Texte je einzeln auszuwerten, während für die republikanischen Zeugnisse eine zusammenfassende Darstellung genügen soll. Die Texte sollen in chronologischer Reihenfolge vorgestellt und behandelt werden (Kap. II A), wobei lediglich die sogenannte *χάρις Νέρωνος*[242] ihrer grundsätzlich andersartigen Aussage wegen zunächst übergangen und dann in einem eigenen Abschnitt (Kap. II B) bearbeitet wird.

[242] Daris, Documenti, Nr. 101-103.

A. Honesta missio und Immunität

Die republikanischen Quellen

Bei den oben bereits erwähnten drei republikanischen Quellen handelt es sich um das senatus consultum de Asclepiade et aliis vom Jahr 78 v.Chr. und die beiden Beispiele, die uns Aufschluß über die im Jahr 42 beschlossene lex Munatia Aemilia geben, nämlich die Privilegierungsurkunde Oktavians für Seleukos von Rhosos aus dem Jahr 40 v.Chr.[243] und die Abschrift eines Edikts, durch welches Oktavian in den 30er Jahren in Ägypten entlassene Veteranen privilegierte[244]. Durch die drei Texte wurden unterschiedliche und über die Vergabe zukünftiger Immunitäten weit hinausgehende Privilegien verliehen, welche aber im vorliegenden Zusammenhang weniger wichtig sind und daher nur summarisch genannt werden[245]: Es ging bei ihnen im wesentlichen um Aufnahme der Privilegierten in die formula amicorum[246], um das Vorrecht, Nachteile, die den Entlassenen während ihres Kriegsdienstes in ihrer Heimat entstanden sein mochten, rückgängig zu machen[247], um die Freiheit bei der Wahl eines Gerichts, falls ein Prozeß zu führen war[248], im Falle der lex Munatia Aemilia um die Möglichkeit, bei einer drohenden Kapitalstrafe die römische Ordnungsmacht anzurufen[249], die Verleihung des römischen Bürgerrechts[250] sowie das Vorrecht der freien Tribuswahl[251] und

---

[243]Zur Datierung siehe Wolff, Heer und Integrationspolitik, 69ff.

[244]FIRA I^2 35. 55 und 56; zur lex Munatia Aemilia als gemeinsamer Grundlage der beiden Konstitutionen Oktavians siehe Atkinson, Festschr. V. Ehrenberg, 30ff.; neuerdings wieder Wolff, Heer und Integrationspolitik, 68ff.

[245]Eine ausführliche Erörterung findet sich bei Wolff, Heer und Integrationspolitik, 56ff.

[246]So im SC de Ascl. in der lateinischen Fassung Z. 12, in der griechischen Fassung (im folgenden durch ein vorangesetztes G gekennzeichnet) Z. 10ff; vgl. Wolff, Heer und Integrationspolitik, 58f. u. Anm. 52.

[247]SC de Ascl., G. Z. 13ff.; vgl. Wolff, Heer und Integrationspolitik, 59ff.

[248]SC de Ascl., G. Z. 17ff.; vgl. Wolff, Heer und Integrationspolitik, 63ff.; Dekret für Seleukos, Z. 55; vgl. Wolff, ebda., 85ff.

[249]Dekret für Seleukos, Z. 61ff.; vgl. Wolff, Heer und Integrationspolitik, 87ff.

[250]Dekret für Seleukos, Z. 19f.; vgl. Wolff, Heer und Integrationspolitik, 77ff.

[251]Veteranenedikt Oktavians, Z. 13f.; vgl. Wolff, Heer und Integrationspolitik, 78.

einige weitere, kleinere Privilegien[252]. Die Immunitäten selbst zerfallen in zwei Gruppen: Einerseits nennen die Texte Befreiungen, welche mit Bezug auf die Vergangenheit vergeben wurden, und andererseits solche, die allein einen zukünftigen Aspekt haben. Zur ersten Gruppe gehört im Falle des senatus consultum de Asclepiade et aliis die Bestimmung, daß die Immunitäten von dem Zeitpunkt an wirksam sein sollten, zu dem die nun Entlassenen ihren Dienst angetreten hatten[253], und im Falle des Dekrets für Seleukos wie auch bei dem Veteranenedikt Oktavians die Festsetzung, daß alte Vorrechte unterschiedlicher Natur fortbestehen sollten[254]. Diese auf die Zeit vor der Entlassung der Privilegierten zurückgreifenden Bestimmungen haben in den kaiserzeitlichen Quellen keine Parallele und können daher auch a priori kaum als Vorläufer der Immunitäten römischer Veteranen in der Kaiserzeit gelten. Die Immunitäten mit rein zukünftiger Wirkung hingegen sind hier näher zu betrachten:

Asclepiades und die beiden anderen durch das senatus consultum vom Jahr 78 privilegierten "Kapitäne"[255] erhielten - wahrscheinlich für ihren tapferen Einsatz im Bundesgenossenkrieg[256] - die Immunität in der Form, daß *οὗτοι τέκνα ἔκγονοί τε αὐτῶν ἐν ταῖς ἑαυτῶν πατρίσιν ἀλειτούργητοι πάντων τῶν πραγμάτων καὶ ἀνε[ίσ]φοροι ὦσιν*. (Z. 12). Die Befreiung galt also für sie selbst, ihre Kinder und Nachkommen, und sie bezog sich auf alle liturgischen und steuerlichen Leistungen in den Heimatgemeinden der Privilegierten.

Darüber hinaus wurde ihnen zugesichert, daß die römischen Magistrate und Publikanen, *οἵτινες ἄν ποτε 'Ασίαν Εὔβοιαν μισθῶσιν ἢ προσόδους 'Ασίᾳ Εὐβοίᾳ ἐπιτιθῶσιν, φυλάξωνται μή τι οὗτοι δοῦναι ὀφείλωσιν* (Z. 23). Diese Befreiungen bezogen sich auf Abgaben, die unmittelbar an den römischen Staat oder die publicani zu leisten waren. Aus der Kombination dieser beiden Bestimmungen ergibt sich also, daß die Privilegierten und ihre Familien eine vollständige, alle steuerlichen und liturgischen Leistungen umfassende Befreiung erhielten. Allerdings war nur ein Teil dieser Befreiungen erblich, nämlich die Freistellung von allen Leistungen an die Heimatgemeinde. Die Privilegien dem römischen Staat gegenüber galten hingegen, wie Wolff zu Recht betont, nur den ehemaligen Kriegsteilnehmern selbst[257].

---

[252]Vgl. Wolff, Heer und Integrationspolitik, 78ff.

[253]Z. 12f.

[254]Vgl. Wolff, Heer und Integrationspolitik, 81f.

[255]Zu ihrem militärischen Rang siehe Wolff, Heer und Integrationspolitik, 57 Anm. 49; dort auch weitere Literatur. Sicher scheint allein, daß es sich bei den Privilegierten um Angehörige einer gehobenen Charge handelte.

[256]Vgl. Wolff, Heer und Integrationspolitik, 57 mit Anm. 51.

[257]Wolff, Heer und Integrationspolitik, 62f.

Die beiden auf die lex Munatia Aemilia zurückzuführenden Zeugnisse nennen folgende Freistellungen: Immunitas omnium rerum (= *ἀνεισφορία τῶν ὑπαρχόντων*)[258] und vacatio muneris (= *ἀλειτουργησία*)[259]. Die Privilegierten wurden also von steuerlichen und liturgischen Leistungen befreit, und zwar sollten diese Befreiungen für sie selbst, ihre Eltern, Frauen und Kinder gelten[260]. Im einzelnen sind aufgezählt: Befreiung von der Pflicht, einen Magistrat, Legaten, Prokurator oder Steuerpächter zu bewirten oder zu beherbergen, sowie - wie Wolff vermutet - Befreiung von der Stellung von Material oder Personal für diesen Zweck[261].

Im Gegensatz zum SC de Asclepiade et aliis erhielten Seleukos von Rhosos und die Adressaten des Veteranenedikts Oktavians nicht pauschal die *ἀνεισφορία*, sondern *ἀνεισφορία τῶν ὑπαρχόντων* = immunitas omnium rerum; die Befreiung von der Kopfsteuer war durch diesen Begriff nicht abgedeckt. Inhaltlich aber dürften die Befreiungen wohl identisch gewesen sein, da Seleukos und die Veteranen Oktavians römische Bürger waren oder wurden und *als solche* ohnehin von Kopfsteuern befreit waren[262], so daß die Steuerfreiheit für ihren Besitz genau der völligen Befreiung von der Steuer entspricht, wie sie im SC de Asclepiade et aliis ausgesprochen wurde. Da *ihnen* nicht das Bürgerrecht verliehen wurde, hätten sie einer etwaigen Kopfsteuer andernfalls unterlegen.

Abschließend ist der Blick auf die Empfänger der Privilegien zu richten. Es ist eindeutig, daß es sich bei ihnen um *ehemalige* Kriegsteilnehmer handelte, die zusammen mit der Privilegierung auch ihre Entlassung aus dem römischen Dienst erhielten[263]. In diesem Sinne waren sie also "Veteranen", wenn auch dieser Begriff bei dem Fehlen einer festen Regelung der Dienstzeit undeutlich bleiben muß[264]. Die Frage, ob es in den drei behandelten Fällen um Nichtbürger ging, ist kaum von Bedeutung[265], da aus den philippi-

---

[258] FIRA I^2 56, Z. 9. 55, Z. 20f.

[259] FIRA I^2 56, Z. 11f.; 55, Z. 22f.: [*καὶ .. λει*]*του*[*ργία*]*ς .. τε δημοσίας ἁπάσης πάρε*[*σις ἔστω.*]

[260] FIRA I^2 56, Z. 8; 55, Z. 19.

[261] FIRA I^2 56, Z. 19ff.; vgl. Wolff, Heer und Integrationspolitik, 82.

[262] Vgl. Bleicken, Chiron 4 (1974), 376.

[263] Dies wird ausdrücklich hervorgehoben FIRA I^2 35 G. z.B. Z. 8; FIRA I^2 55 Z. 12 u. 23; FIRA I^2 56 Z. 11.

[264] Vgl. Schneider, Das Problem der Veteranenversorgung, 4ff. 236.

[265] Wolff vermutet, daß die vom Veteranenedikt Oktavians Betroffenen "weit überwiegend Altbürger gewesen sein dürften" (Heer und Integrationspolitik, 78), da sie, anders als Seleukos, das Recht der freien Tribuswahl erhielten (FIRA I^2 56, Z. 12f.; vgl. 55, Z. 24). Es ist aber zu fragen, ob sich das Recht freier Tribuswahl nicht besser mit der *Vergabe* des Bürgerrechts ver-

schen Reden Ciceros deutlich wird, daß man bei diesen Belohnungen keinen prinzipiellen Unterschied zwischen dem römischen und dem nichtrömischen Soldaten machte[266]. Auch nach Veteranen verschiedener Truppengattungen scheint man nicht differenziert zu haben: Asklepiades und seine Genossen waren classici, die Truppengattung des Seleukos wurde gar nicht spezifiziert, und Oktavians Veteranenedikt befaßt sich entweder mit legionarii[267] oder mit auxiliarii[268]. Wichtiger scheint die Frage, wie viele Veteranen jeweils betroffen waren: Ist für das SC de Asclepiade et aliis noch völlig eindeutig, daß es sich an einzelne, ausgewählte Kriegsteilnehmer richtete, so geht dies aus dem Dekret für Seleukos bereits nicht mehr mit gleicher Sicherheit hervor. Die Ehreninschrift ist aus mehreren Versatzstücken zusammengefügt, und es ist klar erkennbar, daß sich nur der erste Teil (bis Z. 18) speziell auf Seleukos bezieht, während Z. 19ff. einer allgemein gehaltenen Vorlage entstammt[269]. Dieses schematische Vorgehen könnte auf die Privilegierung relativ vieler Soldaten hinweisen. Oktavians Veteranenedikt richtete sich schließlich explizit an alle Veteranen: "Visum [est] edicendum mi[hi vete]ranis .. om[nibus]". Wenn also eine Entwicklung aufgezeigt werden soll, so ergibt sich eindeutig, daß sich die Gruppe der Empfänger vergrößerte, während die Privilegien - jedenfalls soweit es sich um Immunitäten handelte - weitgehend identisch blieben. Es besteht also durchaus die Möglichkeit, daß diese Privilegierungen unter den Bedingungen der Bürgerkriege gegen Ende der Republik, das heißt bei gesteigerter Abhängigkeit der Feldherren von ihren Truppen, des öfteren wiederholt und so zu *regulären* Bestandteilen der Entlassung wurden[270]. Für diese Annahme spricht auch, daß gerade die Verleihung der Immunität für die römischen Staatsmänner manche Vorteile hatte: Die "Befreiung von Leistungen an die Heimatgemeinde kam .. den römischen Staat am billigsten und wird daher vermutlich auch die häufigste Immunität gewesen sein."[271] Dies gilt um so mehr, falls vermutet werden darf, daß bereits zur Zeit Oktavians die allgemeine und vollständige Immunität normalerweise keine Befreiung von der Beherbergungspflicht mehr umfaßte, denn dies dürfte die einzige Liturgie gewesen sein, an der römische Amtsinhaber auf Reisen

binden ließe. Mit einer Verleihung des Bürgerrechts durch diese Urkunde rechnet auch Taubenschlag, ZRG 70 (1953), 286.

[266]Cic., Phil. 5, 53; vgl. auch 14, 29-35; App., B.c. 3, 48, 197; dazu Wolff, Heer und Integrationspolitik, 44f. mit Anm. 3.

[267]So: Saddington, ANRW II 3, 188 Anm. 40.

[268]So: Sherwin-White, ANRW I 2, 47 Anm. 112.

[269]Vgl. Wolff, Heer und Integrationspolitik, 91ff.

[270]Vgl. Wolff, Heer und Integrationspolitik, 68.

[271]Wolff, Heer und Integrationspolitik, 67.

tagtäglich und ganz unmittelbar interessiert waren[272]. Die Vermutung liegt also nahe, daß entweder die Praxis einer Vergabe der immunitas oder gar die gesamte lex Munatia Aemilia "über Octavians Edikt zum *Grundgesetz* (Kurs. v. Verf.) der kaiserzeitlichen Veteranenprivilegien avancierte."[273] Dieser Gedanke läßt sich allerdings nur anhand der kaiserzeitlichen Quellen überprüfen; in *ihnen* sollte sich die Praxis einer fortdauernden Vergabe dieser Privilegien niedergeschlagen haben, und nur aufgrund einer solchen Bestätigung ließe sich in einer rückwärts gerichteten Betrachtung feststellen, daß die lex Munatia Aemilia tatsächlich zum Grundgesetz der Veteranenprivilegierung geworden sein muß[274]. Ursprünglich hingegen hatte sie, wie Wolff zu Recht bemerkt, wohl keinen anderen Zweck als den, die Soldaten in ihrem Rachebedürfnis gegenüber den Cäsarmördern zu festigen[275].

Das Diplom Vespasians: CIL XVI 25

Die beiden auf die - hier zunächst zurückgestellte - *χάρις Νέρωνος* chronologisch folgenden Zeugnisse stammen aus flavischer Zeit. Im ersten Fall handelt es sich um eines der von Vespasian ausgestellten Prätorianerdiplome[276]. Als einziges Diplom dieser Reihe enthält es eine über die normale Verleihung des Eherechts hinausgehende Bestimmung, die im Wortlaut zitiert werden soll: "Hoc quoque iis tribuo, ut, quos agros a me acceperint quasve res possederunt III k. [I]anuar. Sex. Marcio Prisco Cn. Pinario Aemilio Cicatricula cos., sint immunes." Vespasian verlieh also Immunität, allerdings nur für *den* Teil des Besitzes, der sich zu einem bestimmten Zeitpunkt - wahrscheinlich bei der Entlassung - bereits in der Hand der Prätorianer befand, darunter in jedem Fall auch die von Vespasian vergebenen Ländereien. Später noch hinzukommender Besitz blieb dagegen von der Befreiung unberührt.

---

[272]Wolff erschließt eine solche Ausgliederung dieses munus aus der allgemeinen Immunität aufgrund der Tatsache, daß die Befreiung von der Beherbergungspflicht im Veteranenedikt Oktavians extra genannt wird (Heer und Integrationspolitik, 82).

[273]Wolff, Heer und Integrationspolitik, 97.

[274]Das von Wolff, Heer und Integrationspolitik, 97 vorgebrachte Argument aber ist kaum stichhaltig: Wenn der Text des Veteranenedikts Oktavians um 200 *noch einmal* abgeschrieben wurde, so mag dies zu diesem Zeitpunkt geschehen sein, weil ein Nachkomme des Veteranen von den seinem Vorfahren erblich verliehenen Privilegien profitieren wollte (vgl. u. S. 123f.), nicht aber, wie Wolff will, von einem Veteranen des beginnenden 3. Jahrhunderts, der sich immer noch auf ein Edikt Oktavians bezog!

[275]Heer und Integrationspolitik, 68.

[276]CIL XVI 25; zur Datierung siehe o. Anm.135.

Diese auf sehr eigentümliche Weise gestaltete Einschränkung deutet darauf hin, daß Vespasian bei der Konzeption der Privilegierung auf eine Vorlage zurückgriff, welche bereits von Oktavian/Augustus verwendet oder durch ihn aufgesetzt worden war: Im dritten Edikt an Kyrene vom Jahr 7/6 v.Chr. begrenzte Augustus den von den *εἰσφορά* freigestellten Besitz gewisser römischer Neubürger in der Kyrenaika auf dieselbe Weise[277].

Wichtiger als diese Parallelität zu den Ausführungen des Augustus scheint aber zunächst, daß Vespasians Konstitution mit Sicherheit keinen Normalfall, sondern eine ausnahmsweise vorgenommene Privilegierung darstellt; in diesem Fall gilt dies sogar im doppelten Sinn: Zum einen stellen *alle* Prätorianerdiplome dieser Jahre eine Ausnahme dar, weil Prätorianer bis zur Zeit Hadrians normalerweise gar keine Diplome erhielten[278], zum anderen aber ist dieses Diplom auch innerhalb der vorliegenden Reihe insofern eine Ausnahme, als in ihm Immunitäten überhaupt erwähnt werden, wofür kein Parallelbeispiel bekannt ist. Die Befreiungen erstreckten sich auch (oder sogar im wesentlichen) auf die vom Kaiser den ehemaligen Soldaten zugewiesenen Ländereien, weshalb diese Vergünstigungen in engem Zusammenhang mit der von Tacitus geschilderten Situation zu sehen sind[279]: Nachdem die Soldaten sich ihrer Entlassung schon einmal widersetzt hatten und auch durch das Versprechen von Ländereien nicht dazu hatten bewegt werden können, den Dienst zu quittieren, wurde der mit der Entlassung verbundene Anreiz erhöht, was offensichtlich zur Vergabe auch der Diplome führte[280]. Besonders muß noch einmal darauf hingewiesen werden, daß sich die in ihnen verfügte Immunität nur auf den zu einem bestimmten Zeitpunkt gegebenen Besitzstand erstreckte; wenn es Vespasian gelang, in einen im ganzen permissiven Zusammenhang eine so restriktive Klausel einzuflechten, so ist dies wohl am besten dadurch zu erklären, daß normalerweise nicht nur keine

---

[277]FIRA I², 68 III, Z. 60. Daß eine ähnliche bzw. dieselbe Einschränkung auch schon früher im Edikt für Seleukos anklingt, wie Atkinson, Festschr. V. Ehrenberg, 30 und 32 vermutet, indem sie *τῶν ὑπαρχόντων* (Z. 10f.) als "the *existing* property" übersetzt, scheint plausibel, aber unsicher (Kurs. v. Verf.).

[278]Siehe o. S. 40ff.

[279]Tac., Hist. 4,46; vgl. die ausführliche Diskussion o. S. 40ff.

[280]Hier ist noch einmal zu erwähnen, daß durch Diplome allgemein genau zwei Rechte verliehen wurden, nämlich Bürger- und Eherecht. Da die Prätorianer bereits Bürger waren, wurde in den Text ihrer Diplome nur das Eherecht aufgenommen. Weitergehende Privilegien konnten in den Diplomen zwar genannt sein, wurden aber nicht durch sie vergeben (vgl. CIL XVI 12-16). Das Diplom CIL XVI 25, durch welches auch die oben genannte Immunität verfügt wurde, ist also eine Ausnahme. Es wäre jedoch wohl irrig anzunehmen, daß den anderen Prätorianern, die Vespasian "ob culpam" entließ, eine entsprechende Immunität vorenthalten wurde, da sie in den Diplomen nicht erscheint; sie wurde wahrscheinlich, der bei anderen Diplomtexten angewendeten Praxis folgend, lediglich nicht erwähnt, wohl aber verliehen.

Diplome, sondern auch keine der hier verfügten Immunitäten an die ehemaligen Prätorianer vergeben wurden[281].

Damit ergibt sich bereits bei der Betrachtung des ersten kaiserzeitlichen Belegs ein Problem, sofern man an der heute allgemein nicht mehr umstrittenen Hypothese einer fortlaufenden Privilegierung der Veteranen durch die Vergabe von Immunitäten festhalten will: Soll wirklich vermutet werden, daß den sozial sehr angesehenen und allgemein bevorzugten *Prätorianern* eine Befreiung normalerweise vorenthalten und nur ausnahmsweise in begrenztem Umfang zugestanden wurde, welche *Legions-* und *Auxiliarveteranen* bei der Entlassung regelmäßig in vollem Ausmaß erhielten? Dieser Gedanke läßt sich kaum verteidigen.

Um die Vorstellung einer fortlaufenden Privilegierung aller Veteranen dennoch aufrecht erhalten zu können, muß man in den Immunitäten, die Vespasian den Prätorianern nur in einem begrenzten Umfang und ausnahmsweise verlieh, andere und weiterreichende Befreiungen sehen als diejenigen, die üblicherweise allen Veteranen zugestanden worden sein sollen.[282]. Läßt sich diese Annahme nicht wahrscheinlich machen, müßte das Diplom wohl als Indiz dafür gelten, daß wenigstens von Vespasian normalerweise keine Immunitäten an die Veteranen vergeben wurden. Daher ist es notwendig, genauer nach der den Prätorianern zugestandenen Befreiung zu fragen.

Wolff gelangte bei dieser zweifellos etwas komplizierten Frage zu folgendem Ergebnis: "Möglicherweise handelte es sich (bei der Vergabe der Ländereien, Anm. d. Verf.) sogar um die Ansiedlung (der Prätorianer, Anm. d. Verf.) in Reate, also auf italischem, üblicherweise tributfreiem Boden. Dies alles führt zu der wahrscheinlichen Feststellung, daß die Veteranen (des römischen Heeres im allgemeinen, Anm. d. Verf.) nur von munera befreit wurden, die sie persönlich zu leisten hatten, nicht aber die Immunität ihres patrimonium erhielten. Tatsächlich lauten die Immunitätsschenkungen an Veteranen stets auf ihre Person und nur in CIL XVI 25 unmittelbar auf ihren Besitz, während im Edikt Domitians (s. o. S. 103f.) wahrscheinlich die Immobilien, nicht die Veteranen von der Beherbergungspflicht ausgenommen wurden."[283] Die hier noch etwas ungenaue Gegenüberstellung von "munera ..., die .. persönlich zu leisten" waren und "Immunität ihres patrimonium" wird sofort

---

[281]Wohl irrig: Sander, RhM 101 (1958), 203f.

[282]Die Annahme, daß Vespasian "angesichts des bekannten Haushaltsdefizits" die Veteranenprivilegien allgemein abgeschafft, die der Prätorianer aber (teilweise) beibehalten habe, wird von Wolff, Heer und Integrationspolitik, 105 Anm. 161 zwar erwogen, aber zu Recht zurückgewiesen; siehe auch u. S. 75.

[283]Wolff, Heer und Integrationspolitik, 105f.

spezifiziert: "Es stellt sich natürlich sogleich die Frage, von wann ab man zwischen dem munus personale und munus patrimonii zu unterscheiden begann."[284] Wolff vermutet also, daß die Veteranen allgemein von den munera personalia befreit wurden; das weitergehende Privileg Vespasians für die Prätorianer habe in einer Befreiung von den munera patrimoniorum bestanden; in Zusammenhang damit sei auch das Veteranenedikt Domitians zu sehen, durch welches die Immobilien befreit worden seien. Ganz unmittelbar ergibt sich dies nach Wolff zum einen aus der Tatsache, daß die Immunität Vespasians auf den *Besitz*, speziell auf den Landbesitz der Veteranen gelautet habe (und eben nicht auf die Veteranen als Personen), zum anderen aus der Möglichkeit, daß diese Veteranen "auf italischem, üblicherweise tributfreiem Boden" angesiedelt wurden.

Hinsichtlich des letztgenannten Arguments trifft zu, daß italischer Boden üblicherweise steuerfrei war[285]. Dennoch kann diese Tatsache kein Argument für die Hypothese einer Befreiung der Veteranen von den munera patrimoniorum liefern, denn die Tributfreiheit, das heißt Freiheit von der Steuer, war etwas gänzlich anderes als die Liturgiefreiheit, das heißt die Freiheit von munera, mochte es sich dabei nun um munera personalia oder munera patrimoniorum handeln[286]. Die von Wolff in Erwägung gezogene Ansiedlung der Prätorianer auf steuerfreiem Boden könnte also allenfalls etwas über eine steuerliche Befreiung der Veteranen aussagen; sie läßt aber keine Rückschlüsse auf liturgische Freistellungen zu[287].

---

[284] Wolff, Heer und Integrationspolitik, 106 Anm. 163. Eine besonders übersichtliche Zusammenstellung sowohl der verschiedenen Ordnungsprinzipien als auch der Kategorisierung der munera selbst findet sich bei Neesen, Historia 30 (1981), 205ff. Die Unterscheidung von munera personalia und munera patrimoniorum ist erstmals in severischer Zeit belegt; Neesen, a. O., 207.

[285] Dies allerdings mit Differenzierungen; siehe Bleicken, Chiron 4 (1974), 375: "Die römische Bürgersteuer (tributum) war .. eine allgemeine Vermögenssteuer, keine Grundsteuer, obwohl natürlich der Grund und Boden vor allem in älterer, aber auch noch in späterer Zeit die Hauptmasse des steuerpflichtigen Vermögens ausmachte. Die Steuer galt überall, wo römische Bürger nach römischer Rechtsordnung lebten ... Wie die Steuer betraf auch die (faktische) Steuerfreiheit das gesamte in quiritischem Eigentum stehende Vermögen."

[286] Vgl. vor allem SC de Ascl., FIRA I^2 35, G. Z. 12. 23; vgl. auch die entsprechenden Ausführungen der lex Munatia Aemilia (dazu auch o. S. 70).

[287] Die Steuerfreiheit wäre in diesem Fall allerdings in der Landzuweisung impliziert und brauchte daher nicht eigens verliehen zu werden; vor allem aber bliebe unklar, wieso auf prinzipiell steuerfreiem Boden gelegener Besitz der Prätorianer nach CIL XVI 25 nur dann steuerfrei bleiben sollte, wenn er bis zu einem bestimmten Zeitpunkt erworben worden war. Nicht zuletzt aus diesem Grund halte ich die Vermutung Wolffs, daß diese Prätorianer in Reate angesiedelt wurden, für unwahrscheinlich und möchte eher mit einer Ansiedlung in der Provinz rechnen, wofür auch die Fundorte der Diplome (mit Ausnahme von CIL XVI 25) sprechen. Eine weit von Rom entfernte Ansiedlung lag wohl auch im Interesse der Prätorianer (die sich mit ihrer Entlassung hatten abfinden müssen) wie auch Vespasians; vgl. o. S. 40ff.

Aber auch das erste der beiden Argumente ist kaum stichhaltig: Es trifft zwar zu, daß Vespasian Immunität für den Besitz der ausgedienten Prätorianer garantierte, und weitergehend ist richtig, daß dies evtl. als Befreiung von den später sogenannten munera patrimoniorum verstanden werden könnte, denn diese Liturgien wurden in severischer Zeit geradezu dadurch definiert, daß sie aus dem Besitz der Betroffenen zu bestreiten waren[288]. Es ist aber ein Irrtum anzunehmen, daß - sofern die spätere Terminologie und Kategorisierung zugrunde gelegt werden soll - in dem Diplom Vespasians das *einzige* Beispiel für eine solche Befreiung vorliege; vielmehr greifen wir ein geradezu inhaltsgleiches Privileg im noch zu behandelnden Veteranenedikt Domitians, welches auch von Wolff herangezogen wird. Der Text ist äußerst verderbt; die entscheidende Passage lautet - durch die Auslassungen etwas geglättet - folgendermaßen: "Visum est mihi edicto significare ... u<t> veterani milites ... immunitate liberati apsolutique (!) sint ..., utiqui (!) praedia domus tabernae invitos (!) intemnique (!) ..."[289]. Tatsächlich scheint der Sinn des letzten Teils, wie Wolff sagt, "doch wohl richtig als Befreiung von der Einquartierung und Beherbergungspflicht ... rekonstruiert zu sein" und darauf hinzuweisen, daß "wahrscheinlich die Immobilien ... von der Beherbergungspflicht ausgenommen wurden"[290]. Diese Befreiung ist aber nicht, wie Wolff will, als

Möglicherweise will Wolff aber auch folgendermaßen verstanden werden: Da die Prätorianer wahrscheinlich auf ohnehin steuerfreiem Land angesiedelt wurden, kann eine *steuerliche* Immunität nicht mehr Gegenstand der vespasianischen Vergünstigung gewesen sein; es ist also mit einer liturgischen Befreiung zu rechnen. Und da diese Vergünstigung auf den Besitz lautete, muß eine Befreiung von den *munera patrimoniorum* angenommen werden. Bei dieser Argumentation würde also die erforderliche klare Trennung von steuerlichen und liturgischen Verpflichtungen gewahrt. Man müßte jedoch konzedieren, daß in dem Diplom Vespasians das früheste Beispiel für eine Trennung von munera personalia und patrimoniorum vorliegt; die nächsten Hinweise auf diese Unterscheidung finden sich allerdings erst in severischer Zeit (so zutreffend Neesen, Historia 30 (1981), 207; vgl. dagegen Wolff, a.O., Anm. 163. In der von ihm genannten weiterführenden Literatur finden sich jedoch keine Beispiele für eine Verwendung der Begriffe in vorseverischer Zeit; das von Neesen angeblich vernachlässigte "frühe Quellenmaterial" beschränkt sich also auf den zweifelhaften Text des vorliegenden Diploms). Die Hypothese, daß diese Terminologie und mit ihr diese Kategorisierung schon im ersten Jahrhundert verwendet worden sei, ist daher unwahrscheinlich, zumal bekannt ist, daß in vorseverischer Zeit eine *andere* Differenzierung der munera üblich war, nämlich in munera publica und munera privata, also eine Differenzierung nach dem Zweck der Belastung, nicht aber nach dem belasteten Objekt (vgl. Neesen, a. O., 206f.). Auch die Annahme, die von Vespasian mit Diplomen versehenen Prätorianer seien auf italischem Boden angesiedelt worden, ist kaum haltbar, was diese Argumentation weiter entkräftet; dazu siehe o. S. 40ff.

[288] Dig. 50,4,18,18.

[289] FIRA I^2 76, col. II; vgl. u. S. 79ff. mit Anm. 300.

[290] Heer und Integrationspolitik, 103f. und 106.

Befreiung von munera personalia zu verstehen[291]. Zwar erhielten die Veteranen auch Freistellung von persönlich zu leistenden Liturgien, aber selbstverständlich wurden diese Immunitäten ad personam vergeben: "veterani ... liberati ... sint." Die Befreiung der im patrimonium der Veteranen befindlichen Immobilien hingegen ist als Freistellung von munera patrimoniorum zu verstehen. Es ist unmöglich, eine Befreiung der Immobilien (so Wolff, S. 106) als Befreiung von Personalleistungen zu definieren (so S. 104). Außerdem stellte gerade die Befreiung von der Beherbergungspflicht - sofern mit Wolff Terminologie und Ordnungsprinzipien der severischen Zeit angewendet werden sollen - explizit ein munus patrimonii dar: "Munus hospitis in domo recipiendi non personae sed patrimonii onus est".[292] Durch das Edikt Domitians wurden also Immunitäten für Veteranen *und* Immobilien vergeben, Freistellungen *sowohl* von munera personalia *als auch* von munera patrimoniorum verfügt. Folglich kann die severische Differenzierung der munera in munera personalia (von denen die Veteranen nach Wolff immer freigestellt wurden) und munera patrimoniorum (von denen nur bestimmte Veteranen, nämlich die Prätorianer Vespasians, ausnahmsweise befreit worden seien) nicht dazu dienen, den Ausnahmecharakter dieser vespasianischen Vergünstigung zu erläutern, denn Domitian vergab Privilegien derselben Kategorie, nach Wolff sogar als *Bestätigung* der von Oktavian eingeführten und seitdem fortlaufend gültigen Veteranenprivilegien, und zwar für *alle* Veteranen[293]. Geht man also von der Annahme aus, daß die genannten Privilegien seit Oktavian fortlaufend vergeben und ihre Vergabe von Domitian "noch einmal in voller Breite bestätigt worden" sei[294], so entfällt jede Möglichkeit, in dem Diplom Vespasians eine über die normalerweise zugestandene Befreiung hinausgehende Immunität zu sehen. Da es sich aber bei der Privilegierung der Prätorianer durch Vespasian, wie auch Wolff zu Recht annimmt, um eine die Norm übertreffende Freistellung handelte, kann man nicht davon ausgehen, daß die genannten Befreiungen den Veteranen seit Oktavian regelmäßig zugestanden wurden. Folglich dokumentieren auch die Konstitutionen Domitians Ausnahmen.

---

[291]Heer und Integrationspolitik, 104: "... als Alternative wäre wohl nur eine Befreiung auch von den munera patrimonialia denkbar, die es jedoch ... in der Severerzeit nicht gab und die daher wahrscheinlich auch vorher nicht ausdrücklich gewährt wurde."

[292]Ulpian, Dig. 50,4,3,14; vgl. auch Neesen, Historia 30 (1981), 208f. (Kategorie II B) und S. 214. Damit scheint auch die Vermutung Wolffs, daß die Beherbergungspflicht in diokletianischer Zeit erstmals als munus patrimonii neu definiert und die Befreiung von diesem munus für die Veteranen damit abgeschafft worden sei, hinfällig (Heer und Integrationspolitik, 104).

[293]Heer und Integrationspolitik, 102. 99.

[294]Wolff, Heer und Integrationspolitik, 102.

Zusammenfassend ergibt sich daraus, daß das Diplom Vespasians nicht geeignet ist, die Hypothese einer fortlaufenden Vergabe der Immunitäten an die Veteranen zu stützen. Im Gegenteil: Vespasian vergab ausnahmsweise in einem im Gesamtzusammenhang permissiven Kontext an Veteranen nur der höchststehenden Truppen Freistellungen, die inhaltlich sowohl hinter den von Oktavian als auch hinter den von Domitian an "alle" Veteranen vergebenen deutlich zurückblieben[295]. Eine regelmäßige Vergabe dieser Privilegien seit der Zeit Oktavians ist daher grundsätzlich zu bezweifeln[296].

Die Konstitutionen Domitians

Das zweite Dokument aus flavischer Zeit besteht aus zwei Konstitutionen Domitians für in Ägypten stationierte Soldaten aus dem Jahr 88/9 bzw. 93[297]. Beide sind in einer privaten, auf eine Holztafel geritzten Abschrift erhalten, die der Legionsveteran M. Valerius Quadratus von einer in Alexandrien auf einer Bronzetafel publizierten Fassung des Textes nahm oder nehmen ließ. Diese äußeren Umstände implizieren, daß der Text mehrmals abgeschrieben wurde[298]. Nicht zuletzt dadurch dürfte es dazu gekommen sein, daß er ganz erheblich beschädigt wurde. In der schließlich auf der Holztafel festgehaltenen Fassung jedenfalls ist vor allem der Wortlaut des ersten Edikts (col. II) in weiten Teilen nicht mehr verständlich, zumindest bei genauerer Betrachtung der verfügten Privilegien. In dieser Fassung lautet der Text in seiner entscheidenden Passage folgendermaßen:

---

[295] Zu den Empfängern der domitianischen Privilegien siehe aber u. S. 80ff.

[296] An dieser Stelle ist noch kurz darauf hinzuweisen, daß ein gänzlich anderes Verständnis der von Vespasian zugestandenen Befreiung möglich und vielleicht sogar näherliegend ist, nämlich die Annahme, "immunitas" bezeichne - wie auch im wohl zugrundeliegenden dritten augusteischen Edikt an Kyrene - "immunitas omnium rerum" = ἀνεισφορία, das heißt Steuer-, nicht aber Liturgiefreiheit; dazu siehe o. S. 72ff. und Anm. 277 sowie u. S. 128.

[297] FIRA I^2 76, col. II. III.

[298] Vgl. auch Wolff, Chiron 4 (1974), 498.

[12]Visum est mihi edicto significare universoru[m] [13]vestrorum uṭ[299] veterani milites omnibus vectigalib[us] [14]portitoribus publicis liberati immunes esse debeạ[nt] [15]ipsi coniuges liberique eorum parentes quị conubia [eo][16]rum sument omni optumo iure c(ives) R(omani) esse possint et om[ni] [17]immunitate liberati apsolutique sint, et omnem i[mmu][18]nitatem q(ui) s(upra) s(cripti) s(unt) parentes liberique eorum idem iuri[s] [19]idem condicionis sint, utique praedia domus tabern[ae] [20]invitos intemniqui veteranos s (---) onis (---).

Der zweite von Quadratus abgeschriebene Text (col. III) hingegen ist - mit Ausnahme des weitgehend verlorenen Anfangs - besser erhalten. Offensichtlich wurde er in gewisser Anlehnung an die von den Militärdiplomen gewohnten Formeln aufgesetzt. Nach der Rekonstruktion Wolffs[300] müssen die wichtigsten Passagen etwa folgendermaßen gelautet haben:

[Imp. Caesar divi Vespasiani fil. Domitianus Augustus ... liberis veteranorum, quos sibi in militia natos ... probaverint, civitatem dedit et ipsis veteranis conubium cum uxoribus, quas nunc habent,] ạụṭ si qui caelibes sint, cum is quas postea duxissent dumtaxat singuli singulas

Nach einigen weniger interessanten Ausführungen erfahren wir aus einem Anhang noch folgendes:

M. Valerius M. f. Pol(lia) Quadratus ... testatus est iuratusque dixit ... in militia sibi L. Valerium Valentem et Valeriam Heraclun et Valeriam Artemin omnes tres s(upra) s(criptos) natos esse, eosque in aere incisos civitatem Romanam consecutos esse beneficio eiusdem optumi principis.

---

[299]Um die nachfolgenden Konjunktive problemlos stehen lassen zu können, sollte hier statt "vestrorumvi" (so in FIRA) "vestrorum ut" gelesen werden (so auch Dessau, ILS 9050 Anm. 14; Cagnat, AE 1910, 75 und Nesselhauf, CIL XVI p. 146). Aus einer etwas aufgehellten Ausschnittvergrößerung der bei Lefebvre gegebenen Photographie wird deutlich, daß "I" ohnehin falsch gelesen wurde. Eine obere Querhaste ist klar erkennbar, sogar deutlich länger als z.B. die Querhaste des "T" aus "scriptum" (Z.9), so daß "T" oder "E" möglich sind. Gegen "E" spricht aber, daß die mittlere Querhaste irrtümlich aus einem kleinen Fleck, der auf die Struktur des Materials zurückzuführen ist, und einem von diesem Fleck deutlich abgesetzten Worttrenner zwischen "ut" und "veterani" konstruiert wurde. - In Z. 14 folgt - bisher als einziges Verb des abhängigen Satzes im Indikativ gelesen - "deben[t]", was aber nach der Photographie nicht in dieser Form lesbar ist. Man sieht lediglich "debe--"; darauf folgt eine senkrechte Haste mit nach links gezogener oberer Spitze, aus der gleichermaßen "N" oder "A" (für den Konjunktiv "debeant") zu rekonstruieren sind. Das Fragment des Buchstabens ähnelt stark dem des letzten, ebenfalls teilweise abgebrochenen der nachfolgenden Zeile; hier muß es sicher zu "A" ("conubia") ergänzt werden. Vgl. Wolff, Heer und Integrationspolitik, 99 Anm. 143.

[300]Chiron 4 (1974), 498ff. 502. Wolff geht hier - wohl zu Recht - von einer Vertauschung der Zeilen 1 und 2f. aus.

Die meisten Schwierigkeiten ergeben sich, wie gesagt, bei dem ersten Edikt. Seine Fassung auf der Holztafel enthält mehrere Merkwürdigkeiten und einige logische Widersprüche, die im folgenden zu untersuchen sind.

1. Die Empfänger der Privilegien

Zunächst einmal bleibt der Ausdruck "parentes qui conubia [eo]rum sument" unklar (Z. 15f.). Lesquier versuchte, einen Sinn zu finden, indem er "convivi" anstelle von "conubia" las: "parentes, qui conv<iv>i{a} [eo]rum su{me}nt". Einen einleuchtenden Grund dafür, daß die Vergabe der Privilegien für die Eltern der Veteranen auf *jene* Eltern beschränkt wurde, die mit den Veteranen zusammenwohnten, fand er allerdings nicht[301]. Auch aus sprachlichen Gründen scheint diese Lösung kaum akzeptabel: "convivus ist ungebräuchlich, conviva der 'Gast'."[302]

Schehl schlug vor, das Problem durch die Annahme einer bei der Abschrift des Textes vertauschten Stellung des Wortes "coniuges" zu lösen. Seiner Ansicht nach müßte der Text lauten: "ipsi {coniuges} liberique eorum parentes <coniuges> qu(a)e conubia [eo]rum sument"[303], was aber ebenfalls unbefriedigend bleibt. Abgesehen von der sehr unschönen asyndetischen Reihung, die allerdings auch der überlieferten Fassung schon zu eigen war, ergibt sich bei dieser Umstellung die Merkwürdigkeit, daß die Frauen das conubium erhalten, nicht - wie etwa durch die Militärdiplome - die Männer. Außerdem kann diese Konjektur nicht das Problem beseitigen, daß die Aufzählung der Empfänger in Z. 15f. in Konflikt mit der zweiten Aufzählung in Z. 18f. steht, ein Widerspruch, der sich allerdings auch schon nach der ersten Textfassung ergab: Während hier in der ersten Aufzählung neben den Veteranen die Eltern, Kinder und Frauen genannt werden, erscheinen in der zweiten Zusammenstellung nur die Veteranen, ihre Eltern und Kinder, nicht auch die Frauen.

Der Widerspruch ergibt sich wohl aus einer falschen Deutung der Z. 15. Tatsächlich dürften hier die Frauen gar nicht genannt sein, wenn die nach-

---

[301] Lesquier, L'armée, 337.

[302] So Wolff, Heer und Integrationspolitik, 102f. Anm. 151, der deshalb "convictum" - "Lebensgemeinschaft" vorzieht. Daß auf der Holztafel "conubi-" eindeutig zu lesen ist, kommt als weiteres Argument gegen die Lösung Lesquiers hinzu; vgl. auch Wolff, ebda. Vor allem aber bleibt bei dieser Lesung das Nebeneinander von Bürgerrecht beider Ehepartner und Vergabe des conubium unerklärt; siehe u. Anm. 324.

[303] Schehl, Aegyptus 13 (1933), 144.

folgenden Aussagen überhaupt sinnvoll sein sollen[304]: Es wird nicht ernsthaft gemeint gewesen sein, daß "(sowohl die Veteranen) ipsi (als auch ihre) coniuges" das conubium erhalten, da in jedem Fall die Vergabe des Eherechts an *einen* der beteiligten Partner ausreichte, um eine vollrechtliche Ehe zu ermöglichen[305]. Nehmen wir als Analogie die Vergabe des Eherechts in den Diplomen: Von den beiden Ehepartnern war nur einer mit Sicherheit bekannt, nämlich der Veteran selbst. Ihm wurde daher das conubium verliehen[306]. Mithin wurde das Eherecht wohl auch im hier vorliegenden Fall an die Veteranen, nicht an ihre Frauen vergeben. Folglich können in Z. 15 die Frauen nicht genannt gewesen sein; "coniuges" muß hier also anders als mit dem Begriff "Ehefrauen" übersetzt werden.

Ursprünglich wurde den Veteranen das Eherecht aber nicht im Zusammenhang mit der hier zu betrachtenden Vergabe der Befreiungen und durch die in col. II vorliegende Urkunde gewährt. Vielmehr wurde das conubium ursprünglich durch eine andere Konstitution verliehen; *sie* liegt in dem Text von col. III vor[307]. Folglich ist in dem hier zu behandelnden Edikt aus col. II entweder eine weiterführende oder eine nur sehr blasse Wiederaufnahme des anderweitig schon verliehenen Privilegs zu erwarten[308].

---

[304]Nicht aber, wie Sherwin-White, The Roman Citizenship, 321f. Anm. 3 vorschlägt, *ausschließlich* die Frauen. Zu stark vereinfacht, daher in mehreren Punkten falsch und im Gesamtverständnis verfehlt ist die Übersetzung Campbells, The Emperor, 284: "furthermore their parents, children, and women whom they take in marriage may be Roman citizens."

[305]Vgl. Gaius, Inst. 1, 56. In diesem Problem liegt die eigentliche crux, und weniger in der Frage des [eo]rum aus Z. 15f.

[306]Dies ergab sich schon daraus, daß nicht alle Veteranen zur Zeit ihrer Entlassung eine Frau kannten, die sie in die Ehe führen konnten - daher die Zusatzklausel, daß dies Recht auch für später noch geheiratete Frauen galt, eine Klausel, die auch im Zusammenhang mit der hier zu besprechenden Privilegierung Domitians auftaucht, allerdings in dem zweiten Edikt: FIRA I^2 76, col. III. Vgl. auch Gaius, Inst. 1, 57.

[307]Siehe o. S. 79. Daß es sich bei dieser Fassung um die ursprünglichere, "eigentliche" Verleihung des Eherechts handelt, geht daraus hervor, daß die Formulierung mit der in den Militärdiplomen verwendeten beinahe identisch und - im Gegensatz zu der in col. II verwendeten - sehr differenziert ist.

[308]Dasselbe gilt übrigens auch für die Vergabe des Bürgerrechts an die Kinder der Veteranen. Die zu diesem Zweck notwendige Bestätigung, "in militia omnes natos esse", wurde von Quadratus dem *zweiten* Edikt angehängt, nicht dem ersten, und sie bezog sich so eindeutig auf den Wortlaut dieses zweiten Edikts, daß es möglich ist, die verlorenen ersten Zeilen dieses Textes allein aufgrund der Ausführungen des Anhangs zu rekonstruieren; vgl. Wolff, Chiron 4 (1974), 498ff.

Wenn hier davon ausgegangen wird, daß col. II inhaltlich col. III voraussetzt, so wird dabei nicht übersehen, daß rein chronologisch col. II früher zu datieren ist als col. III: Die im Zusammenhang mit der Entlassung der Soldaten getroffene Regelung und nach ihr datierte Konstitution aus col. III fällt in das Jahr 93. Daher kann nicht davon ausgegangen werden, daß bei der

Angesichts dieser Alternative möchte ich mich für die "blasse Wiederaufnahme" entscheiden, da weiterführende Aspekte nicht zu erkennen sind, und, um weitgehend am Textbestand festhalten zu können, zur Verdeutlichung folgende Einteilung vorschlagen: "Ipsi coniuges - die Gatten selbst - liberique eorum parentesque[309] conubia {[eo?]rum}[310] sument." Die verheirateten Veteranen selbst werden also das conubium in Anspruch nehmen, und ebenso werden es ihre Kinder und Eltern tun[311]; "ipsi coniuges" ist die ins Positive gekehrte Wendung, mit der in den Diplomen sonst die nicht Verheirateten berücksichtigt wurden: "si qui caelibes sint".

Als Empfänger der in dem Edikt genannten Privilegien dürfen aufgrund dieser Überlegungen die Veteranen selbst, ihre Kinder und ihre Eltern gelten, nicht aber ihre Frauen.

2. Die personalrechtliche Stellung der Privilegierten

Die nächste Schwierigkeit des Textes liegt darin, daß den Eltern der Veteranen überhaupt das conubium, das Eherecht mit einem peregrinen Partner, verliehen wurde: Wäre man bei der Konzeption des Textes davon ausgegangen, daß *beide* Eltern Peregrine waren, so wäre die Verleihung des Eherechts sinnlos gewesen: Die Eltern hätten ohnehin keine vollrechtliche römische Ehe schließen können, denn das conubium bewirkte ganz allgemein die Möglichkeit eines im römischen Sinne eherechtlichen Verhältnisses zwischen Römern und Peregrinen, nicht aber zwischen Peregrinen untereinander[312].

Abfassung von col. II (im Jahr 88/9) die Konstitution für Quadratus und seine im selben Jahr entlassenen Kameraden aus col. III als zu den Bestimmungen von col. II komplementär bereits vor Augen stand; siehe aber u. S. 87f.

[309] Ein "e" glaubt auch Schehl zu erkennen; Aegyptus 13 (1933), 144; "parentesque" vermutete bereits Wilcken, Chrest. I 2, S. 549 Anm. zu Z. 15. Man wird diesem Vorschlag um so lieber zustimmen, als in der Inschrift, wenn auch nicht durchgehend, so doch teilweise, Worttrenner verwendet wurden und "parentesque" von "conubia" durch eben einen solchen Trenner abgegrenzt wurde, nicht aber "parentes" von "que" oder "qui".

[310] Es scheint tatsächlich das Nächstliegende zu sein, "[eo?-]rum" als aus dem gerade zuvor abgeschriebenen "liberique eorum" hervorgegangene Doppelung zu verstehen und ganz zu eliminieren. Eine andere, sachlich allerdings weniger befriedigende Lösung könnte darin bestehen, "conubia" und "[eo]rum" als miteinander verwechselt zu betrachten: "Ipsi coniuges liberique eorum parentesque eorum conubia sument."

[311] Das überflüssige Futur in "sument" stört kaum, denn zum einen ist die Lesung von "e" und "a" ("sumant" wäre zu erwarten) im vorliegenden Text ohnehin unsicher, und zum anderen wurde der futurische Aspekt gerade bei der Vergabe des Eherechts auch in den Militärdiplomen immer besonders berücksichtigt; vgl. bes. CIL XVI 83. 84.

[312] Siehe Gaius, Inst. 1, 75ff.

Wurde aber angenommen, daß *beide* Eltern Römer waren, so implizierte ihr Bürgerrecht das conubium für die gemeinsame Ehe, brauchte das Eherecht also nicht eigens verliehen zu werden. Folglich hatte derjenige, der das Edikt konzipierte, nicht nur für die Generation der Veteranen selbst, sondern auch für die ihrer Eltern "gemischte" Ehen vor Augen, Ehepaare nämlich, deren einer Teil mit römischem Bürgerrecht versehen, deren anderer aber peregrin war. Aus einer solchen "gemischten" Ehe stammte der Abschreiber des vorliegenden Edikts, M. Valerius Quadratus[313]. Er war also von Geburt her illegitim[314]. Seine personalrechtliche Stellung ergab sich daher aus der des schlechter gestellten Elternteils[315], das heißt Quadratus war ursprünglich peregrin. Als Peregriner war er Legionär geworden und gehörte nun der Tribus Pollia an[316]. Alle diese Indizien machen den Schluß beinahe unumgänglich, daß Quadratus ein Soldatenkind war[317]. Er stellte gewissermaßen den geradezu klassischen Fall eines jener Soldatenkinder dar, denen üblicherweise die origo "ex castris" zugewiesen wurde: Er war als illegitimes Kind eines römischen Legionärs oder Legionsveteranen[318] und einer ägyptischen, alexandrinischen oder sonstwie peregrinen Mutter in die Legion aufgenommen worden[319], hatte anläßlich dieses Ereignisses das Bürgerrecht erhalten[320]

---

[313]Quadratus dient im folgenden natürlich als Beispielfall. Die Konstitutionen richteten sich eindeutig nicht allein an ihn, sondern betrafen ihn ebenso wie seine Mitveteranen.

[314]Seinen Eltern fehlte zum Zeitpunkt der Zeugung und Geburt ja noch das Eherecht, welches ihnen erst bei der Entlassung des Quadratus zugestanden wurde.

[315]Gaius, Inst. 1, 64. 67.

[316]Zur Zuweisung der Tribus Pollia an peregrine Legionsrekruten und zu den Möglichkeiten, diese Tribus als Indiz für einen ursprünglich peregrinen Status von Legionären zu betrachten, siehe Vittinghoff, Chiron 1 (1971), 310f.

[317]Vgl. auch Wolff, Chiron 4 (1974), 502 Anm. 41.

[318]Nicht aber eines Auxiliar- oder Flottensoldaten der alexandrinischen (oder mösischen) Flotte, da ihnen bei ihrer eigenen Entlassung conubium und Bürgerrecht auch für ihre Kinder zugestanden wurde. Quadratus war auch nicht das Kind eines Matrosen einer anderen Flotte, da diese Veteranen zur Zeit Domitians kein Bürgerrecht erhielten und folglich auch die Vorteile des conubium nicht hätten nutzen können, wenn es ihnen als Vätern der Veteranen verliehen worden wäre.

[319]Vgl. auch Vittinghoff, Chiron 1 (1971), 310ff.

[320]Die Vermutung Schehls, daß Quadratus und seine Kommilitonen das Bürgerrecht erst nach Abschluß ihrer Dienstzeit erhalten hätten, läßt sich kaum bestätigen (Aegyptus 13 (1933), 143). Diese Annahme stützt sich auf die Zusatzhypothese, die nunmehrigen Veteranen seien im Bürgerkrieg 68/9 aus der Flotte in die Legion übernommen worden; zum einen findet diese Hypothese in den Texten aber keinen Anhaltspunkt, und zum andern erzwingt sie nicht die Annahme einer Bürgerrechtsverleihung erst bei Dienstende. Schließlich spricht auch gegen die gesamte Konstruktion, daß die Privilegien zur Zeit Domitians *mehreren* Entlassungsjahrgängen

und kam nun, als Veteran, zusammen mit seinen Eltern und Kindern in den Genuß noch sehr viel weiterreichender Privilegien: Alle Vergünstigungen, welche sein Vater anläßlich *seiner* Entlassung offensichtlich nicht erhalten hatte - sie wurden ihm erst jetzt zugestanden! - wurden Quadratus im Zusammenhang mit der seinen verliehen. Dies ist ein äußerst wichtiger Aspekt, denn damit beweist das Edikt zugleich, daß die in ihm verfügten Privilegien den Legionsveteranen *normalerweise*, wenigstens eine Generation *vor* der Entlassung des Quadratus, *nicht* zugestanden wurden[321]. Seine Kinder schließlich erhielten Bürger- und Eherecht sowie Liturgie- und Steuerfreiheit sogar *ohne* im Heer gedient zu haben, wie sowohl das hier vorliegende Edikt als auch die zweite Konstitution Domitians deutlich werden lassen. Daß es sich aber auch bei diesen Kindern um von Geburt her Peregrine handelte, geht - abgesehen von der Tatsache, daß ihnen das Bürgerrecht erst noch verliehen wurde - daraus hervor, daß den Veteranen das conubium mit einer peregrinen Frau, das heißt - glückliche Umstände vorausgesetzt - mit der Mutter der Kinder, zugebilligt wurde. Diese Mütter waren also ebenfalls Peregrine, und ihrem Status folgten zunächst einmal die illegitimen Kinder[322].

Verlieh Domitian das Eherecht auch den "parentes" der Veteranen, kann er damit nicht beide Elternteile gemeint haben. Vielmehr muß er, wie bei den Frauen der Veteranen selbst[323], vorausgesetzt haben, daß die Ehefrau, soweit sie peregrinen Rechtes war, peregrinen Rechtes blieb. Folglich kann sie nicht civis Romana, geschweige denn civis Romana optimo iure geworden sein[324]. Da die Frauen der Veteranen, wie gezeigt, in Z. 15 ohnehin nicht ge-

---

zugestanden wurden (siehe u. S. 87f.). Man wird aber kaum eine *regelmäßige* Versetzung von classici in die Legion für wahrscheinlich halten wollen.

[321] Anders: Vittinghoff, Militärdiplome, römische Bürgerrechts- und Integrationspolitik, Heer und Integrationspolitik, 543.

[322] Handelte es sich bei der Mutter um eine Alexandrinerin, so wurden die Kinder allerdings aufgrund gewisser Eigenarten des alexandrinischen Bürgerrechts in der Behandlung illegitimer Kinder sogar hiervon ausgeschlossen; vgl. Meyer, ZRG 18 (1897), 69.

[323] Dazu siehe o. S. 80ff.

[324] Dies stellt m.E. auch das wesentliche Argument gegen den Vorschlag Lesquiers dar, das Zusammenwohnen von Eltern und Veteranen als Voraussetzung für die Privilegierung der erstgenannten zu betrachten, indem er in Z. 15f. "qui (sc. parentes) conv<iv>i{a} [eo]rum su{me}nt" liest (siehe o. S. 80). Diese Korrektur allein löst das Problem nicht: Neben den sprachlichen Bedenken, die Schehl gegen diese Lösung vorbrachte und denen auch Wolff sich anschloß (Heer und Integrationspolitik, 103 Anm. 151), bleibt das Nebeneinander von Bürgerrecht beider Ehepartner und Vergabe des conubium unerklärt: Letztere ist, auch wenn sie durch die Konjektur Lesquiers in col. II entfiele, zu Beginn von col. III sicher zu ergänzen; vgl. Wolff, Chiron 4 (1974), 498. 502. Daher geht es nicht an, "conubia sument" zu "conv<iv>i{a}

meint sind und in der zweiten Aufzählung der Adressaten in Z. 18 auch nicht genannt werden, liegt das Problem lediglich in der Übersetzung des Wortes "parentes"; hier wurde vermutlich nicht an beide Elternteile jedes einzelnen Veteranen gedacht, sondern nur an ihre Väter, die man evtl. als "patres" zu bezeichnen vermied, da die Söhne und nunmehrigen Veteranen, wie oben dargelegt, illegitim gezeugt worden waren[325].

Die Gruppe der Empfänger der Privilegien läßt sich also weiter einengen: Zu ihnen gehörten nicht die Mütter der Veteranen. Die personalrechtliche Stellung der Privilegierten ist - allgemein gesagt - durch einen tendenziell peregrinen Charakter gekennzeichnet[326], der sich daraus ergab, daß bis zu der hier greifbaren Praxis Domitians Legionsveteranen anläßlich ihrer Entlassung kein Bürgerrecht für ihre peregrinen Kinder erhielten.

3. Die Truppengattung der privilegierten Veteranen

Nun ist zu fragen, ob das Edikt für die Veteranen aller Truppengattungen galt, oder ob es sich nur auf bestimmte Veteranen bezog, wobei zu berücksichtigen ist, daß *zumindest* die Legionsveteranen privilegiert wurden, da Quadratus, der das Edikt ja zum persönlichen Gebrauch abschrieb, ehemaliger Legionär war.

---

su{me}nt" abzuändern, um damit die angebliche Nennung der Frauen in Z. 15 sinnvoll scheinen zu lassen.

Die hier vorgeschlagene Deutung führt dazu, daß der Text thematisch auf den ersten Blick etwas sprunghaft erscheint: Z. 13f. behandelt Immunitäten, Z. 15f. das conubium und Z. 16ff. wieder Immunitäten. Allerdings wird diese Sprunghaftigkeit dadurch gemildert, daß sich die Immunitäten auf zwei grundsätzlich verschiedene Aspekte beziehen: Zunächst werden *steuerliche* Befreiungen angesprochen, sodann das conubium und schließlich *liturgische* Freistellungen, so daß sich im ganzen einfach eine logisch nicht näher gegliederte, aber auch nicht durchbrochene Zusammenstellung der kaiserlichen Wohltaten ergab. Für diese Interpretation scheint mir auch zu sprechen, daß im Edikt für Seleukos v. Rhosos eine ganz ähnliche Reihenfolge vorzuliegen scheint, indem - inmitten der Ausführungen zu den Immunitäten - ἐπιγαμία verliehen wird (FIRA I^2 55, Z. 40); anders: Wolff, Heer und Integrationspolitik, 83f.

[325]Siehe aber auch Weaver, The Family, 147. Natürlich läßt sich hier einwenden, daß dieser Wortgebrauch für einen juristischen Text etwas unpräzise gewesen sein mag, was wohl zuzugestehen ist. Allerdings führt die alternative Lösung des aufgezeigten Problems zu noch unbefriedigenderen Ergebnissen, denn sie müßte davon ausgehen, daß den *Müttern* das Bürgerrecht verliehen wurde, während man es den *Frauen* der Veteranen *selbst* vorenthielt. Außerdem wäre die Vergabe des Eherechts an die Väter der Veteranen in diesem Falle sinnlos.

[326]Die Herkunft des Vaters des Quadratus ist unsicher; möglicherweise war er von Geburt an civis Romanus; Quadratus selbst war von Geburt her peregrin und erhielt das Bürgerrecht erst bei seiner Rekrutierung, und auch seine Kinder wurden erst bei seiner Entlassung cives Romani.

Die Antwort auf diese Frage läge wahrscheinlich offen zutage, wenn die Genitivkonstruktion in Z. 12f. nicht verderbt wäre[327]. Der neueste Versuch, die Stelle zu heilen, schlägt die Lesung "universorum [ca]strorum {vi} veterani milites ..." vor; in dieser Fassung wird die Stelle als Indiz dafür betrachtet, daß sich das Edikt prinzipiell an die Veteranen aller Truppengattungen gerichtet habe[328]. Man sollte aber vielleicht eher daran festhalten, daß sie zu verderbt ist, um eine tragende Funktion für oder gegen die Hypothese einer Gleichbehandlung der Soldaten und Veteranen aller Truppengattungen zu übernehmen; sie sollte wohl besser völlig unberücksichtigt bleiben. Dann aber gibt der Text unmittelbar überhaupt keine direkte Auskunft über die Adressaten - außer eben der, daß es sich um veterani milites handelte; nach Lage der Dinge müssen wir uns an andere Anhaltspunkte halten:

In diesem Edikt verlieh Domitian Privilegien, die über die durch Militärdiplome zugestandenen weit hinausgingen und deshalb mit diesen nicht direkt verglichen werden können, wie schon an dem Zugeständnis der Steuerfreiheit deutlich wird. Aber auch die durch die Diplome verliehenen Privilegien wurden im vorliegenden Text berücksichtigt: An erster Stelle stand dabei die Vergabe des Eherechts, die ihrerseits die Verleihung der Zivität voraussetzte, soweit die Empfänger der Privilegien noch nicht römische Bürger waren; dies war im Falle der Kinder gegeben. Bis zu diesem Punkt steht die Vergabe von conubium und civitas im Edikt Domitians sachlich noch völlig in Einklang mit der Verleihung dieser Vergünstigungen durch die Diplome, aber in bezug auf die Eltern der Veteranen sprengen sie den durch die Diplome gesteckten Rahmen: Die Militärdiplome weisen nie darauf hin, daß den Eltern der Veteranen irgendwelche Vergünstigungen zugestanden wurden. Entscheidend ist, daß dies selbstverständlich auch in der Frage des Eherechts gilt: Die Empfänger dieses Privilegs wurden in den Diplomen ausdrücklich genannt, aber zu ihnen gehörten *nicht die Väter* der Veteranen. Hätten sich nun die Verfügungen Domitians auch auf Veteranen solcher Truppengattungen erstreckt, von denen Diplome vorliegen, so müßte sich bei diesen Diplomen in der Formel, mit der das conubium verliehen wurde, eine Änderung feststellen lassen: Das Eherecht wäre fortan auch an die Väter der Veteranen vergeben worden, und eine entsprechende Erweiterung der Formel wäre die notwendige Folge gewesen. Aus der Tatsache, daß eine solche Erweiterung nicht vorgenommen wurde, läßt sich also schließen, daß die in dem Edikt verfügten Privilegien Domitians nicht automatisch für alle Truppengattungen galten. Diplome, die den Vätern das Bürger- und Eherecht vorenthielten, liegen für die Zeit zwischen dem Jahr 89, dem spätestmöglichen Datum für das vorliegende Edikt, und dem Jahr 94, in dem die Konsti-

[327]Dazu ausführlicher: Wolff, Heer und Integrationspolitik, 99 Anm. 143.

[328]Wolff, Heer und Integrationspolitik, 99.

tution abgeschrieben wurde, also offensichtlich noch in Kraft war, sowohl für die Auxiliar- als auch für die Flottenveteranen vor, und zwar für Syrien, Germanien und Mösien[329]. Folglich galten die Bestimmungen, die im vorliegenden Edikt von Domitian getroffen wurden, weder für die Auxiliar- noch für die Flottenveteranen[330].

4. Der Grund der Privilegierung

Hier ist nun auf eine weitere Besonderheit des Textes einzugehen: Wie gezeigt werden konnte, wurde durch das Edikt Domitians das conubium an Väter, Veteranen und Kinder vergeben, was impliziert, daß es sich bei den Kindern um Peregrine gehandelt haben muß[331]. In allen Parallelbeispielen, nämlich in den Militärdiplomen, setzt die Vergabe des Eherechts aber die des Bürgerrechts voraus, sofern die Empfänger der Privilegien noch nicht cives Romani waren; die Vergabe des Eherechts an Peregrine ohne gleichzeitiges Zugeständnis auch des römischen Bürgerrechts ist als Belohnung im römischen Heer m.W. nicht belegt. Folglich setzt das Edikt Domitians, in dem selbst keine Bürgerrechtsverleihung vorgenommen wurde[332], eine andere Konstitution voraus, die diese Verleihung vollzog, nämlich eine Konstitution des Typs, der im zweiten von Quadratus abgeschriebenen Text vorliegt. Dieser Text ist nun in das Jahr 93 zu datieren; das erste Edikt fällt dagegen in das Jahr 88/9. Daher ist davon auszugehen, daß Domitian bei allen Entlassungen von Legionären spätestens seit dem Jahr 88/9 und mindestens bis zum Jahr 93 eine col. III entsprechende Konstitution erlassen hat; das heißt seit dem Jahr 88/9 zeichnete Domitian auch die Kinder von Legionären bei deren Entlassung regelmäßig mit dem Bürgerrecht aus und verlieh den Veteranen selbst das conubium. Und aus dieser Feststellung ergibt sich als Grund der Privilegierung, daß die Vergünstigungen *nicht* virtutis causa zugestanden wurden, sondern daß eine regelmäßige Vergabe wie die von Bürgerrecht und

---

[329] CIL XVI 36. 37; RMD 4. 5.

[330] Da die Prätorianer zur Zeit Domitians keine Diplome erhielten, muß offenbleiben, ob sie in den Genuß der Privilegien kamen; vgl. aber u. S. 128f. Anders Wolff, Heer und Integrationspolitik, 99.

[331] Denn ihre Väter waren zuvor nicht im Besitz des Eherechts, bedurften seiner aber offensichtlich, hatten also peregrine Frauen.

[332] So auch Schehl, Aegyptus 13 (1933), 143. In Z. 16 wird das Bürgerrecht zwar genannt, aber nicht verliehen; das ganze Gewicht fällt hier auf die Aussage, daß die Adressaten Bürger *nach bestem Recht* sein können, also auf die Befreiung von Liturgien. Das vorausgesetzte Bürgerrecht wird nur noch einmal beiläufig erwähnt; siehe o. Anm. 307.

conubium bei den Auxiliarsoldaten geplant und zumindest für einige Jahre auch vollzogen wurde.

Zusammenfassend bleibt festzustellen: Die Empfänger der in dem Edikt Domitians vergebenen Privilegien waren (ausschließlich) die Veteranen aus den Legionen selbst, ihre Väter und ihre Kinder. Zumindest im vorliegenden Fall, bei dem Vater des Quadratus, handelte es sich höchstwahrscheinlich um einen ehemaligen Legionär, der die genannten Privilegien im Zusammenhang mit der eigenen Entlassung offensichtlich nicht erhalten hatte[333]. Daraus ist zu folgern, daß die Legionsveteranen unter Domitians Vorgängern nicht entsprechend privilegiert wurden. Die Privilegien selbst bestanden aus Eherecht (was ggf. die Vergabe des Bürgerrechts in irgendeiner Form voraussetzt), immunitates rerum und vacationes munerum[334]. Diese Privilegierung der Legionsveteranen wurde von Domitian als regelmäßige Maßnahme geplant und für eine gewisse Zeit auch durchgeführt[335].
Doch dieser Plan scheint nur für kurze Zeit realisiert worden zu sein; die Nachfolger Domitians setzten sein Verfahren aller Wahrscheinlichkeit nach nicht fort. Die Begründung dieser Hypothese ist allerdings schwierig und bedarf eines eigenen Abschnitts.

5. Die Dauer der Privilegierung

Nach der Konstitution Domitians, die uns in col. II vorliegt, sollten die Veteranen von allen Steuern befreit sein. Ein Zeugnis aus nachdomitianischer Zeit, aus dem hervorginge, daß Veteranen Steuern zahlten, würde also

---

[333] Man könnte hier versucht sein, die Konstitution Domitians *lediglich* auf die ex castris stammenden Veteranen zu beziehen, nicht aber auf die Legionäre allgemein. Auch in diesem Sinne könnte man Wolffs Konjektur verstehen: "Visum est mihi edicto significare: universoru[m] / [*ca*]strorum veterani milites ..." (Heer und Integrationspolitik, 102), die allerdings sprachlich noch schwerer nachzuvollziehen wäre. Außerdem ist sofort hinzuzufügen, daß eine Bevorzugung der Veteranen ex castris vor denen römischer Herkunft kaum denkbar ist, so daß dieselben Privilegien wohl auch für die letztgenannten galten.

[334] Das dürfte eher aus dem gesamten Tenor als aus einzelnen Bestimmungen hervorgehen; insbesondere von Z. 17 an ist der Text heillos verderbt, wie schon an der Formulierung, daß die Empfänger von aller Steuerfreiheit befreit werden, deutlich wird. Vgl. auch Wolff, Heer und Integrationspolitik, 103f. Anm. 155.

[335] Daß alle diese Ergebnisse nicht bis zur Gewißheit gesichert werden können, ist bei dem Zustand, in welchem sich der Text vor allem der ersten Konstitution befindet, wohl selbstverständlich. Diesen Einwand müssen sich aber auch alle anderen Deutungsversuche gefallen lassen.

belegen, daß die Maßnahmen Domitians nicht fortgesetzt wurden. Ein solches Zeugnis könnte in P. Mich. VII 435 vorliegen[336]. Der Text, eine Empfangsbestätigung aus der Zeit Trajans, gibt Auskunft darüber, daß das Erbe, welches gewisse inzwischen verstorbene Soldaten ihren Kameraden vermacht hatten, diesen ordnungsgemäß übereignet wurde, abzüglich der vicesima hereditatium. Diese Kommilitonen zahlten also die Erbschaftssteuer, und folglich waren sie nicht prinzipiell steuerfrei. Dasselbe galt offenbar auch für Veteranen; der zweite Titel des Papyrus nennt als Empfänger der Erbschaft aller Wahrscheinlichkeit nach einen bereits entlassenen Soldaten[337]. Zur Zeit Trajans unterlagen die Veteranen also der Erbschaftssteuer: Dies könnte als unmittelbarer Beleg dafür gewertet werden, daß Domitians Verfahren in der Zwischenzeit aufgegeben wurde, wenn aus dem Papyrus eindeutig hervorginge, daß der Veteran als Legionär gedient hatte[338]. Genau dies wurde aber von Fink bestritten; er liest als Truppenangabe in Z. 7 statt "L. II[I]", wie Sanders zu erkennen glaubte, "coh"[339]. Nach der von Sanders beigefügten Photographie[340] scheint mir diese Lesung zwar zu unsicher, um aus ihr zu schließen, daß es sich bei dem Veteranen um einen ehemaligen Auxiliarsoldaten gehandelt habe, aber einen sicheren Beleg dafür, daß *Legions*veteranen steuerpflichtig waren, bietet der Papyrus leider auch nicht. Daher kann der Text allenfalls als mögliches Indiz, nicht aber als Beweis dienen.

Weiterführen könnte eine Beobachtung von Behrends zu den Urkunden, die Soldaten über die Geburt der ihnen während ihrer Militärzeit und folglich illegitim geborenen Kinder ausstellen ließen: "Diese Privaturkunden hatten einen vorsorglichen Zweck. Nach der Entlassung konnte dann der Soldat das Kind bei der Epikrisis anmelden und ihm auf diese Weise für später ... über den Wehrdienst den privilegierten Zugang zum römischen Bürgerrecht sichern."[341] Behrends denkt hier an die Kinder von Legionären; Auxiliarsoldaten konnten ihren Kindern zwar auch einen privilegierten Zugang zur ci-

---

[336]Zum Text siehe Sanders, Kommentar zu P. Mich. 435; Gilliam, Roman Army Papers, 54 und 103; Fink, Roman Military Records, Nr. 77 (seine Ausführungen sind identisch mit den in BASP 1 (1963/4), 39ff. abgedruckten).

[337]Sanders, P. Mich. 435, S. 30. Auch Fink, der sich sowohl die Lesung als auch die Interpretation von Sanders in vielen Punkten anficht, äußert an dieser Schlußfolgerung keine Zweifel.

[338]So Sanders, P. Mich. 435, S. 28. Die Konstitutionen Domitians richteten sich, wie oben dargelegt, ja ausschließlich an Legionsveteranen.

[339]Roman Military Records, 308 zu Z. 7: "In the name of the unit I cannot find Sanders' *L* and regard *coh* as certain."

[340]P. Mich. VII, Tafel V.

[341]Behrends, Heer und Integrationspolitik, 157f.; zur Epikrisis siehe u. S. 91f.

vitas Romana sichern, aber dieser Weg führte zunächst einmal nicht über deren Wehrdienst, sondern über die mit der honesta missio des Vaters verbundenen Privilegien. Bedurften die Kinder der Legionäre aber, wie hier von Behrends vorausgesetzt, einer Einstellung in die Legion, um zum römischen Bürgerrecht zu gelangen, so erhielten sie es offenbar nicht (mehr) im Zusammenhang mit der Entlassung des Vaters.

Leider tragen die von Behrends beigebrachten Belege[342] die auf ihnen beruhende Feststellung nicht: Die Soldaten, die die Geburt ihrer illegitimen Kinder zu Protokoll gaben, waren nicht Legionäre, sondern auxiliarii, deren Kinder im Zusammenhang mit der Entlassung der Väter ohnehin eine Möglichkeit erhielten, ins römische Bürgerrecht aufgenommen zu werden und diese Möglichkeit einem Jahrzehnte dauernden Dienst sicherlich vorzogen. Die Geburtsurkunden dürften wichtig gewesen sein, um das Anrecht der Kinder zum Zeitpunkt der Entlassung ihrer Väter und zum Zweck ihrer Aufnahme in die Diplome dokumentieren zu können. Für die hier zugrundeliegende Frage läßt sich also nur ein (sehr schwaches) argumentum e silentio gewinnen: Deutet die Tatsache, daß auffälligerweise auf die Erstellung von Geburtsurkunden illegitimer Kinder nur von auxiliarii Wert gelegt wurde und daß auch Quadratus die Dokumentation der natürlichen Vaterschaft zum Zeitpunkt der Vergabe der Privilegien, also - gemessen an der Geburt - verspätet, vornahm, darauf hin, daß die Legionäre ihre Kinder ohnehin nicht privilegieren lassen konnten und daher von vornherein auch auf die Dokumentation ihrer natürlichen Vaterschaft verzichteten?

Der von Behrends in diesen Zusammenhang gebrachte Papyrus CPL 159 ist aber noch einmal aufzugreifen. Er ist auf den 25. April 127 zu datieren; an diesem Tag ließ sich der noch aktive Reiter und wohl römische Bürger M. Lucretius Clemens eine Geburtsurkunde ausstellen, aus der hervorging, daß der ihm offenbar kurz zuvor von einer wahrscheinlich römischen Frau[343] geborene Sohn Serenus sein *natürlicher* Sohn war[344]. Er brauchte diese Geburtsurkunde, "ut possit post honestam missionem suam ad epicrisin suam adprobare filium suum naturalem esse."[345]

---

[342]CPL 159 und 161; siehe Behrends, Heer und Integrationspolitik, 157f. Anm. 136 und 137.

[343]Es ist für die folgende Argumentation nicht unbedingt notwendig, die Frau des Clemens (und damit eo ipso auch seinen Sohn) eindeutig als cives Romani identifizieren zu können, aber diese Annahme erleichtert die Argumentation, und sie ist ohnehin wegen des Namens der Frau - Octavia - überaus naheliegend.

[344]Einen gesetzlichen Sohn konnte Clemens als Soldat, als welcher er dem Eheverbot unterlag, nicht haben.

[345]Recto, Z. 1ff.

Die hier erwähnte Epikrisis diente dazu, ein Register all jener Personen zu erstellen, die aufgrund ihrer personalrechtlichen Stellung von gewissen Leistungen, welche die Ägypter zu erbringen hatten, befreit waren[346]. Wenn Clemens also in die Zukunft plante und damit rechnete, nach seiner Entlassung in die Epikrisis aufgenommen zu werden, so bedeutete dies, daß er als Inhaber des römischen Bürgerrechts, welches er bereits besaß oder spätestens bei seiner Entlassung erhalten würde, Anspruch auf einen privilegierten Status würde erheben können und in der Liste der Privilegierten geführt werden könnte. Dieselben Vorrechte wollte Clemens seinem Sohn Serenus sichern; auch er sollte in diese Liste eingetragen werden. Da ihm als nichtehelichem Kind einer römischen Bürgerin das Bürgerrecht bereits von Geburt an zukam[347], hätte auch er als civis Romanus Anspruch auf die Befreiungen erheben können. Interessanterweise aber bezog sich Clemens, als er von der Epikrisis sprach, *nicht* auf das Bürgerrecht des Serenus, sondern darauf, daß Serenus sein natürlicher Sohn war; *dies* sollte festgehalten werden, um die Aufnahme des Serenus in die Epikrisis zu sichern. Clemens plante also nicht, seinen Sohn als römischen Bürger privilegieren zu lassen (obwohl Serenus durchaus civis Romanus war), sondern Serenus sollte - nach der Entlassung des Clemens - als Sohn Eingang in die Epikrisis finden, und zwar als natürlicher Sohn. In der Epikrisis wurde aber natürliche Verwandtschaft nicht als Privilegierungsgrund anerkannt: Neben solchen Personen, die aufgrund ihres eigenen Anspruchs befreit wurden, erscheinen in den uns erhaltenen Unterlagen lediglich solche, die in der potestas einer anderen Person standen und ihre Befreiung eben dieser Tatsache verdankten[348]. Offensichtlich wollte auch Clemens seinem Sohn die Privilegien auf dieser Rechtsgrundlage sichern, wenn er ihn als Sohn aufnehmen lassen wollte, obwohl Serenus zur Zeit seiner Geburt noch illegitim und daher nicht in der Gewalt seines Vaters war[349]. Daraus ergibt sich die Schlußfolgerung, daß er irgendwann einmal in die Gewalt des Vaters geriet. Da die disciplina militaris die rechtliche Existenz des Sohnes erst für die Zeit nach der Entlassung seines Vaters ermöglichte, kann der Sohn auch nur *nach* der Entlassung des Vaters in dessen potestas geraten sein. Daraus folgt wiederum, daß die Kinder der Auxiliarsoldaten, auch wenn sie noch während der Militärzeit gezeugt wurden, in die potestas der Veteranen gelangen konnten, das heißt

[346] Vgl. Nelson, Status Declarations, 3ff. und 40ff.

[347] Gaius, Inst. 1, 92.

[348] Vgl. Lesquier, L'armée, 166ff., bes. 169 u. 188 sowie Wilcken, Chrest. I 1, 198.

[349] Gaius, Inst. 1, 87.

agnatische Verwandtschaft erwarben[350], oder, anders ausgedrückt: Die Vergabe des conubium in den Diplomen hatte offenbar auch für die Begründung der väterlichen Gewalt rückwirkende Kraft. Wahrscheinlich erklärt sich so auch das bis zum Jahr 140 häufig festzustellende Interesse der Auxiliarveteranen, die ihnen bereits vor der Entlassung geborenen Kinder in den Diplomen namentlich aufzuführen: Für die Vergabe der civitas war die namentliche Nennung nicht notwendig, denn die Kinder erhielten sie ohnehin aufgrund des allgemeinen Formulars, aber damit allein wurde ihnen noch nicht die redactio in potestatem zuteil; hierzu bedurfte es einer ausdrücklichen Bestätigung durch den Kaiser: Si peregrinus cum liberis civitate Romana donatus fuerit, non aliter liberi in potestate eius fiunt, quam si imperator eos in potestatem redegerit[351]. Es ist anzunehmen, daß die namentliche Nennung der Kinder in den Diplomen ein Hinweis auf diese im Falle der Auxiliarveteranen wohl mehr oder weniger automatisch vergebene Bestätigung ist[352].

Zunächst also bleibt festzuhalten, daß die Kinder der Auxiliarveteranen im Normalfall seit der honesta missio des Vaters in agnatischem Verwandtschaftsverhältnis zu ihm standen[353]. Da in Domitians zweiter Konstitution (col. III) inhaltlich wie formal fast genau das für auxiliarii übliche Verfahren auf die Legionsveteranen angewendet wurde, kann kaum bezweifelt werden, daß zu seiner Zeit auch die Kinder der Legionsveteranen, die ihnen nachweislich "in militia"[354] geboren worden waren, legitim wurden.

---

[350]Vgl. z.B. Gaius, Inst. 1, 66, was wohl als Parallelfall gelten kann; vgl. auch Leineweber, Die rechtliche Beziehung, 19f.

[351]Gaius, Inst. 1, 93.

[352]In der Literatur habe ich nur wenige Ausführungen zu der nachträglichen Legitimierung der vor der Entlassung ihrer Väter geborenen Soldatenkinder gefunden; Lesquier, L'armée, 306, setzt einen legitimen Status der Kinder als selbstverständlich voraus; so auch Taubenschlag, The Law, 110 Anm. 22, Nelson, Status Declarations, 46 und Wolff, Chiron 4 (1974), 479 sowie Kromayer - Veith, Heerwesen, 532. Behrends, Heer und Integrationspolitik, 158 bestreitet ihn ebenso entschieden; auch Kraft argumentierte bereits in diesem Sinne (Zur Rekrutierung, 113f.). Unklar bleibt mir Mirković, die davon auszugehen scheint, daß bereits peregrine Kinder peregriner Eltern "filii iusti" waren und dies selbstverständlich auch über die Entlassung des Vaters hinaus geblieben seien (Heer und Integrationspolitik, 174).

[353]Man könnte versucht sein, P. Catt. II, Z. 11ff. = Wilcken, Chrest. II 2, Nr. 372, S. 421 als Gegenbeispiel zu bemühen; siehe aber Appendix II (S. 142ff.).

Der Papyrus dokumentiert - sofern man der Ergänzung Wilckens, Chrest. II 2, Nr. 372, S. 421 Anm. zu Z. 19 folgt - noch einmal deutlich die zwei unterschiedlichen Konstellationen, welche zur Epikrisis berechtigten: Die Söhne waren entweder als legitime Kinder berechtigt, was bei Clemens nach seiner Entlassung vorliegen würde, bei Longinus aber ausgeschlossen wurde, oder als Römer; dieser Fall war bei Longinus gegeben.

[354]Z. 14ff.

An diesem Punkt hilft ein Schreiben Hadrians aus dem Jahr 119 an den praefectus Aegypti weiter[355]: In diesem Brief regelte Hadrian die Möglichkeiten der Erbfolge neu und zugunsten der Soldatenkinder. Sie sollten zwar als solche "non legitimi heredes" bleiben, also nicht der zweiten der drei römischen Erbklassen zugeordnet werden, aber immerhin die Möglichkeit erhalten, das väterliche Erbe unter dem Titel "unde cognati" anzutreten, also den Erben aus der dritten Klasse gleichgestellt sein[356]. Diese Verfügung sollte auch den Veteranen bekanntgegeben werden (Z. 28ff.). Damit enthält der Text für uns den Hinweis, daß auch die Kinder, die sie noch vor ihrer Entlassung gezeugt hatten, nicht "legitimi heredes" waren, und das heißt: nicht im Zusammenhang mit der Entlassung ihrer Väter in ein agnatisches Verwandtschaftsverhältnis zu ihnen versetzt wurden. Sie wurden also nicht zu legitimen Kindern (als welche sie nämlich nicht nur "legitimi heredes", sondern gar "liberi", Angehörige der ersten Erbklasse, gewesen wären). Da sich diese Feststellung nicht auf die Auxiliarsoldaten beziehen kann, deren Kinder zu dieser Zeit im Zusammenhang mit der Entlassung legitim wurden, wie oben dargelegt[357], muß sie sich auf die Legionäre beziehen. Der Brief Hadrians vom Jahr 119 richtete sich also, soweit *Veteranen* betroffen waren, an die *Legions*veteranen, nicht aber an die Angehörigen der Hilfstruppen, und er belegt, daß die Kinder der Legionäre illegitim blieben. Die Regelung Domitians war also nicht mehr in Kraft.

Nicht allein durch die Frage nach der Legitimität der Kinder, sondern auch durch die nach ihrem Erbrecht wird man zu diesem Ergebnis geführt:

Der Kaiser leitete seine Ausführungen mit dem Hinweis darauf ein, daß gemäß der bisher gültigen Rechtslage den Soldatenkindern, die ihren Vätern während deren Militärzeit geboren worden waren, der Zugang zum väterlichen Erbe verwehrt werde (Z. 10ff.). Dies geschah nicht nur, wenn die Väter noch *vor* ihrer ehrenvollen Entlassung starben, sondern auch dann, wenn sie den Veteranenstatus bereits erreicht hatten. Das beneficium Hadrians, welches diese Rechtslage verbesserte, war nämlich nicht nur den Soldaten, sondern, wie oben bereits erwähnt, auch den Veteranen bekanntzugeben, damit

[355]FIRA I[2] 78. Die wichtigsten Passagen lauten:
Ἐπί[σ]ταμαι, Ῥαμμιέ μου, τ[ο]ύτους, ο[ὓ]ς οἱ γονεῖς αὐτῶν τῷ τῆς στρατείας ἀνείλα[ν]το χρόνῳ, τὴν πρὸς τὰ πατρικὰ [ὑπάρ]χοντα πρόσοδον κεκωλῦσθαι ... Ὅνπερ τοιγαροῦν τ[ρόπ]ον οὐκ εἰσιν νόμιμοι κληρονόμοι τῶν ἑαυτῶν πατέρων οἱ τῷ [τ]ῆς στρατε[ί]ας χρόνῳ ἀναλημφθέντες, ὅμως κατ[ο]χὴ[ν] ὑ[πα]ρχόντων ἐξ ἐκείνου τοῦ μέ[ρ]ους τοῦ διατάγματος, οὗ καὶ τοῖς πρὸς [γ]ένους συνγενέσι δίδοται, αἰτεῖσθαι δύνασθαι.

[356]Vgl. dazu Behrends, Heer und Integrationspolitik, 158ff.; vgl. auch Meyer, ZRG 18 (1897), 48f.

[357]Vgl. dazu die Diplome CIL XVI 166/ RMD 16; CIL XVI 67 aus den Jahren 118 und 120.

sie Nutzen aus ihm zögen (Z. 28ff.). Es bleibt zu fragen, weshalb den Kindern das väterliche Erbe grundsätzlich verweigert wurde; die Begründung Hadrians, daß die betroffenen Väter gegen die disciplina militaris gehandelt hätten, bietet nur eine inhaltliche Rechtfertigung für die bestehende Rechtspraxis, liefert aber keinen formalen Rechtsgrund. Die formale Grundlage findet sich vielmehr im Gnomon des Idios Logos, der sich zur Möglichkeit der Intestaterbfolge bei Soldatenkindern äußert: Sie war für Kinder und cognati gegeben, sofern sie von demselben genus wie ihre Väter waren[358]. Kombiniert man diesen Rechtssatz mit der Einleitung Hadrians, so ergibt sich, daß - soweit die Kinder von *Veteranen* betroffen waren - die Ausführungen Hadrians nicht für die Kinder der entlassenen auxiliarii gegolten haben können, die ja die civitas Romana erhielten und mithin von demselben genus waren[359], denen also der Zugang zum väterlichen Erbe *nicht* verweigert wurde; seine Ausführungen galten vielmehr für die Kinder der entlassenen Legionäre, die, offensichtlich nicht mit dem römischen Bürgerrecht bedacht, auch nicht von demselben genus sein konnten (sofern ihre Mutter peregrin war, was, zumindest in Ägypten, wohl die Regel gewesen sein dürfte).

Sowohl aus der Frage nach der Legitimität der Kinder als auch aus der nach ihrer Erbfähigkeit ergibt sich also, daß zur Zeit Hadrians die Kinder der Legionsveteranen bei deren Entlassung nicht mehr wie zur Zeit Domitians mit dem römischen Bürgerrecht bedacht und legitim wurden. Außerdem waren sie bis hin zum hier vorliegenden beneficium Hadrians nicht die gesetzlichen Erben ihrer Väter. In all diesen Punkten unterschieden sie sich von den Kindern der Auxiliarveteranen, die bei der Entlassung ihrer Väter cives Romani, legitime Kinder und gesetzliche Erben wurden.

Die in Fragen der Erbfolge härtere Praxis war bis zum vorliegenden Brief Hadrians seiner Aussage zufolge von seinen Vorgängern geübt worden (Z.18f.). Auch wenn man vielleicht aus dem Plural nicht zwingend darauf schließen kann, daß Hadrian bei seiner Formulierung an Trajan *und* Nerva gedacht haben muß - verfolgte Domitian doch eine großzügigere Praxis -, so kann wohl wenigstens angenommen werden, daß nicht erst Hadrian selbst die von Domitian eingeführte Privilegierung der Legionsveteranen abbrach. In diesem Fall hätte er nicht auf eine härtere Praxis seiner Vorgänger Bezug nehmen können; er hätte vielmehr selbst eine bestehende Rechtslage in einem größeren Zusammenhang verschärft und lediglich in einem einzelnen Punkt die frühere Regelung beibehalten. Möglicherweise schon durch Nerva, spätestens aber durch Trajan wurde also das Verfahren Domitians wieder

[358] FIRA I^2 99, § 35.

[359] Siehe für diese Zeit z.B. CIL XVI 67.

aufgegeben[360]: Die Kinder der Legionsveteranen wurden nachweisbar nicht mehr privilegiert, und auch für eine Fortdauer der Privilegierung ihrer Eltern und der Veteranen selbst liegen keine Zeugnisse vor[361].

Bei den Privilegierungen der Legionsveteranen durch Domitian handelte es sich also um außergewöhnliche Vergünstigungen[362], obwohl sie regelmäßig vorgenommen werden sollten und für eine gewisse Zeit auch wurden. Diese Erklärung empfiehlt sich nicht zuletzt deshalb, weil gleiche oder ähnliche Maßnahmen - abgesehen von der Regierungszeit Domitians - nirgendwo belegt sind[363].

Die Freistellungen zur Zeit des Antoninus Pius

Der chronologisch nächste Hinweis auf Befreiungen von Leistungen steuerlicher Art liegt für das Jahr 149 vor[364]. Der Papyrus stellt eine Anweisung eines wohl ranghohen[365] Verwaltungsbeamten dar, in der es darum geht, daß dem Angehörigen einer ala, nachdem er mehr als 25 Jahre Dienst abgeleistet

[360]In der literarischen Überlieferung findet sich kein Hinweis auf diese Änderung. Vielleicht könnte sie mit der von Cassius Dio berichteten Korrektur exaltierter domitianischer Verfügungen durch Nerva zu verbinden sein (Cass. Dio 68,1,1ff.), obwohl die durch Plinius (Ep. 10,58,7ff.; 10,58,10) überlieferte Zurückhaltung Nervas Zweifel an dieser Möglichkeit weckt und eher auf Trajan als Initiator deutet.

[361]Hier soll nur noch einmal daran erinnert werden, daß in dem Augenblick, in dem den Kindern das römische Bürgerrecht vorenthalten wurde, natürlich auch alle weiteren Vergünstigungen hinfällig wurden, durch die sie zu cives Romani optimo iure avanciert wären.

[362]Auch Wolff nimmt zumindest für die zweite der beiden von Quadratus abgeschriebenen Konstitutitonen an, daß sie eine ausnahmsweise zugestandene Schenkung Domitians dokumentiert (Chiron 4 (1974), 503). Das erste Edikt setzte aber, wie gezeigt, formal wie inhaltlich eine der zweiten Konstitution entsprechende Verfügung voraus. Es wäre nun doch sehr merkwürdig, wenn eine regelmäßig vorgenommene Auszeichnung der Veteranen, wie Wolff sie im ersten Edikt vermutet (Heer und Integrationspolitik, 102), mit einer ausnahmsweise vorgenommenen so eng verknüpft worden wäre, daß die regelmäßig vorgenommene Auszeichnung nicht ohne die ausnahmsweise verliehene hätte vergeben werden können.

[363]Während seiner Regierungszeit liegt hingegen eine gewisse Häufung vor; vgl. Wolff, Chiron 4 (1974), 507.

[364]P. Oslo Inv. 1518, publiziert und kommentiert von M.H. Eliassen, ASP (1981), 329ff. Dieser Papyrus wurde m.W. von Wolff, Heer und Integrationspolitik, 107f. erstmals in Zusammenhang mit der hier zur Debatte stehenden Frage gebracht.

[365]Siehe Eliassen, ASP 23 (1981), 330; vgl. dazu auch Wolff, Heer und Integrationspolitik, 107 Anm. 167.

hat, aufgrund dieser Tatsache und gemäß der χάρις des Antoninus Pius Freiheit von den ἐπικεφάλια gewährt wird. Der Text ist insoweit völlig verständlich; Schwierigkeiten ergeben sich allerdings zum einen daraus, daß nicht deutlich wird, ob der Empfänger der χάρις noch aktiver Soldat oder bereits Veteran war, zum andern daraus, daß nicht genau bestimmt werden kann, welche Leistungen mit dem Begriff ἐπικεφάλια bezeichnet wurden. Aber auch wenn die Leistungen im einzelnen nicht bekannt sind, so handelte es sich doch mit Sicherheit um solche Lasten, die pro Kopf auf die Bevölkerung verteilt wurden, das heißt genau um jene Art von Leistungen, von denen römische Bürger befreit waren[366]. Folglich muß erklärt werden, weshalb die Befreiung von einer Leistungspflicht, welche für Bürger ohnehin nicht bestand, an einen (ehemaligen?) Soldaten verliehen wurde, der nach 25jähriger Dienstzeit Anspruch auf das römische Bürgerrecht hatte. Dazu bieten sich zwei Möglichkeiten an:

Da sich in dem Text kein Hinweis darauf findet, daß der Empfänger des Privilegs Veteran war, mag ihm als (freiwillig) weiterdienendem Soldaten[367] nach 25jähriger Dienstzeit das wesentliche steuerliche Privileg verliehen worden sein, welches - wäre er entlassen worden - in der Vergabe des Bürgerrechts impliziert gewesen wäre. Die Vergabe des Bürgerrechts selbst mag aufgeschoben worden sein bis zu dem Zeitpunkt seiner tatsächlichen Entlassung; das Bürgerrecht könnte als relativ unwichtig erschienen sein, solange der Soldat im Lager diente und zumindest seinen Anspruch anhand der dort befindlichen Akten jederzeit nachweisen konnte. Die Befreiung von steuerlichen Leistungen war dagegen ungleich wichtiger, und so wäre verständlich, daß sie im Falle solcher Soldaten, die nach 25 Dienstjahren aufgrund ihrer Dienstverlängerung vorläufig auf das Bürgerrecht verzichteten, von der Vergabe der Zivität getrennt vorgenommen wurde. Diese Erklärung leidet aber neben der a priori gegebenen Unwahrscheinlichkeit der Hypothese, daß Soldaten darauf verzichtet haben sollen, mit dem ihnen eigentlich zustehenden Bürgerrecht ausgezeichnet zu werden, unter zwei weiteren Schwächen: Zum einen wird aus dem Papyrus nicht ganz deutlich, ***daß*** es sich bei dem Empfänger des Privilegs um einen Peregrinen handelte[368], zum anderen bleibt unklar, weshalb er als (weiterdienender) Soldat überhaupt einer Art von Kopfsteuer unterworfen gewesen sein sollte[369].

Die zweite mögliche Erklärung setzt voraus, daß der zu privilegierende Soldat bereits den Dienst quittiert hatte, obwohl auch dies nicht ausdrücklich

---

[366]So auch Wallace, Taxation in Egypt, 192; Eliassen, ASP 23 (1981), 330.

[367]So Wolff, Heer und Integrationspolitik, 102 Anm. 150.

[368]Eliassen, ASP 23 (1981), 330 vermutet explizit, daß der Veteran schon als Soldat civis Romanus gewesen sei, was nun auch wieder nicht zwingend ist.

[369]Diese Schwierigkeit deutet auch Wolff an: Heer und Integrationspolitik, 107 Anm. 167.

im Text steht[370]. Nach Ableistung von 25 Dienstjahren hatte er Anspruch auf das römische Bürgerrecht, welches die Befreiung von den ἐπικεφάλια in sich schloß, aber es mochte nach der Entlassung der Soldaten eine gewisse Zeit dauern, bis sie im Besitz aller ihrer Unterlagen waren und ihren neugewonnenen Status einwandfrei nachweisen konnten. Daher könnte Antoninus Pius verfügt haben, daß ihnen als Veteranen sofort die Möglichkeit gegeben wurde, sich diesen Leistungen zu entziehen, indem er die oben genannte χάρις erließ. Sobald die Veteranen ihren Bürgerstatus hätten belegen können, wäre die hier verfügte χάρις überholt und hinfällig gewesen[371].

An dieser Stelle ist nicht zu entscheiden, welche der beiden Möglichkeiten vorzuziehen ist, obwohl der letztgenannten weniger Widerstände entgegenzustehen scheinen; wichtiger aber ist, daß es sich bei der Verfügung in keinem Fall um ein echtes "Veteranenprivileg" handelte: Folgt man der ersten Lösung, so stellt die χάρις für (freiwillig) weiterdienende Soldaten einen Status her, der ihnen, hätten sie den Dienst quittiert, ohnehin zugestanden worden wäre, *weil sie römische Bürger wurden*[372]; bevorzugt man die zweite Lösung, so ging es im vorliegenden Text darum, eine juristisch unklare, aber vorübergehende Situation dadurch zu überbrücken, daß den Veteranen *als Veteranen* etwas zugestanden wurde, auf das sie *als römische Bürger* Anspruch erheben konnten - auch in diesem Fall handelte es sich also nicht um ein echtes Veteranenprivileg. Folglich kann der Text über die Privilegierung von Veteranen durch die Vergabe von Immunitäten keinen Aufschluß geben; auf dieses Thema nimmt der Text - zugespitzt formuliert - gar nicht Bezug.

Interessanterweise fehlt der Hinweis auf eine Befreiung der Veteranen aber auch in einem anderen Zeugnis aus der Zeit des Antoninus Pius, in der er unbedingt erwartet werden sollte. Der Kaiser reskribierte dem Legionsarzt Numisius zu seiner Freistellung von den munera civilia folgendermaßen:

Quum te medicum legionis secundae adiutricis esse dicas, munera civilia, quamdiu reipublicae causa abfueris, suscipere non cogeris. Quum autem

---

[370]Diese Annahme wurde bei der Publikation des Papyrus von Eliassen, ASP 23 (1981), 330 vorgetragen.

[371]So Eliassen, ASP 23 (1981), 332. Die Zurückweisung dieser Hypothese durch Wolff, Heer und Integrationspolitik, 107 Anm. 168 scheint ungerechtfertigt, da sie das eigentliche Problem des Textes, auf das Eliassen hier einging, nicht berücksichtigt. Dieses Problem liegt in der Frage, weshalb der Empfänger, sei es als weiterdienender Soldat, sei es als Veteran, mit einem Privileg bedacht worden sein soll, auf das er, sei es als Soldat, sei es als Römer, ohnehin Anspruch hatte.

[372]Zwar nicht explizit, aber implizit anders: Wolff, Heer und Integrationspolitik, 102 Anm. 150; ebenso S. 107f.

abesse desieris post finitam eo iure vacationem, si in eorum numero es, qui ad beneficia medicis concessa pertinent, ea immunitate uteris[373].

Antoninus Pius legte also dar, daß Numisius, solange er von Staats wegen abwesend war, Befreiung von den munera civilia genießen könne. Diese Abwesenheit rei publicae causa war mit dem Soldatenstatus automatisch gegeben und dauerte an, bis Numisius entlassen werden würde[374], allenfalls unterbrochen durch einen Urlaub[375]. Es war jedoch keine (z.B. urlaubsbedingte) *Unterbrechung* der Freistellung, an die Antoninus Pius bei seiner weitergehenden Ausführung dachte, sondern das endgültige Ende, m.a.W.: die Entlassung und die sich an sie anschließende Zeit, während der Numisius Veteran sein würde[376]. Hätte es eine Freistellung der Veteranen von den munera civilia gegeben, so wäre zu erwarten, daß Numisius nach seiner Entlassung *diese* Immunität hätte in Anspruch nehmen können, ebenso, wie er als Soldat die den Soldaten zugestandene erhielt. Von einer Befreiung des Numisius als Veteranen aber ist in dem Reskript nicht die Rede: Ihm wurde vielmehr zugemutet, sich mit den lokalen Behörden ins Einvernehmen zu setzen, um seine Aufnahme in die (zahlenmäßig begrenzte) Gruppe jener Ärzte zu bewirken, die von den Liturgien befreit waren[377]. Falls er zu dieser Gruppe zählte, so sollte er freigestellt sein, wie Antoninus Pius ausführte - aber nicht als *Veteran*, sondern als (privilegierter) *Arzt*[378]. Der Gedanke, daß auch entlassene Soldaten als Veteranen Anspruch auf Freistellungen erheben könnten, scheint Antoninus Pius nicht gekommen zu sein.

---

[373]CJ 10,53,1.

[374]Dig. 27,1,10 pr. und 27,1,10,1; Dig. 50,4,3,1.

[375]Dig. 49,16,1.

[376]"... *post finitam* vacationem ...".

[377]Siehe Dig. 27,1,6,2.

[378]Hier ließe sich evtl. einwenden, daß vielleicht den Ärzten mehr Vorrechte eingeräumt worden seien als den Veteranen, so daß Antoninus Pius den Antragsteller zuvorkommenderweise auf diese Möglichkeit verwies, obwohl er auch als Veteran einige Ansprüche hätte geltend machen können. (Zu den Befreiungen der Ärzte siehe Oertel, Die Liturgie, 391 Anm. 8; ausführlicher: Herzog, Pfohl (Hg.), Inschriften der Griechen, 133ff.) In diesem Fall wäre aber, da die Aufnahme des Numisius in den Kreis der privilegierten Ärzte unsicher war, eine Fortsetzung des zweiten Satzes zu erwarten; wenn Antoninus Pius schon entgegenkommenderweise alle Möglichkeiten ausschöpfen wollte, so hätte er wohl reskribieren müssen: "... si in eorum numero (sc. medicorum) es ..., ea immunitate, aut, si non in illo numero es, immunitate veteranis concessa uteris" (o.dgl.).

Entlassung ebensogut noch zur Regierungszeit des Antoninus Pius vorgenommen worden sein kann[379]. Dieser Veteran, Sempronius, beschwerte sich darüber, daß ihm als liturgische Leistung die Stellung von Kamelen auferlegt worden war (Z. 15; 17), obwohl er Befreiung von den Liturgien in Anspruch nehmen könne. Um diesen Anspruch zu untermauern, zitierte er aus Konstitutionen der Kaiser von Hadrian bis Antoninus Pius und Lucius Verus, in welchen die Vorrechte der Bürger von Antinoopolis festgesetzt bzw. bestätigt wurden. Auf diese Vorrechte berief sich Sempronius also, wobei er gleichzeitig angab, selbst Antinoit zu sein; die bloße Beteuerung reichte dem Epistrategen[380] allerdings nicht aus, und er forderte ihn auf, Beweismaterial, offensichtlich für seinen antinoitischen Bürgerstatus, beizubringen[381]. Hier liegt also ein zu dem vorhergehenden ganz parallel gelagerter Fall vor: Ein Veteran, der - sei es in der Regierungszeit des Antoninus Pius, sei es in den ersten Jahren Mark Aurels - von den Liturgien befreit war, konnte als Rechtsgrundlage für diese Befreiung nicht die Tatsache anführen, daß er Veteran war, sondern er mußte andere Rechtsgründe beibringen. Hätten Hadrian, Antoninus Pius oder Mark Aurel bzw. Lucius Verus bis zum Zeitpunkt der Entlassung des Sempronius auch eine Freistellung der Veteranen verfügt, so hätte Sempronius sicherlich nicht versäumt, neben den Beweisstücken für die Vorrangstellung der Antinoiten auch die für die Privilegierung der Veteranen anzuführen[382].

Spätantoninische und severische Quellen[383]

Aus den späteren Jahren Mark Aurels sind Quellen bekannt, die Hinweise auf die Privilegierung von Veteranen durch die Vergabe von Immunitäten

[379] P. Würzb. 9; zur Datierung vgl. Wilckens Kommentar, S. 69 zu Z. 5; zum Veteranenstatus des Schreibers ebda., S. 61.

[380] Vgl. Wilckens Kommentar, S. 69 zu Z. 1.

[381] Z. 73f.; vgl. Wilckens Kommentar, S. 65; vgl. auch Hoogendijk - Minnen, Tyche 2 (1987), 71f.

[382] Dies gilt bei dem vorliegenden Text allerdings ausschließlich in Bezug auf das munus der Gestellung von Kamelen. Die Hypothese, Antinoiten seien hiervon befreit worden, Veteranen - unbeschadet anderer Freistellungen - aber nicht, ist möglich, aber unwahrscheinlich. Geradezu unmöglich hingegen ist sie in dem vorher besprochenen Text, der allgemein von den munera civilia handelt.

[383] Wenn im folgenden Abschnitt die Quellen aus der späteren Zeit Mark Aurels und die aus severischer Zeit zusammengenommen werden, so deshalb, weil sie unter systematischen Gesichtspunkten sehr eng miteinander verknüpft sind.

enthalten; die erste stammt aus dem Jahr 168. Der Text, der durch Ulpians liber de officio praetoris tutelaris überliefert wurde, stellt einen in der Forschung fast gar nicht beachteten kurzen Auszug aus einer Rede dar, welche Mark Aurel vor den Prätorianern hielt[384]. Die entscheidende Passage lautet folgendermaßen:

"Et quo facilius veterani nostri soceros repperiant, illos quoque novo privilegio sollicitabimus, ut avus nepotum ex veter[a]no praetoriano natorum iisdem commodis nomine eorum fruatur, quibus frueretur, si eos haberet ex filio."

Mark Aurel gestand den Prätorianern also etwas zu, was er als "novum privilegium" bezeichnen konnte, das heißt ein Privileg, welches sie bisher noch nicht genossen. Dabei wurde auch explizit der Bezugsrahmen angegeben, an welchem der Kaiser sich orientierte und auf welchen er sich stützte, um das Privileg als "novum" bezeichnen zu können: Dieser Bezugsrahmen bestand in der Tatsache, daß zur Zeit Mark Aurels die Existenz von in legitimer Ehe geborenen Kindern zu Freistellungen der Väter von der Übernahme gewisser liturgischer Leistungen führte. Dieses Privileg konnten die Väter auch erhalten, wenn ein Sohn bereits gestorben war, aber seinerseits wiederum Kinder hinterlassen hatte: Solche Enkel zählten bei der Freistellung z.B. von Vormundschaften genausoviel wie *ein* eigenes Kind; sie traten also gewissermaßen an die Stelle des verstorbenen Sohnes[385]. Dies galt allerdings nur für Enkel von einem Sohn; die von einem Schwiegersohn gezeugten Kinder trugen bei dessen Tod nicht dazu bei, daß der Schwiegervater befreit wurde.

Genau dieses Privileg gestand Mark Aurel den Prätorianern zu: *Sie* sollten auch als Schwiegersöhne zu Freistellungen ihrer Schwiegerväter beitragen können; das heißt - um beim oben genannten Beispiel zu bleiben - wenn der Veteran einer prätorischen Kohorte als Familienvater starb, so bewirkte die Existenz seiner Kinder ggf. die Freistellung nicht nur seines Vaters, sondern auch seines Schwiegervaters von der Übernahme gesetzlicher Vormundschaften[386].

Dieser ganze Sachverhalt wurde hier so ausführlich dargestellt, weil der Auszug aus der Rede des Kaisers auf eine grundsätzliche Neuerung deuten könnte. Sicherlich läßt sich das "novum privilegium" als "zusätzliches (Veteranen-)Privileg" verstehen, und in dieser Weise wurde es in der modernen

---

[384] Frgm. Vat. Nr. 195.

[385] Dig. 27,1,2,7.

[386] Allem Anschein nach mußte tatsächlich der Schwiegersohn, der Veteran also, verstorben sein, ehe das Privileg wirksam werden konnte, und nicht etwa die Tochter, seine Frau. Dies scheint daraus hervorzugehen, daß Mark Aurel explizit die Schwiegersöhne den Söhnen gleichstellte, nicht aber die Töchter als Ehefrauen entlassener Prätorianer ihren Brüdern.

Forschung auch verstanden, da man von einer regelmäßig vorgenommenen allgemeinen Befreiung der Veteranen ausging[387]. Dieses Verständnis steht aber in einer gewissen Spannung zu dem angegebenen Bezugsrahmen: Wird hypothetisch einmal angenommen, daß den Veteranen selbst umfassende Befreiungen erblich verliehen worden wären, daß diese Befreiungen sich auch auf ihre Väter bezogen hätten (wie zuletzt im Veteranenedikt Domitians ausgeführt) und daß nach dem Willen Mark Aurels nun, seit 168, im Falle der Prätorianer zusätzlich auch für ihre Schwiegerväter ein gewisses Minimum an Freistellungen gelten sollte, so hätte der Kaiser sich wahrscheinlich auf das umfassende Privilegienkonglomerat gestützt, diese Privilegien als Bezugsrahmen genannt, und darauf hingewiesen, daß *dieses* Privilegienbündel erweitert wurde. Tatsächlich aber findet sich in dem Text kein Hinweis auf andere Veteranenprivilegien; Mark Aurel bezog sich bei der Vergabe des Vorrechts für die Prätorianer auffälligerweise überhaupt nicht auf einen Vorläufer aus dem militärischen, sondern aus dem zivilrechtlichen Bereich: So wie bisher Väter profitieren konnten, sollten im Falle der Veteranen aus den prätorischen Kohorten in Zukunft auch Schwiegerväter Vorteile erhalten. Daher liegt der Gedanke nahe, das "novum privilegium" Mark Aurels nicht allein im Sinne einer mathematischen Addition als "novum" zu verstehen, sondern eine prinzipielle, qualitative Neuerung zu vermuten. *Neu* war wahrscheinlich nicht eigentlich ein weiteres militärisches Privileg, welches neben andere mit der Ableistung des Dienstes verknüpfte Privilegien trat; *neu* war, daß überhaupt liturgische Freistellungen, die bisher normalerweise gar nicht als Belohnung für treue Soldatendienste vergeben worden waren, nunmehr als Veteranenprivileg vergeben werden sollten (wenn auch - zunächst noch - nicht an die Veteranen selbst). *Neu war also,* um dies in aller Deutlichkeit zu formulieren, *die regelmäßige Privilegierung von Veteranen*[388], im vorliegenden Fall in Analogie zur nicht mit dem Militärdienst verknüpften Privilegierung von Vätern oder Großvätern.

Aber auch andere Indizien führen zu der Vermutung, daß diese Maßnahme Mark Aurels eine sehr frühe Form, gewissermaßen einen Prototyp einer offenbar regelmäßig vorgenommenen Privilegierung von Veteranen durch die Vergabe von Befreiungen darstellt:

Im Gegensatz zu allen anderen Freistellungen, die in den bisher behandelten Quellen genannt wurden, und auch im Gegensatz zu den in der Severerzeit üblichen, galten die hier von Mark Aurel in Aussicht gestellten

[387] Vgl. z.B. Degrassi, Di una tavoletta, Scritti vari di antichità I, 136; Campbell, The Emperor, 84; Wolff, Heer und Integrationspolitik, 112.

[388] Diese Annahme empfiehlt sich nicht zuletzt deswegen, weil sich in den bisher behandelten Quellen noch kein Ansatzpunkt für die Annahme einer regelmäßigen Privilegierung hat aufzeigen lassen.

Immunitäten nicht den Veteranen selbst, sondern ihren Schwiegervätern. Die Befreiungen wurden auch nicht mit der Entlassung der Prätorianer wirksam, sondern erst dann, wenn zusätzliche Bedingungen erfüllt waren: Die Veteranen mußten als Veteranen, nämlich in legitimer Ehe, Vater geworden und auch verstorben sein, während der Schwiegervater noch lebte. Erst dann wurden die Befreiungen wirksam[389]. Auch dieser Tatbestand läßt sich mit der Vermutung erklären, daß Mark Aurel zu einer Zeit, zu der Veteranen *als solche* noch gar keine Befreiungen von den genannten munera[390] erhielten, einen sehr vorsichtigen Ansatz machte, solche Befreiungen mit der Entlassung zu verbinden, daß hier also eine sehr frühe Form vorliegt[391].

Beide Argumente haben keine wirkliche Beweiskraft; sie stützen aber die Vermutung, daß die Veteranen der prätorischen Kohorten zur Zeit Mark Aurels *erstmals* (und indirekt) durch eine auf Dauer angelegte - und, wie wir aus den severischen Quellen erfahren, auch durchgeführte - Vergabe von liturgischen Befreiungen privilegiert wurden[392].

Diese Vermutung verstärkt sich noch, wenn der Blick auf den zweiten Beleg aus der Regierungszeit dieses Kaisers gerichtet wird: Im Jahr 172 beschwerte sich ein ehemaliger Soldat darüber, daß die ihm als Veteranen zustehende fünfjährige Frist, während der er von den munera befreit sei, nicht eingehalten werde[393]. Die wichtigen Sätze lauten:

[Δ]ιατέτακ[ται, κ]ύριε, τοὺ<ς> οὐετρανοὺς ἔχειν μετὰ τ[ὴν ἀπό]λυσιν πεντ[α]ετῆ χρό[ν]ον ἀναπ̣[αύσε]ως. Παρὰ δὴ ταύτην τὴν [δι]άτ[α]ξιν ἐ[γὼ] ἐπηρεάσθην μ[ε]τὰ διετίαν τῆς [ἀπο]λύσεως κα[ὶ] ἀ[ν]εδόθην κατ' ἐπ̣ή[ρια]ν εἰς λειτουργίαν καὶ μέχρι τοῦ δεῦρο [κ]α̣τὰ τὸ ἑξῆς ἐν λειτουργίᾳ εἰμ[ὶ] ἀδιαλεί[πτ]ως.

---

[389] Das eigentliche Privileg für die Prätorianer selbst hingegen begann weit früher zu wirken, da es einen anderen Inhalt hatte: Es ging M. Aurel ja explizit darum, die Chancen seiner Veteranen auf dem Heiratsmarkt zu verbessern, und diesem Zweck mag sein Privileg durchaus gedient haben.

Der Verdacht, daß hierin auch eine Maßnahme zur Sicherung der Rekrutierungsbasis der cohortes praetoriae gesehen werden kann, liegt natürlich nahe. Unabhängig davon aber handelte es sich um ein - wenn auch auf die prätorischen Kohorten beschränktes - echtes Veteranenprivileg. Zur Beschränkung auf die cohortes praetoriae vgl. die Ausführungen Ulpians zur Einleitung der direkten Rede M. Aurels.

[390] Geregelt wurde neben der Übernahme von Vormundschaften die Mitwirkung in gewissen Kognitionsverfahren; siehe Frgm. Vat. Nr. 195, pr.

[391] In diese Richtung könnte auch die Tatsache deuten, daß die Privilegien auf die Angehörigen der prätorischen Kohorten beschränkt blieben. In späterer Zeit war eine solche Beschränkung unüblich; siehe u. S. 106f.

[392] Steuerliche Befreiungen nennt der Text nicht, und auch dies stellt ein Argument für die sachliche Kontinuität zwischen dieser Quelle und denen aus severischer Zeit dar; siehe u. S. 107.

[393] Wilcken, Chrest. I 2, Nr. 396 = BGU I 180.

Dieser Veteran, C. Iulius Apol(l)inari(o)s, ist noch aus verschiedenen anderen Zusammenhängen bekannt. Er war vor seiner Entlassung Soldat in der cohors I Apamenorum[394] und erscheint auch als Veteran noch mehrfach in den Papyri[395]. Seine Beschwerde aus dem Jahr 172 weist ebenfalls darauf hin, daß vor oder spätestens zum Zeitpunkt seiner Entlassung ein grundsätzlicher Wandel stattgefunden haben muß: Zur Zeit Mark Aurels gab es offensichtlich Veteranen, die aufgrund der Tatsache, daß sie ihren Militärdienst abgeleistet hatten, mit einer geradezu einklagbaren Befreiung von zumindest einigen Liturgien ausgezeichnet wurden. Die Selbstverständlichkeit, mit der sich Apol(l)inari(o)s auf diese Tatsache bezog, sowie das Fehlen eines Hinweises darauf, daß ihm dieses Privileg aufgrund eines außergewöhnlichen Umstandes zugesprochen worden sei, lassen es als sicher erscheinen, daß seine Befreiung keinen Einzelfall darstellt. Wenn darüber hinaus der Hinweis auf seinen Veteranenstatus ohne Angabe der Truppengattung ausreichte, um seine Beschwerde juristisch abzusichern, so liegt die Vermutung nahe, daß diese Befreiung *allen* Veteranen zustand[396].

Auch inhaltlich differenzierte Apol(l)inari(o)s nicht genau; die Befreiung der Veteranen bezog sich seinen Ausführungen zufolge auf "die Liturgien", und er beschwerte sich auch darüber, daß er zu - ebenfalls nicht genauer differenzierten - Liturgien herangezogen worden sei. Tatsächlich erfahren wir zwar mit ziemlicher Sicherheit, welche Liturgie Apol(l)inari(o)s hatte ableisten müssen: Es handelte sich um die Schätzung der *ἄπρατα*, das heißt solcher Gegenstände, die an den Idios Logos gefallen waren, deren Verkauf aber noch nicht gelungen war[397]. Hierin ist wahrscheinlich ein munus personale zu sehen[398]. Sichere Zuordnungen sind aber kaum möglich, da mit vielen Veränderungen im Laufe der Zeit und unterschiedlichen Kategorisierungen von Stadt zu Stadt gerechnet werden muß[399]; und eine Beschränkung der Befreiung auf die munera personalia ist wegen der nicht differenzierenden Beschwerde des Apol(l)inari(o)s wohl ohnehin unwahrscheinlich: Sein Desinteresse an einer Kategorisierung von Verpflichtungen oder Freistellun-

---

[394]BGU II 462; III 729; P. Lond. II 178.

[395]Nämlich im hier vorgelegten Text Wilcken, Chrest. I 2, Nr. 396 = BGU I 180; BGU I 18 und 168; vgl. auch Meyer, Das Heerwesen, 127f.

[396]Einen Beleg für diese Vermutung besitzen wir allerdings nicht.

[397]BGU I 18; dazu im folgenden. Zu den *ἄπρατα* siehe Plaumann, Der Idioslogos, 12.

[398]Dig. 50,4,18,16.

[399]Dig. 50,4,18,27.

gen läßt sich wohl am besten durch die Annahme erklären, daß die fünfjährige Befreiung undifferenziert für alle munera galt[400].

Es bleibt zu fragen, wie lange diese mit der Entlassung verbundene fünfjährige Befreiung schon gewährt wurde. Wir erhalten aus der Beschwerde des Apol(l)inari(o)s aus Karanis einen relativ genauen terminus ante quem: Bei seiner Entlassung wurde sie bereits zugestanden. Wann wurde Apol(l)inari(o)s entlassen? In BGU I 18 liegt eine auf den 10. August 169 zu datierende Zusammenstellung ehemaliger, nunmehr abzulösender Liturgen vor, ergänzt durch eine zweite Liste neu Verpflichteter, die an die Stelle der Entlassenen bzw. Verstorbenen treten sollten. Diese Liste nennt in Z. 19 eine Person genau desselben Namens, C. Iulius Apol(l)inari(o)s; der Betroffene war, wie der oben genannte Veteran, Landbesitzer im Dorf Karanis. Diese Übereinstimmung von Namen, Besitzstand, Wohnort und Zeitraum rechtfertigt wohl die Annahme personaler Identität. Apol(l)inari(o)s wurde also für das Jahr 169/70 verpflichtet, und zwar wahrscheinlich für das Kalenderjahr, beginnend mit dem 29. August 169[401]. In seinem Beschwerdebrief behauptete er, seine Befreiung sei nach zwei Jahren mißachtet worden. Da der Entlassungstermin wahrscheinlich nicht exakt mit dem Beginn des ägyptischen Kalender- bzw. Liturgiejahres zusammenfiel, handelt es sich bei den zwei Jahren um einen approximativen Wert, nicht exakt um 24 Monate. Daher ergibt sich für die Entlassung des Apol(l)inari(o)s ein Zeitraum, der etwa vom Sommer 167 bis zum Frühjahr 168 reicht[402]. Daraus ergibt sich als Zeitpunkt der Rekrutierung das Jahr 142 oder 143[403]. Durch zwei in die Jahre 144 bzw. 145 zu datierende Papyri[404] sind uns einige Probleme bekannt, die für Apol(l)inari(o)s unmittelbar aus seiner Rekrutierung folgten; namentlich das

[400] Eventuell scheint auch die Vermutung möglich, daß alle Beteiligten ganz selbstverständlich wußten, wer von welchen Liturgien befreit wurde und daher keine Spezifizierung notwendig war. Keinesfalls aber scheint denkbar, daß neben die lebenslange Befreiung von den munera personalia eine nur fünfjährige Befreiung von den munera patrimoniorum getreten sein soll (wie Wolff, Heer und Integrationspolitik, 109 mit Vorbehalt erwägt); vor einem so komplizierten Hintergrund erschiene der Beschwerdebrief des Apol(l)inari(o)s zu naiv.

[401] Bickerman, Chronology of the Ancient World, 49. Im Jahr 172 war er also erst relativ kurze Zeit und noch keineswegs eine beträchtliche Anzahl von Jahren verpflichtet worden, wie Wilcken, Chrest. I 2, S. 471 meint. Ähnlich: Wierschowski, Heer und Wirtschaft, 107f. Den Hinweis des Apol(l)inari(o)s, daß es sich bei ihm um einen "alten Mann" handelte (Z. 22), halte ich für eine captatio benevolentiae, die keine Aussage über die Dauer seiner Verpflichtung zuläßt.

[402] Wahrscheinlich aber umfaßten die "zwei Jahre" eher weniger denn mehr als 24 Monate; zur in Ägypten üblichen Zählweise eines nur angebrochenen Jahres als ganzem bei der Zählung von Kaiserjahren siehe Bickerman, Chronology of the Ancient World, 66.

[403] Anders: Meyer, Das Heerwesen, 128. Meyer rechnet von 169 an zwei *volle* Jahre zurück und datiert die Entlassung folglich in das Jahr 167, die Rekrutierung in das Jahr 142.

[404] BGU III 729 und P. Lond. II 178.

Verhältnis zu seiner Frau mußte neu überdacht werden, weil er juristisch nun dem Eheverbot unterlag[405]. Wenn diese sehr eng mit der Rekrutierung verbundenen Fragen 144 und 145 geklärt wurden, so wird man für die Rekrutierung selbst wohl 143 eher als 142 und damit für die Entlassung 168 eher als 167 vermuten dürfen. Als sicherer terminus ante quem für die Neuregelung Mark Aurels ergibt sich also das Frühjahr 168; das Jahr 167 anzunehmen scheint möglich, aber unsicher.

Ein ähnlich eindeutiges Indiz für die Ermittlung eines terminus post quem liegt nicht vor. Hier muß wieder auf die oben behandelte Rede Mark Aurels verwiesen werden. Sie enthält einen Hinweis darauf, daß die Privilegierung von Veteranen am 6. Januar 168 noch ein "novum" darstellte. Mit aller Vorsicht ließe sich dieses Ergebnis heranziehen, um auch die fünfjährige Befreiung der Veteranen zu datieren: Die entsprechende Konstitution[406] scheint zu Beginn des Jahres 168, aber nach dem 6. Januar erlassen worden zu sein.

Beide Texte, das "novum privilegium" Mark Aurels wie auch die Beschwerde des Apol(l)inari(o)s, deuten also darauf hin, daß Mark Aurel im Jahr 168 in der Privilegierung der Veteranen ein Konzept anwandte, nach dem sie eben *als Veteranen* Anspruch auf die Vergabe von liturgischen Befreiungen erhielten[407]. Die weiteren charakteristischen Merkmale seiner Neuerung sind im einzelnen wegen der schlechten Quellenlage kaum zu erkennen und daher aus den Quellen der severischen Zeit zu rekonstruieren. Wesentlich scheint zu sein, daß das ganze Konzept in materieller Hinsicht nur mit einer gewissen Zurückhaltung verwirklicht wurde: Die Privilegien wurden zeitlich eng begrenzt oder ihre Wirkung von der Erfüllung zusätzlicher Bedingungen abhängig gemacht. Ein ähnlich umfassendes Konglomerat von Vorrechten, wie die früheren, kurzlebigeren Privilegierungen es darstellten, findet sich jedenfalls bei dem auf längere zeitliche Dauer angelegten Konzept nicht wieder. Dafür scheint es in viel höherem Grade Bestand gehabt zu haben: Die im folgenden noch vorzustellenden Quellen aus severischer Zeit lassen auf eine konsequente Fortsetzung und Entfaltung dieses von Mark Aurel eingeführten Systems schließen.

Die Grundzüge dieses in severischer Zeit ausgeformten Systems, das als ganzes relativ komplex ist und dessen einzelne Ausführungen sorgfältig aufeinander abgestimmt wurden, lassen sich leicht erkennen und sind hier nur kurz zu skizzieren. Das charakteristischste Merkmal dieses Konzepts bestand

---

[405]Vgl. Meyer, Das Heerwesen, 128 Anm. 480.

[406]Vgl. BGU I 180, Z. 3. 6. 20.

[407]Zum historischen Zusammenhang siehe u. S. 130f.

- vor allem im Vergleich mit den Privilegierungen der ersten beiden Jahrhunderte des Prinzipats bis zur Zeit Mark Aurels - in der Neuerung, daß Veteranen *regelmäßig* und *als solche* privilegiert wurden, indem man sie von der Ableistung liturgischer Pflichten befreite. Allein die Erfüllung der Dienstpflicht, die Ableistung der Dienstjahre führte zu einem Anspruch, da die Befreiung mit der honesta missio auf das engste verknüpft war: *Οἱ πάλαι στρατιῶται, οἱ ἐπιτίμως πληρώσαντες τὸν τῆς στρατείας χρόνον, ἄφεσιν ἔχουσιν* ...[408]. Dieser Anspruch ging auch nicht verloren, wenn der Soldat gezwungen war, vorzeitig in den Ruhestand zu treten; auch die missio causaria galt als ehrenhaft, nur wurde in diesem Fall die Freistellung zeitlich beschränkt, gestaffelt je nach Dauer der vor der missio abgeleisteten Dienstzeit[409]. Die Privilegierung erfolgte also regelmäßig und nicht virtutis causa. Sie galt fast unterschiedslos[410] für die ehrenvoll Entlassenen aller Truppengattungen, da sie alle als Veteranen anerkannt waren: *Συνβετερανὸς δὲ εἶναι πιστεύεται οὐ μόνον ὁ λεγεωνάριος, ἀλλὰ καὶ πᾶς παντὸς τοῦ ὁπουοῦν στρατευσαμένου*[411]. Im Gegensatz zu der Regelung Mark Aurels galten die Befreiungen (von Sonderfällen abgesehen) nicht nur für fünf Jahre, sondern lebenslänglich: "... veterani ... perpetuo excusantur."[412] Es wäre jedoch ein Irrtum, aus diesen für die Veteranen sehr vorteilhaften Bestimmungen auf einen rein permissiven Gesamtzusammenhang zu schließen. Im Gegenteil: Der restriktive Charakter der Privilegierung aus der Zeit Mark Aurels erscheint auch hier. Das letzte Zitat lautet unverkürzt: "A muneribus, quae non patrimoniis indicuntur, veterani post optimi nostri Severi Augusti litteras perpetuo excusantur." Die Befreiung erstreckte sich also nur auf solche Liturgien, die nicht unter die munera patrimoniorum gerechnet wurden[413]. Diese Definition bot sogar die Möglichkeit, Befreiungen rückgängig zu machen, indem man Liturgien, die zu den munera personalia gerechnet wurden, als munera patrimoniorum neu definierte[414]. Steuerliche Befreiungen erscheinen in den Rechtstexten dieser Zeit gar nicht. Auch die Gruppe der Empfänger dieser - gemessen an der Praxis Domitians - stark verkürzten Privilegien wurde enger begrenzt: "Vaca-

---

[408]Dig. 27,1,8 pr.

[409]Dig. 27,1,8,3; 27,1,8,5.

[410]Allein die vigiles wurden in geringerem Maße privilegiert; vgl. Dig. 27,1,8,4.

[411]Dig. 27,1,8,6.

[412]Dig. 50,5,7.

[413]Dies ist der erste eindeutige Hinweis darauf, daß diese Differenzierung im militärischen Bereich verwendet wurde; ob sie bereits zur Zeit M. Aurels eine Rolle spielte, ist unklar; siehe o. S. 103f.

[414]Zu dieser Möglichkeit siehe Wolff, Heer und Integrationspolitik, 104f.

tionum privilegia non spectant liberos veteranorum."[415] Die Privilegien galten also nur noch für die Veteranen, nicht mehr für ihre Kinder; Frauen und Eltern (bzw. Väter) wurden als selbstverständlich nicht privilegierungsberechtigt gar nicht mehr genannt. Wenn der Veteranenstatus, mit dem Apol(l)inari(o)s im Jahr 172 seinen Anspruch auf Befreiung begründete, alleiniges qualifizierendes Merkmal war, so dürfte diese Einschränkung auch unter Mark Aurel bereits gegolten haben: Apol(l)inari(o)s hätte wohl weder für seine Frau, noch für seine Kinder diesen Status geltend machen können.

Das Konzept, welches für die Zeit Mark Aurels in seinen Anfängen belegt ist, wurde in severischer Zeit also fortentwickelt und abgerundet. Zusammenfassend läßt es sich als eine kluge Mischung von Konstanten und Variablen beschreiben: Wichtigste Konstante war, daß die ehrenhafte Entlassung für alle Veteranen einen garantierten *Anspruch* auf liturgische Befreiung bewirkte; die korrespondierende Variable bestand in der Möglichkeit, Befreiung für längere oder kürzere Zeit zu gewähren, je nach Dauer der vor der missio abgeleisteten Dienstzeit. Eine andere Konstante lag in der den Soldaten zugestandenen Garantie, als Veteranen Befreiung von allen munera einer bestimmten Kategorie genießen zu können; die korrespondierende Variable zeigt sich darin, daß diese Kategorie inhaltlich weiter oder enger ausgestaltet werden konnte.

Überblickt man die Privilegierung der Veteranen mit Befreiungen von steuerlichen und liturgischen Leistungen bis hierher, so ergibt sich folgendes Bild: Alle bisher behandelten Zeugnisse des ersten Jahrhunderts enthalten deutliche Hinweise darauf, daß es sich bei den Privilegierungen um Sonderfälle handelte. Diese Auszeichnungen sind aus einer besonderen Situation zu erklären. Sie stellen einmalige oder jedenfalls nur kurzfristig aufrechterhaltene Maßnahmen dar, von denen auch jeweils nicht *alle* Veteranen betroffen waren, sondern lediglich die Entlassenen bestimmter Truppen. Im zweiten Jahrhundert liegen bis zur Regierungszeit Mark Aurels überhaupt keine Zeugnisse vor, die bestätigen könnten, daß solche Privilegien an Veteranen vergeben wurden. Andererseits aber gibt es einige Indizien für die Annahme, daß eine solche Privilegierung nicht existierte.

Seit der Zeit Mark Aurels läßt sich mit einem hinreichenden Grad an Sicherheit die Existenz eines Privilegierungskonzepts belegen, welches zunächst noch den Charakter des Neuartigen trug, in severischer Zeit aber fortentwickelt und bis zu einer gewissen Reife ausgeformt wurde: Diesem Verfahren zufolge erwarben die Soldaten durch die Ableistung ihrer Dienstpflicht regelmäßig einen einklagbaren Anspruch auf Befreiung von liturgi-

[415] Dig. 50,5,8,2.

schen Leistungen. Spätestens seit severischer Zeit wurde aber Befreiung nur von einem Teil aller Liturgien gewährt, nämlich von den munera personalia.

Aus diesem gesamten Befund sollte wohl geschlossen werden, daß es die Vergabe von Immunitäten als regelmäßig mit der honesta missio verbundene Auszeichnung bis zu der Zeit Mark Aurels nicht gab. Dieser Schluß kann noch nicht auf einem sicheren Beweis beruhen; seine stärksten Stützen sind bisher ein (allerdings sehr starkes) argumentum e silentio[416] und - positiv - der Zweifel, den das Diplom Vespasians, das Reskript des Antoninus Pius und die Beschwerde des Sempronius an der Konstruktion einer regelmäßigen Privilegierung der Veteranen geweckt haben.

[416]Bereits ihm Jahr 1900 traf Meyer, noch in Unkenntnis des Edikts Domitians und unter Vernachlässigung von CIL XVI 25, die Feststellung: "Von allgemeiner Immunität hören wir nichts." Dies führte auch ihn zu der Schlußfolgerung: "Von einer allgemein feststehenden Befreiung der Veteranen von munera kann nicht die Rede sein" (Das Heerwesen, 127 mit Anm. 479). Seine allerdings nirgendwo näher erläuterte Erkenntnis wurde m.W. in der gesamten späteren Forschung ignoriert oder übersehen. Bereits Wilcken, der sich noch wiederholt auf Meyer bezog (z.B. Chrest. I 1, 50 Anm. 5; 401. 403 Anm. 4), verallgemeinerte in der zur Debatte stehenden Frage unzulässig (ebda., 344: "Auch die Veteranen genossen Erleichterungen ...").

B. Civitas Romana und Immunität

Die *χάρις Νέρωνος*, Teil 1

Die sogenannte *χάρις Νέρωνος* stammt aus dem Jahr 63 und ist durch drei auf verschiedenen Papyri erhaltene Texte überliefert. Zwei dieser Papyri enthalten - fast wortgleich - ein offizielles Protokoll, durch welches der Bescheid festgehalten wurde, den der praefectus Aegypti Veteranen unterschiedlicher Truppengattungen auf deren Vorsprache hin erteilte[417]; durch den dritten Papyrus[418] ist das "Gedächtnisprotokoll" überliefert, welches die Legionsveteranen selbst über den Verlauf der Verhandlungen und ihr Ergebnis aufzeichneten[419].

Der Bescheid des Präfekten lautete dem offiziellen Protokoll zufolge:
['Επὶ τ]ῷν μισσικίων, περ̣[ὶ] τῆς πολειτίας. [Τοῦσκος]. Ε̣ἶπον ὑμεῖν καὶ π̣ρ̣ότερον ὅτι οὔκ ἐσ̣τιν ὁμοία οὐδὲ ἡ αὐτὴ [ἑκάστων] ὑ̣μῶν ὑπόθεσις. Οἱ μὲν γὰρ ὑμῶν εἰσιν ἐκ λεγιώνων [μισσίκ]ι̣οι, οἱ δὲ ἐξ εἰλῶ[ν, ο]ἱ δὲ ἐκ σπειρῶν̣, οἱ δὲ ἐκ τοῦ ἐρετικοῦ [ὥστε μ]ὴ̣ εἶναι τὸ αὐτὸ π̣ά̣ντων δείκαιον. Μ̣ελήσι δέ μοι περὶ τού[του καὶ] ἔ̣γραψα τ̣οῖς κατὰ [ν]ο̣μὸν στρ̣α̣τηγοῖς ἵνα ἡ χάρις ὁλόκληρος [τοῦ κυρί]ου ὑμεῖν τηρηθ̣[ῇ] κατὰ τὸ ἑκάστου δί[κα]ιον.[420]

Die wichtigsten Passagen aus dem Gedächtnisprotokoll der Legionsveteranen lauten:

Τοῦσκος ὁ ἡγεμὼν ἀπεκρείθη ὑμεῖν ... οὐδεὶς ὑμας παρενοχλεῖ (Z. 4ff.).

Τοῦσκος εἶπεν ἡμεῖν: Καὶ ἐν τῇ παρεμβολῇ εἶπα ὑμε̣ῖ̣ν καὶ νῦν τὸ αὐτὸ λέγω. Ἄλλη ἡ ἀγωγὴ{ι} ἡ τῶν λεγεωναρίων, ἄλλο ἡ τ̣ῶν χωρταρίων, ἄλ[λ]ο ἡ τῶν κοπηλατῶν (Z. 17-20)[421].

Diese *χάρις Νέρωνος* wurde bereits bei der Diskussion der Vergabe von Diplomen an Flottenveteranen herangezogen[422]. Die dort gewonnenen Ergebnisse waren:

---

[417]P. Fouad I 21 und P. Oslo Inv. 1451 = Daris, Documenti, Nr. 101f.

[418]P. Yale Inv. 1528 = Daris, Documenti, Nr. 103.

[419]Zum Begriff "Gedächtnisprotokoll" vgl. Westermann, CPh 36 (1941), 28; anders: Wenger, ZRG 62 (1942), 369. In jedem Fall dürfte der Begriff "inoffizielles Protokoll" oder "Privatprotokoll" zutreffend sein; so: Wolff, Heer und Integrationspolitik, 99. 101.

[420]Daris, Documenti, Nr. 101, Z. 10-16.

[421]Daris, Documenti, Nr. 103.

[422]Siehe o. S. 25ff.

(1.) Das offizielle Protokoll bietet einen Beleg dafür, daß Veteranen verschiedener Truppengattungen bezüglich ihrer Privilegien *unterschiedlich* behandelt wurden[423].

(2.) Diese Privilegien bestanden zum einen aus dem Bürgerrecht, zum anderen aus weitergehenden Privilegien, denn an den Verhandlungen nahmen neben solchen Veteranen, deren Bürgerrecht zweifelhaft war, andere teil, die die Zivität mit Sicherheit besaßen und für die eine Verhandlung *περὶ τῆς πολειτίας* (Z. 10) im engsten Sinne überflüssig war; dies galt besonders für die ehemaligen Legionäre, aber auch für die Auxiliarveteranen. Folglich umfaßte die von den Veteranen gestellte Anfrage entweder mehrere Aspekte, oder sie bezog sich im Verständnis der Veteranen womöglich gar nicht auf das Bürgerrecht, sondern ausschließlich auf andere Vergünstigungen, "weitergehende Privilegien". Dieses Verständnis der Sachlage teilte der Präfekt allerdings nicht: Er war offensichtlich der Ansicht, daß der Kern aller Anfragen die Frage *περὶ τῆς πολειτίας* war; *deren* Beantwortung sollte zu einer Klärung auch aller weiteren Unklarheiten führen.

Der Präfekt wandte sich an die Nomenstrategen, um den Veteranen zu ihrem Recht zu verhelfen[424]. Aus einer Zusammenstellung der Aufgaben dieser Funktionäre geht hervor, daß es sich bei den Forderungen der Veteranen, sofern sie sich nicht direkt auf das Bürgerrecht richteten, um steuerliche oder liturgische Befreiungen gehandelt haben muß[425], denn nur in diesen Fragen waren die Strategen kompetent; weder mit dem Bürgerrecht der Betroffenen selbst (wie die Überschrift nahelegen könnte) noch mit der Abfindung der Veteranen (wie sich vermuten ließe) hatten sie etwas zu tun[426]. Die Strategen wurden also aufgefordert, dafür Sorge zu tragen, daß die Veteranen - und zwar ein jeder gemäß seinem eigenen Recht - von steuerlichen oder liturgischen Leistungen befreit wurden. Aus dem Gedächtnisprotokoll der Legionsveteranen geht hervor, daß *sie* vom Präfekten einen vorbehaltlos positiven Bescheid erhielten: *Niemand* sollte sie belästigen (Z. 5f.). Damit ist der Text in dieser Hinsicht informativer als das offizielle Protokoll, dem lediglich zu entnehmen war, daß jeder an der *χάρις* Νέρωνος gemäß seinem eigenen Recht teilhaben sollte. Die Legionsveteranen hatten offensichtlich das Recht, an der *χάρις* so vollständig teilzuhaben, daß sie von gar niemandem mehr zu den oben genannten Leistungen herangezogen werden sollten.

---

[423]Anders: Wolff, Heer und Integrationspolitik, 99ff.

[424]Daris, Documenti, Nr. 101, Z. 15.

[425]So auch: Welles, JRS 28 (1938), 48; Scherer, P. Fouad 21, 42; Wenger, ZRG 62 (1942), 373f.; Fijala, Die Veteranenversorgung, 163; Kraft, Ges. Aufsätze, 157. Anders: Wolff, Heer und Integrationspolitik, 100f.

[426]Siehe Oertel, Die Liturgie, 291; Hohlwein, L'Égypte romaine, 14ff.; ausführlicher: ders., Le stratège, 137ff.; Volkmann, Handbuch der Orientalistik I 2,4,1 A, 25.

Die vorliegenden Texte dokumentieren eine mehrmals wieder aufgenommene Verhandlung zwischen dem Präfekten und den Veteranen. Ihr Ziel war die Durchsetzung oder Wiederherstellung normaler Verhältnisse. Keiner der Texte enthält einen Hinweis darauf, daß die Veteranen, die diese Angelegenheit betrieben, anders als andere Veteranen behandelt, also besonders privilegiert oder benachteiligt werden sollten[427]. Der abschließend vom Präfekten erteilte Bescheid sollte daher eine juristisch einwandfreie Darlegung dieser normalen Verhältnisse enthalten.

Daraus folgt, daß zur Zeit Neros Legionsveteranen, die nach Aussage des Gedächtnisprotokolls *nicht* behelligt werden sollten, in ihren Leistungspflichten den Veteranen anderer Truppengattungen gegenüber, die nach Aussage des offiziellen Textes nicht alle dasselbe Recht hatten, normalerweise bevorzugt waren, sei es nun gegenüber denen der Auxiliartruppen, der Flotten oder beiden. Unklar ist noch, ob es sich bei den im Jahr 63 von den Veteranen beanspruchten Vergünstigungen um steuerliche Befreiungen oder um Freistellung von lokalen munera handelte.

In dieser Frage hilft die Überschrift weiter, der der Präfekt seine Antwort unterordnete: Es ging ihm primär um das Bürgerrecht[428]. Er muß folglich - wie bereits erwähnt - der Ansicht gewesen sein, daß eine Antwort, die Auskunft über das Bürgerrecht gab, zugleich und aus sich selbst heraus Antwort auf die Frage nach den Privilegien war, das heißt die Frage nach dem Bürgerrecht umschloß gewissermaßen die nach den Privilegien. Ob seine Erläuterung den Veteranen völlig verständlich sein konnte, kann hier dahingestellt bleiben; zu ihrer Hilfe mag der Präfekt wohl volkstümlicher und anschaulicher verdeutlicht haben, was er meinte[429]. Das offizielle Protokoll aber dürfte in juristisch korrekter Weise den Sachverhalt wiedergeben. Dies zu betonen ist wichtig, weil die Forschung an dieser Stelle immer wieder in dem Dilemma steht, daß entweder ein gestuftes römisches Bürgerrecht, ein Bürgerrecht unterschiedlicher Rechte und Pflichten also, anzunehmen sei[430], oder

---

[427] Insofern erscheint die Bezeichnung χάρις auch etwas unglücklich, da sie die Betonung auf einen eher beiläufigen Aspekt des Papyrus legt. Ins Lateinische übersetzt heißt χάρις hier überdies wohl lediglich constitutio; siehe dazu auch o. Anm. 88. Auch von Wolff, Heer und Integrationspolitik, 101 wird die Existenz einer besonderen Vergünstigung Neros bezweifelt.

[428] Z. 10. Eine grundsätzlich andere Einschätzung dieses Textes findet sich bei Wolff, Heer und Integrationspolitik, 99ff. Er geht von der aus dem Edikt Domitians erschlossenen Gleichbehandlung der Veteranen *aller* Truppengattungen hinsichtlich ihrer Rechtsprivilegien aus und versteht πολειτία als "tägliches Leben, Lebensumstände" (S. 100), was aber für die χάρις Νέρωνος m.E. kaum einen befriedigenden Erklärungsansatz bieten kann; vgl. den entsprechenden Abschnitt im Zusammenhang (S. 99-102).

[429] So auch Westermann, CPh 36 (1941), 27.

[430] Denn offenbar erhielten nicht alle Veteranen dasselbe Recht περὶ τῆς πολειτίας.

aber der Präfekt sich so ungenau ausgedrückt habe, daß περὶ τῆς πολειτίας nur mehr oder weniger die Frage nach dem Bürgerrecht, "eigentlich" aber Immunitäten oder gar "'tägliches Leben, Lebensumstände (in einem Gemeinwesen)'"[431] meine. Die Aporie wird bei Wenger besonders deutlich: Gemäß der Überschrift kann auch seiner Auffassung nach nur das Bürgerrecht Gegenstand der Verhandlungen gewesen sein. "Aber gab es denn eine abgestufte Zivität, eine bessere und eine minder wertvolle ...? Man wird daher eine andere Erklärung vorziehen und annehmen, daß es sich eher (!) um praemia militiae handelte."[432] Das Problem scheint er damit aber eher umgangen als gelöst zu haben, so daß der oben skizzierte Ansatz noch einmal aufgegriffen und gefragt werden muß: Wie war der rechtliche Hintergrund beschaffen, wenn sich die Frage nach Befreiungen von Steuern oder Liturgien mit Hinweis auf das Bürgerrecht inhaltlich befriedigend und juristisch gültig klären ließ?[433]

Exkurs: Der juristische Hintergrund

Zur Beantwortung dieser Frage ist ein Exkurs notwendig, in dem zwei eng miteinander verknüpfte Probleme behandelt werden müssen:

1. In welchem Grade wurde (im 1. Jahrhundert n.Chr.) ein römischer Neubürger zur Ableistung lokaler Verpflichtungen herangezogen?

2. Inwieweit traf das für (a) ermittelte Ergebnis auch auf den altrömischen Bürger zu?

Um das Ergebnis dieser beiden Fragen abzurunden, ist anschließend noch eine dritte zu stellen, nämlich die nach der Definition des Altrömers gegenüber dem Neurömer:

---

[431]Wolff, Heer und Integrationspolitik, 100; so bereits Scherer, P. Fouad I 21, 41: "... ce qui fait difficulté ici encore, c'est que cette distinction s'institue 'au sujet du droit de cité romaine' περὶ τῆς πολειτίας ... Mais comment établir une différence entre les veterans?" Vgl. auch Dušanić, Heer und Integrationspolitik, 199 Anm. 39.

[432]Wenger, ZRG 62 (1942), 373. Ganz ähnlich: Chalon, L'édit, 65; Kraft, Ges. Aufsätze, 157; so auch Wolff, Heer und Integrationspolitik, 101.

[433]Ich gehe hier also nicht, wie z.B. Wenger, a priori davon aus, daß es ein in Fragen der munera gestuftes römisches Bürgerrecht nicht gegeben haben könne. Bei v. Premerstein findet sich ebenfalls eine Differenzierung zwischen verschiedenen römischen Bürgerrechten; er trennt in "Nationalrömer" (= gebürtige römische Bürger) "und deren Nachkommen" einerseits und Einheimische andererseits (ZRG 48 (1928), 466 u.a.); bei de Visscher erscheint dieser Gegensatz als der zwischen "citoyens romains d'origine" und "Romains d'origine hellénique" (Les édits, 115 mit Anm. 1).

3. Waren Altrömer, gewissermaßen einem geographischen Prinzip entsprechend, Bürger aus Rom und Italien, oder konnte es sich bei ihnen auch um die Nachkommen eines Neurömers handeln? Anders gefragt: Gab es ein vererbliches "Neubürgerrecht"?

1. Neubürgerrecht und Immunität

Im Mittelpunkt der Diskussion muß hier das dritte der fünf Edikte des Augustus für Kyrene aus dem Jahr 7/6 v.Chr. stehen[434]. Die Aussage des Edikts lautet in Kürze: Die römischen Neubürger der Kyrenaika sollten sich ihrer Verpflichtung zum Ableisten der Liturgien (*λειτουργεῖν*) stellen; befreit davon sei nur, wer zusammen mit dem Bürgerrecht auch das Privileg der Steuerfreiheit (*ἀνεισφορία*) erhalten habe. Die Liturgien seien abzuleisten *ἐμ μέρει τῷ τῶν* ʽΕλλήνων *σώματι*[435].

Diese Inschrift stellt eines der wichtigsten Zeugnisse für das Verhältnis von römischem und provinzialem Recht zueinander sowie für die Praxis römischer Bürgerrechtspolitik dar; entsprechend häufig wurde sie behandelt[436]. Die vorliegende Untersuchung kann in keiner Weise angemessen auf die diesem Text gewidmeten Arbeiten eingehen, sondern muß sich darauf beschränken, die für die Privilegierungen wichtigen Fragen zu klären. Dabei geht es um zweierlei: Zunächst muß festgestellt werden, ob der vorliegende Text tatsächlich von Liturgien, lokalen munera also, handelt, und sodann, wie die nicht besonders privilegierten römischen Neubürger aus Kyrene zu diesen Verpflichtungen standen.

a) Der Inhalt der Verpflichtung

Die Frage nach dem Inhalt der Verpflichtung ist zu stellen, weil der Text einerseits steuerliche, andererseits aber liturgische Verpflichtungen bzw. Befreiungen nennt und diese beiden darüber hinaus auch noch in einen konditionalen Zusammenhang bringt: Zum *λειτουργεῖν* wird herangezogen, wer keine *ἀνεισφορία* hat. Da aber die Befreiung von steuerlichen Leistungen et-

---

[434]FIRA I^2 68.

[435]Der wichtigste Satz lautet: Εἴ *τινες ἐκ τῆς* Κυρηναικῆς *ἐπαρχήας πολιτῆαι τετείμηνται, τούτους λειτουργεῖν οὐδὲν ἔλασ(σ)ον ἐμ μέρει τῷ τῶν* ʽΕλλήνων *σώματι κελεύω ἐκτὸς τ[ο]ύτ[[ι]]ων, οἷς ... ἀνεισφορία ὁμοῦ σὺν τῆι πολειτῆαι δέδοται.*

[436]Von mir eingesehen wurden: Anderson, JRS 17 (1927); Stroux - Wenger, ABAW 34, 2 (1928); v. Premerstein, ZRG 48 (1928); de Visscher, Les édits; Wilhelm, AAWW 79/80 (1943); de Visscher, BAB 33 (1947); Vittinghoff, Römische Kolonisation; Fijala, Die Veteranenversorgung; Oliver, Hesperia 29 (1960); Atkinson, Festschr. V. Ehrenberg; Sherwin-White, ANRW I 2; ders.; The Roman Citizenship; Wolff, Die Constitutio.

was gänzlich anderes darstellt als die Befreiung von munera, sah Sherwin-White sich veranlaßt, den vermeintlichen Widerspruch dadurch aufzulösen, daß er - entgegen dem Wortlaut des Textes - in den Privilegien, die über das Bürgerrecht hinausgingen, *lediglich* Befreiungen von römischen Steuern vermutete[437]. Voraussetzung für dieses Verständnis ist aber die Annahme eines doch wohl groben Fehlers des Übersetzers, der Steuer- und Liturgiefreiheit bzw. -pflicht verwechselt haben müßte. Gleichzeitig muß vorausgesetzt werden, daß der Text überhaupt übersetzt und nicht von vornherein auf Griechisch formuliert wurde. Auch Sherwin-White selbst ist mit dieser Lösung nicht ganz glücklich und schlägt deshalb als Alternative vor, die Ausführung des Augustus als "pfiffiges (sharp) Argument" zu verstehen, mit dem Augustus seiner Argumentation zuliebe steuerliche und liturgische Leistungen voneinander abhängig gemacht habe, Leistungen, die der sachlichen Logik nach nicht miteinander verknüpft gewesen seien[438].

Nach den Ergebnissen Atkinsons kann kaum mehr zweifelhaft sein, daß dem Edikt von Kyrene die lex Munatia Aemilia vom Jahr 42 v.Chr. zugrunde lag[439], aufgrund derer ein ganzes Konglomerat über das Bürgerrecht hinausgehender Privilegien vergeben werden konnte und - offensichtlich regelmäßig

---

[437]Sherwin-White, The Roman Citizenship, 305; entschiedener noch: ders., ANRW I 2, 50; ähnlich: Wolff, Heer und Integrationspolitik, 106 Anm. 163, allerdings aufgrund mir nicht völlig einleuchtender Argumente. Zutreffend ist sicherlich, daß Augustus sowohl von der Tributfreiheit als auch vom λειτουργεῖν sprach. Letzteres sollte aber nicht, wie Wolff meint, für alle Römer gelten, die keine ἀνεισφορία erhalten hatten, sondern lediglich für alle *Neu*römer, denen das weitergehende Privileg der Steuerfreiheit nicht zugestanden worden war; die altrömischen Bürger wurden durch das Edikt gar nicht angesprochen, und die Frage ihrer Verpflichtung zu den Leistungen blieb unberührt (so bereits de Visscher, Les édits, 89). Augustus, so fährt Wolff fort, könne "dennoch keine terminologischen Unterschiede (zwischen steuerlichen und liturgischen Verpflichtungen, Anm. d. Verf.) haben machen wollen, weil sonst die ἀλειτουργία der Römer mit ἀνεισφορία offengeblieben wäre." Dieser Einwand scheint mir an der völlig eindeutigen Aussage des Edikts vorbeizugehen: Diejenigen von den römischen Neubürgern, denen nicht ἀνεισφορία verliehen worden war, konnten zum λειτουργεῖν herangezogen werden, und das heißt umgekehrt auch, daß diejenigen, denen ἀνεισφορία verliehen worden war, nicht zum λειτουργεῖν herangezogen werden konnten. Es besteht folglich keine Unklarheit auf sprachlicher Ebene, die es allein rechtfertigen könnte, hier ἀνεισφορία und ἀλειτουργησία gleichzusetzen.

[438]Sherwin-White, The Roman Citizenship, 336: "The existing text must be taken to mean that Augustus justified the cancellation of the externs' freedom from munera by a sharp argument."

[439]Atkinson, Festschr. V. Ehrenberg, 30; anders: Sherwin-White, The Roman Citizenship, 306, der im Kyrene-Edikt das *erste* Beispiel seiner Art sieht, für das Veteranenedikt Oktavians und die Privilegierung des Seleukos aber ebenfalls ein gemeinsames Muster annimmt; vgl. auch 298f.

Dieses von Sherwin-White ohne Argumente zurückgewiesene Ergebnis Atkinsons bleibt davon unberührt, ob ihre weitergehende Interpretation des Ausdrucks σώματι λειτουργεῖν als "Militärdienst leisten" zutreffend ist; vgl. dazu Sherwin-White, The Roman Citizenship, 336 und Mason, Greek Terms, 104.

- im wesentlichen *vollständig* vergeben oder vorenthalten wurde[440]. Die lex Munatia Aemilia bildete also die selbstverständliche Grundlage für jene Fälle, in denen nicht nur das römische Bürgerrecht verliehen, sondern auch weiterreichende Privilegien zugestanden wurden, und da man sich in solchen Fällen an diese lex zu halten gewöhnt hatte, konnte auch kein Zweifel darüber entstehen, welche Privilegien neben dem Bürgerrecht zugestanden worden waren. Es handelte sich dabei immer wieder um die Steuerfreiheit, die Freistellung von lokalen Liturgien, die Freistellung vom Militärdienst und die weiteren durch diese lex verfügten Privilegien[441]. Wenn also Augustus ἀλειτουργησία und ἀνεισφορία in rein sachlich "unlogischer" Weise miteinander verknüpfte, so muß mit der Möglichkeit gerechnet werden, daß die Steuerfreiheit als wohl wichtigstes der gewohnheitsmäßig en bloc vergebenen Privilegien rein stilistisch die Funktion einer pars pro toto übernahm - eine leicht verständliche stilistische Figur und nicht unbedingt "pfiffig" zu nennende Formulierung. Wir können also nicht nur aufgrund der Tatsache, daß im Text vom λειτουργεῖν die Rede ist, sondern auch aufgrund der Annahme, daß die ἀλειτουργησία konstitutiver Bestandteil des von der lex Munatia Aemilia abgedeckten Privilegienkonglomerats war, davon ausgehen, daß es sich bei dem Inhalt der Verpflichtung tatsächlich - wenigstens *auch* - um lokale Liturgien handelte[442].

b) λειτουργεῖν ἐμ μέρει τῷ τῶν Ἑλλήνων σώματι κελεύω

In diesem Satz liegt die eigentliche crux; die Forschung hat sich bei dem Versuch einer Interpretation in zwei Lager gespalten. Die Anhänger der älteren Auffassung[443] verfechten die Ansicht, daß es in Kyrene eine juristisch definierbare Gruppe der Hellenen gegeben habe. Entweder zu ihren Gunsten oder in gleichem Maße wie sie seien die Neubürger zum λειτουργεῖν verpflichtet worden. Die jüngere, vorrangig von de Visscher angeführte Forschung vertritt den Standpunkt, daß λειτουργεῖν mit τῷ σώματι zusammenzu-

---

[440]Siehe das Seleukos-Edikt und das Veteranen-Edikt Oktavians (FIRA I^2 55 u. 56); vgl. aber auch die von Atkinson, Festschr. V. Ehrenberg, 30 angeführten Beispiele aus dem zivilen Bereich. Dabei bleibt belanglos, daß die Bürgerrechtsverleihungen z.T. von Cäsar vorgenommen wurden, also vor der lex Munatia Aemilia stattfanden: Der vorliegende Text stellt eine nachträgliche *Interpretation* der Bürgerrechtsverleihungen dar, und *sie* basierte auf der oben genannten lex.

[441]Vgl. dazu Wolff, Heer und Integrationspolitik, 68ff.; bes. 96.

[442]Dies gilt selbst dann noch, wenn man mit Atkinson λειτουργεῖν nicht als Bezeichnung für die Übernahme lokaler Liturgien, sondern den gesamten Begriff τῷ σώματι λειτουργεῖν als "Militärdienst leisten" annehmen will, und zwar eben deswegen, weil auch die Befreiung von den lokalen munera zur Privilegierung nach Maßgabe der lex Munatia Aemilia gehörte.

[443]Zusammenstellung der Vertreter dieser Ansicht bei Wilhelm, AAWW 79/80 (1943).

ziehen sei, was als Gesamtausdruck eine spezifische Art von munera bezeichne, und daß dieser Dienst ἐμ μέρει, das heißt per vicem oder per ordinem, also "in der Reihenfolge" mit den Hellenen abzuleisten sei[444]. Glücklicherweise ist dieser Meinungsstreit, der zur Zeit noch keineswegs beigelegt erscheint[445], für die vorliegende Argumentation nicht wirklich relevant, da alle an ihm Beteiligten - zu Recht - annehmen, daß die römischen Neubürger in ihrer Liturgiepflicht der als Hellenen verstandenen Gruppe oder Schicht in irgendeiner Weise zugeordnet wurden, sei es, daß sie die Leistungen *für* sie, *in gleicher Weise* wie sie oder *abwechselnd* mit ihnen zu erbringen hatten[446]. Es scheint also - völlig unabhängig von der geschilderten Auseinandersetzung - festzustehen, daß römische Neubürger nicht nur Liturgien zu leisten hatten, sondern daß außerdem eine Norm existierte, aufgrund derer diese Leistungspflicht spezifiziert werden konnte. Im vorliegenden Fall, in der Kyrenaika, stellten die "Hellenen" die Gruppe oder Schicht dar, an welcher man sich bei der Festlegung dieser Norm orientierte. Römische Neubürger mußten also Liturgien nach einer Norm ableisten, die sich aus den Verhältnissen oder Verpflichtungen einer anderen gesellschaftlichen Gruppe herleiten ließ, das heißt kurz: Nach ihrer Verpflichtung zur Ableistung der munera wurden Neurömer bei der Verleihung des Bürgerrechts einer anderen Gruppe zugeordnet, oder, wenn man so will: "neu eingestuft". Hatten sie bisher nach einem anderen Maßstab Liturgien abgeleistet, so galt für sie fortan eine neue Norm; gehörten sie bereits vor der Bürgerrechtsverleihung zu jener Gruppe, auf die man bei der Erstellung des Pflichtenkatalogs für Neubürger zurückgegriffen hatte, so änderte sich für sie de facto gar nichts. Dieser letztgenannte Fall dürfte in Kyrene besonders häufig eingetreten sein: Die als Hellenen verstandene Gruppe dürfte entweder mit der lokalen Führungsschicht identisch gewesen sein oder sie zumindest mitumfaßt haben; das heißt diejenige gesellschaftliche Gruppe, in der Bürgerrechtsschenkungen häufig waren, gehörte bereits zu den Hellenen[447]. Besonders muß auch noch

---

[444]De Visscher, Les édits, 89; so auch vertreten von Wilhelm, AAWW 79/80 (1943), 9; Oliver, Hesperia 29 (1960), 325. Eine andere Interpretation stammt von Atkinson, die ἐμ μέρει als "in the section" (Festschr. V. Ehrenberg, 26) auffaßt und darunter die gesamte nichtrömische Bevölkerung versteht. Auch dieses Verständnis steht zu der folgenden Argumentation nicht im Widerspruch.

[445]Siehe z.B. Atkinson, Festschr. V. Ehrenberg, 25: "we must no doubt await further corroborative evidence."

[446]Vgl. auch den Forschungsüberblick bei de Visscher, BAB 33 (1947), 52ff.

[447]Alle diese Gedanken finden sich bereits bei v. Premerstein, ZRG 48 (1928), 469f. (wobei v. Premerstein die Ansicht vertritt, daß die Liturgien *an die Körperschaft der Griechen* zu leisten waren): ".. auch frühere Angehörige der anderen Organisationen, z.B. des jüdischen Politeuma, hatten - dies folgt aus dem Wortlaut - als römische Bürger die Liturgien fortan an die 'Körperschaft der Griechen' zu leisten. ... Aus dem schon in unserem Edikt sich anbahnenden Grund-

betont werden, daß es sich bei der Gruppe, nach deren Norm die Neubürger verpflichtet oder befreit wurden, *nicht* um die altrömischen Bürger handelte, welche zwar auch in Kyrene anwesend waren[448], welche das Edikt aber überhaupt nicht erwähnt.

Damit läßt sich nun die Antwort auf die erste Frage zusammenfassen: Römische Neubürger wurden spätestens seit der Zeit des Augustus nicht mehr allein durch die Vergabe des Bürgerrechts von der Ableistung der lokalen munera befreit. Diese Befreiung war nicht gewissermaßen in der Zivität enthalten, sondern sie war eine eigene Größe und konnte als besondere Auszeichnung dem Bürgerrecht hinzugefügt werden. Daher war es auch möglich, sie getrennt vom Bürgerrecht und neben der Zivität als eigenständiges Privileg zu nennen, wie z.B. der Neubürger C. Iulius Vepo es tat: "C. Iulius Vepo, donatus *civitate Romana* viritim *et inmunitate* (Kurs. v. Verf.) ab divo Aug(usto) ..."[449] Erhielten sie diese Immunität nicht, so wurden die Neubürger in ihrer Liturgiepflicht einer anderen Gruppe ihrer Umgebung, z.B. den "Hellenen", gleichgestellt[450], und es ist wahrscheinlich, daß man sich hierbei nicht an einer der am wenigsten privilegierten orientierte, sofern sich verschiedene Möglichkeiten boten[451].

---

satz, daß jeweils die höchste Rechtskategorie der Heimatgemeinde es ist, für die die Lasten und Berechtigungen der Neubürger in Frage kommen sollten, erklären sich manche Tatsachen unserer Überlieferung."

Vorausschauend sei hier schon auf einen weiteren Aspekt hingewiesen: In *Kyrene* galt sicherlich, wie auch v. Premerstein (469) betont, daß die meisten der mit dem Bürgerrecht Ausgezeichneten bereits "Hellenen" und ohnehin in der Stadt Ansässige waren; in *Ägypten* war bei der Entlassung der Veteranen diese Kontinuität natürlich in geringerem Maße gegeben, womit der Begriff "Neueinstufung" nur um so gerechtfertigter erscheint: Die Veteranen wurden, sofern sie das Bürgerrecht erhielten, tatsächlich "neu" eingestuft.

[448]Vgl. z.B. die Ausführungen im ersten der fünf Edikte (siehe auch u. S. 118f.); dazu de Visscher, Les édits, 115 mit Anm. 1.

[449]CIL III 5232.

[450]Auch Weiss, JJP 7/8 (1953/54), 79. 81, interpretiert das Kyrene-Edikt im hier dargelegten Sinn; weshalb er dieses Edikt allerdings als *Ausnahme* und eine durch die Quellen nicht belegte vollständige Befreiung der Neubürger als Norm betrachtet, bleibt unverständlich.

[451]Vgl. v. Premerstein, ZRG 48 (1928), 470. Zur Zwitterstellung dieser Neubürger zwischen aus kyrenäischer Sicht ausländischen Römern und Kyrenäern vgl. auch die Ausführungen Wengers, Festschr. F. de Visscher, 527. - Ein interessanter Beleg für die Wirkungsgeschichte dieses augusteischen Edikts liegt darin vor, daß noch Vespasian bei dem Versuch, den steuerfrei zu haltenden Besitz von Prätorianern, die aus der westlichen Reichshälfte stammten, zu beschränken, genau auf das augusteische Verfahren rekurrierte (CIL XVI 25); siehe o. S. 73. Es bleibt dennoch zuzugestehen, daß das Kyrene-Edikt zunächst einmal lediglich Aussagen über die Praxis in Kyrene zuläßt, von der möglicherweise nicht a priori angenommen werden kann, daß sie im ganzen Reich gängig war; wohl aber verfuhr man in Ägypten nach ihr (dazu u. S. 119f.). Da die *χάρις Νέρωνος* ebenfalls für Veteranen in Ägypten galt, bleibt für die vorliegende Arbeit

2. Altbürgerrecht und Immunität

Die Frage, die hier beantwortet werden muß, lautet in extenso: War auch ein nicht ehrenhalber mit dem Bürgerrecht ausgezeichneter, sondern altrömischer Bürger dazu verpflichtet, in einer peregrinen Gemeinde die Ableistung der lokalen munera mit zu übernehmen, oder war *er* von dieser Pflicht wegen der Qualität seines Bürgerrechtes befreit? Die Quellenlage zur Beantwortung dieser Frage ist ausgesprochen schlecht; ein Beweis im strengen Sinne ist nicht zu führen.

Es sind im wesentlichen zwei Argumente, die *für* die Annahme sprechen, "echte" römische Bürger seien im Gegensatz zu Neurömern von der Ableistung lokaler Liturgien befreit gewesen. Das erste wurde bereits von de Visscher vorgebracht[452]: Obwohl die Ausführungen des dritten Edikts von Kyrene lediglich an römische Neubürger gerichtet waren, können wir mit Sicherheit davon ausgehen, daß auch altrömische Bürger in der Kyrenaika ansässig waren, denn im ersten der fünf Edikte zog Augustus zwischen ihnen und den mit der Zivität Ausgezeichneten eine Trennungslinie:

... *ὀρθῶς καὶ προσηκόντως μοι δοκοῦσιν ποιήσειν ὅσοι Κρήτης καὶ Κυρήνης στρατηγήσουσιν, εἰ ἐν τῇ κατὰ Κυρήνην ἐπαρχήαι ὑπὲρ Ἕλληνος ἀνδρὸς ἢ γυναικὸς ἀναιρέσεως μὴ προσίοιντο κατήγορον Ῥωμαῖον Ἕλληνος, πλὴν εἰ μή τις Ῥωμαιότητι τετειμημένος ὑπέρ τινος τῶν οἰκήων ἢ πολειτῶν θανάτου δικάζοιτο*[453].

Nun läßt sich fragen, wie diese Altrömer sich den Liturgien gegenüber verhielten. Theoretisch sind zwei Möglichkeiten denkbar: Entweder sie leisteten ihrer Liturgiepflicht Folge, wurden deswegen nicht zum Problem und entgingen so auch dem Tadel des Augustus, oder sie leisteten zwar keine Liturgien ab, unterlagen aber auch keiner Verpflichtung hierzu, waren also als Altrömer freigestellt und wurden aus diesem Grund nicht zur Ordnung gerufen.

Praktisch hingegen ist nur eine Möglichkeit wahrscheinlich, nämlich die letztgenannte. Die erste Lösung setzt voraus, daß in Kyrene sowohl die in höchstem Grade privilegierten römischen Neubürger als auch die lediglich mit der römischen Zivität ausgezeichneten kyrenäischen Bürger, um es deutlich zu formulieren: die Hände in den Schoß legten, während gleichzeitig die "eigentlichen" Römer, die von allen den geringsten Anteil am kyrenäischen Gemeinwesen hatten, für eben diese Stadt alle möglichen Unannehmlichkeiten auf sich nahmen. Diese Situation scheint, wie de Visscher zu Recht annahm, überaus schwer vorstellbar. Wahrscheinlich also entzogen sich mehr

---

belanglos, ob die anhand des Kyrene-Edikts erschlossene Rechtslage außer in der Kyrenaika und Ägypten auch in anderen Reichsteilen gültig war.

[452] Les édits, 115.

[453] Z. 36ff.

oder weniger alle römischen Bürger in der Kyrenaika der Ableistung der munera; ein Unterschied zwischen Alt- und Neurömern bestand insofern, als die letztgenannten (mit Ausnahme der auch steuerbefreiten Neubürger) sich dieses Recht anmaßten, während es den erstgenannten zustand.

Das zweite Argument ergibt sich aus der amtlichen Gruppierung der zur Epikrisis zugelassenen Personen. Die Epikrisis diente in Ägypten, wie oben bereits erwähnt, der Registrierung von Inhabern des römischen, alexandrinischen oder - später - antinoitischen Bürgerrechts (sowie ihrer Sklaven); diese Personen waren aufgrund ihres Bürgerstatus' von der Kopfsteuer und gewissen Liturgien, welche Ägypter zu erbringen hatten, befreit[454]. Es läßt sich leicht eine Hypothese darüber aufstellen, weshalb in diesen Erhebungen Römer und Alexandriner voneinander getrennt wurden: Dem Gefälle der Bürgerrechte entsprechend[455] dürften cives Romani wohl nicht nur die den Alexandrinern zugestandenen, sondern weitergehende Befreiungen genossen haben.

Interessanterweise erscheint aber neben diesen beiden voneinander getrennten Gruppen noch eine dritte, nämlich die der Veteranen[456]. Dies könnte nun so verstanden werden, als ob sie ihren Anspruch auf die Tatsache gründeten, daß sie Veteranen waren, aber diese Vermutung ist nicht haltbar: Ihre Gruppe umfaßte auffälligerweise keine ehemaligen Legionäre. Die Eröffnungsformel ist fast immer gleich: *οἱ ὑπογεγραμμένοι οὐετρανοὶ στρατευσάμενοι ἐν εἴλαις καὶ σπείραις*, ggf: *καὶ ἐν κλάσσαις / κλάσσῃ* ... Unter dem Aspekt der Befreiung des einzelnen von Kopfsteuer und liturgischen Leistungen waren also drei Gruppen gegeneinander abzugrenzen: Römer, Alexandriner und Veteranen, die das Bürgerrecht bei der Entlassung erhalten hatten, Neurömer also[457]. Diese Neubürger wurden zumindest in Kyrene, wie bereits erwähnt, nach einer Norm zu den Liturgien verpflichtet oder von ihnen befreit, welche irgendwie in Beziehung zur höchsten nichtrömischen Gesellschaftsgruppe vor Ort stand; diese Gruppe dürfte sich in Ägypten wohl

---

[454]Zu dieser Epikrisis siehe Nelson, Status Declarations, 40ff.; bes. 44ff.; vgl. auch OGIS 669, Z. 32ff. und Chalon, L'édit, 158ff.

[455]Vgl. Plin., Ep. 10,6; 10,7.

[456]Die für den vorliegenden Zusammenhang interessanten Texte finden sich bei Daris, Documenti, Nr. 90-97. Die weiteren in diesen Texten genannten Gruppen: Freigelassene, Sklaven und andere, interessieren hier nicht; die "anderen" sind für uns nicht mehr faßbar, und bei Sklaven und Freigelassenen handelte es sich um Personen, die nicht oder kaum als eigenständige Antragsteller auftraten, sondern einen vom Bürgerrecht ihrer (ehemaligen) Herren abgeleiteten Anspruch vorbrachten; vgl. auch Lesquier, L'armée, 166 und BGU III 747 = Wilcken, Chrest. I 2, 35.

[457]Die Legionsveteranen werden als zumindest fiktive Altrömer der Kategorie *Ῥωμαῖοι* subsumiert worden sein.

aus den Alexandrinern zusammengesetzt haben. Wir wissen, daß ihnen eine partielle Befreiung zustand[458]. Mit den Alexandrinern teilten die seit ihrer Entlassung römischen Veteranen als Neubürger also diese partielle Freistellung von den Liturgien; sie waren von ihnen durch ihr römisches Bürgerrecht aber unterschieden und daher neben den Alexandrinern gesondert zu nennen. Dieses römische Bürgerrecht hingegen teilten sie mit jenen, die in den Texten als Ῥωμαῖοι erscheinen; wenn die Neubürger trotz dieser Identität den "Römern" gegenüber abgesetzt wurden, so dürfte dies darin begründet sein, daß eine unterschiedliche Befreiung von den Liturgien die Trennung erforderlich machte[459]. Wahrscheinlich waren die Ῥωμαῖοι also als Altbürger und im Gegensatz zu den Neurömern im 1. Jahrhundert vollständig oder zumindest am weitestgehenden von der Ableistung lokaler Liturgien befreit[460].

---

[458]Vgl. Chalon, L'édit, 159ff.

[459]Hier bliebe evtl. zu fragen, ob das ehrenhalber vergebene römische Bürgerrecht in Ägypten - anders als in Kyrene - im zivilen Bereich keine Rolle gespielt hat, da die genannten Neubürger ausnahmslos als Veteranen gekennzeichnet sind. Tatsächlich scheint diese Schlußfolgerung möglich, obwohl wir nicht wissen können, welche Kategorie von Bürgern unter der Bezeichnung ἕτεροι in diesen Listen zusammengefaßt wurde. Denkbar scheint auch, daß diese neurömischen Zivilisten unter einem gänzlich anderen Titel und in anderen Listen geführt wurden, z.B. als κάτοικοι o.dgl.; vgl. Nelson, Status Declarations, 36ff.

[460]Dieser Schluß wurde schon häufig gezogen, wenn auch wegen des Mangels an eindeutigen Quellen selten ausführlicher begründet oder hergeleitet; bestritten wurde seine Berechtigung m.W. nie. Vgl. Mitteis, Reichsrecht und Volksrecht, 149 mit Anm. 3; Oertel, Die Liturgie, 392 Anm. 1; Wilcken, Chrest. I 2, S. 54 Anm. zu I 9; Abbott-Johnson, Municipal Administration, 103 Anm. 1. Hier findet sich auch eine Bemerkung zur Reichweite dieser Regelung: "The same rule undoubtedly applied in all Roman provinces."

Auch die Befreiungen der Alexandriner von Liturgien der χώρα galten für ἐγγενεῖς Ἀλεξανδρεῖς; es wäre zu überprüfen, ob hier eine parallele Erscheinung vorliegen könnte, indem nur Altalexandriner befreit, neualexandrinische Bürger aber verpflichtet wurden; anders: Chalon, L'édit, 158ff.

Diese Feststellungen treffen natürlich nicht mehr auf die severische oder noch spätere Zeit zu; schon Gaius scheint keine feinere Differenzierung mehr zu kennen (Dig. 50,1,29), und die damit angedeutete Entwicklung fand in severischer Zeit ihren Abschluß in einer Regelung Ulpians: "Et qui originem ab urbe Roma habent, si alio domicilium constituerunt, munera eis sustinere debent." (Dig. 50,4,3, pr.). Damit war der Übergang von je nach Herkunft und Geburt rechtlich voneinander verschiedenen zu den rechtlich immer gleichen incolae vollzogen; vgl. auch Abbott - Johnson, Municipal Administration, 103 Anm. 1. Im folgenden ging es nunmehr darum, die Merkmale festzuhalten, die notwendig waren, um einen Einwohner zum incola und damit leistungspflichtig zu machen; so z.B. Dig. 50,1,17,5. Die Veteranen freilich wurden ausgenommen, soweit ihre mit der Entlassung verbundenen Vorteile reichten; siehe Dig. 49,18,2.

3. "Neubürgerrecht" und "Altbürgerrecht"

Obwohl dies zum Verständnis der *χάρις* Νέρωνος nicht mehr unbedingt notwendig ist, soll im folgenden doch noch auf die Frage eingegangen werden, ob als Neubürger nur solche Personen galten, die das Bürgerrecht *selbst* ehrenhalber erhalten hatten, oder ob dieses (Neu-)Bürgerrecht minderer Qualität erblich war, sich also auch auf Kinder und Nachfahren erstreckte. Keine der beiden Hypothesen überzeugt auf den ersten Blick: Nach dem ersten Konzept hätte sich im Imperium Romanum sehr schnell eine relativ große Gruppe von römischen Bürgern herausgebildet, die gewissermaßen parasitär die liturgischen Leistungen einer sich genauso schnell verkleinernden Gruppe von Nichtbürgern überließ. Dies gilt vor allem, wenn berücksichtigt wird, daß die Bürgerrechtsverleihungen natürlich gerade unter den finanzkräftigen, daher finanziell belastbaren und zu liturgischen Leistungen besonders befähigten Gruppen vorgenommen wurden. Im zweiten Fall hingegen müßten wir annehmen, daß - um ein extremes Beispiel zu konstruieren - zwei römische Nachbarn desselben Berufs, derselben sozialen Stellung und desselben, schon seit Generationen vererbten römischen Bürgerrechts in unterschiedlichem Maße zu den Liturgien verpflichtet gewesen sein könnten, je nach der ererbten Qualität ihres Bürgerrechts. Da aber nach den Ergebnissen der beiden vorhergehenden Abschnitte keine dritte Möglichkeit denkbar scheint, muß man sich wohl zwischen den beiden hier vorgetragenen Lösungen entscheiden.

Auch für diese Frage steht m.W. als einziger Anhaltspunkt das dritte Edikt des Augustus aus Kyrene zur Verfügung[461]; Quellen, die einen direkteren Bezug zu dieser Problematik haben, sind mir nicht bekannt[462].

Atkinson vermutet, daß sich das genannte Edikt nicht nur an solche Bürger richtete, die selbst, also in erster Generation, mit dem römischen Bürgerrecht ausgezeichnet worden waren, sondern auch an solche, die als Nachfahren der ursprünglich Privilegierten das Bürgerrecht bereits ererbt hatten[463]. Diese Vermutung hilft aber bei der Frage, ob es ein erblich minderes Bürgerrecht gab, nicht weiter, da sie eine positive Antwort bereits impliziert und damit das zu Beweisende voraussetzt.

Es scheint leichter, die Fragestellung in etwas zugespitzter Form noch einmal aufzugreifen: Können wir davon ausgehen, daß Kinder, die von Neu-

---

[461]Siehe o. S. 113 und Anm. 435.

[462]In der Forschung wurde die Frage, soweit ich weiß, bisher nicht behandelt, mit Ausnahme der Gedanken, die de Visscher im Zusammenhang seiner Argumentation für die einseitige Kompatibilität des römischen Bürgerrechts vorbrachte (Les édits, 108ff.) und einer allgemeinen Überlegung bei Stroux - Wenger, ABAW 34, 2 (1928), 59f.

[463]Atkinson, Festschr. V. Ehrenberg, 32.

bürgern stammten, Altbürger wurden? Kann als wahrscheinlich gelten, daß das Neubürgerrecht der Eltern, welches keine vollständige Befreiung kannte, bei seinem Übergang in die Generation der Kinder eine Vermehrung oder Aufwertung erfuhr, aufgrund derer die Kinder vollständig befreit wurden? Auf den konkreten Fall aus Kyrene übertragen, müßte die Frage lauten: Ist vorstellbar, daß Augustus etwa folgendermaßen argumentierte: Wer befreit wurde, braucht nichts zu leisten, wer nicht befreit wurde, muß die Leistungen erbringen, aber die Kinder der letztgenannten Personen sollen den ersteren gleichgestellt sein?[464] Diese Interpretation ist kaum haltbar: Sie impliziert, daß diejenigen, die sich um die res publica verdient gemacht und daher die civitas Romana erhalten hatten, in geringerem Maße privilegiert worden wären als ihre Kinder, deren Leistungen ungewiß waren.[465] Es kommt hinzu, daß ein Verfahren wie das oben geschilderte auch den Zweck der Beschränkung völlig verfehlt hätte, ging es doch darum sicherzustellen, daß die Gruppe der Liturgiepflichtigen groß genug blieb. Dieses Ziel ließ sich - zumindest auf längere Sicht - nicht erreichen, wenn man die Kinder der Minderprivilegierten wieder von den Liturgien befreite[466].

Das Edikt bietet aber auch den Ansatzpunkt für eine formalrechtliche Argumentation: Derjenige, dem keine Steuerbefreiung zugestanden worden war, so bestimmte Augustus, sollte sich auch der Verpflichtung des *λει τουργεῖν* nicht entziehen. Ohne auf die Vermutung zu rekurrieren, daß sich das Edikt auch an Römer der zweiten oder dritten Generation richtete, läßt sich rein theoretisch fragen, welche Bedeutung diese Bestimmung für die Kinder der mit dem Bürgerrecht Ausgezeichneten haben mußte. Sie waren mit Sicherheit Römer, aber als solche waren sie nicht automatisch von der Steuerpflicht befreit; Provinzialboden beispielsweise war und blieb im Normalfall steuerpflichtig, ob er nun von einem Peregrinen oder einem civis Romanus besessen wurde[467]. Die Neurömer der zweiten Generation besaßen also keine Steuerfreiheit; *ἀνεισφορία* wuchs dem Neubürgerrecht keinesfalls zu. Als solche, denen keine *ἀνεισφορία* zustand, waren sie nach den Ausführungen des Augustus aber zum *λειτουργεῖν* verpflichtet. Daraus folgt, daß die Verpflichtung zur Übernahme lokaler Liturgien durch die Vergabe des römischen Bürgerrechts *weder* für die Privilegierten selbst *noch* für ihre Kinder

---

[464] Die Differenzierung in verschiedene Leistungen ist in diesem Zusammenhang belanglos.

[465] Auch die Kinder der Auxiliarveteranen hatten sich nicht um den Staat verdient gemacht; dennoch erhielten sie das Bürgerrecht. Diese Tatsache kann aber nicht als Gegenargument angeführt werden, denn das Bürgerrecht der Kinder war nicht *besser* als das der Väter, sondern *gleich*.

[466] Aufgrund dieses Arguments entscheiden sich auch Stroux - Wenger für die Erblichkeit des Neubürgerrechts (ABAW 34, 2 (1928), 59f.).

[467] Vgl. v. Premerstein, ZRG 48 (1928), 467; Bleicken, Chiron 4 (1974), 374f.

und Nachkommen aufgehoben wurde. Das Edikt deutet also darauf hin, daß es ein erbliches Neubürgerrecht gab, und das impliziert wohl auch, daß es ein erbliches Altbürgerrecht gab, welches wahrscheinlich aus römischer oder italischer Herkunft abgeleitet wurde.

Zu demselben Ergebnis gelangte de Visscher[468] aufgrund seiner historischen Herleitung der einseitigen Kompatibilität des römischen Bürgerrechts mit dem einer anderen Stadt. Aus dieser Herleitung ergibt sich auch die Vermutung, daß bei der Definition des Altbürgers ein geographisches Prinzip zugrunde gelegt wurde. Diese Annahme ist naheliegend, nicht zwingend; für die vorliegende Untersuchung aber ist die Frage nach den Definitionskriterien des Altbürgers belanglos und lediglich die Existenz eines vererblichen Unterschieds zwischen Alt- und Neurömern wichtig.

Abschließend sollen hier noch einige Phänomene aufgezeigt werden, an denen deutlich wird, daß die Existenz erblicher, mit dem Bürgerrecht sehr eng verknüpfter ungleicher Privilegien offenbar als völlig selbstverständlich galt: Das conubium, welches die Veteranen der Auxiliar- und Flottenverbände erhielten, galt für sie selbst, ihre Kinder und Nachkommen. Auch ein Nachkomme also, der schon seit Generationen römischer Bürger war, konnte aufgrund der Verdienste eines seiner Vorfahren noch das Recht für sich in Anspruch nehmen, seine Ehe mit einer peregrinen Frau als iustum matrimonium zu führen. Diese Bewahrung eines sehr eng mit dem römischen Bürgerrecht verknüpften Vorrechts über Generationen hinweg kann wohl als Parallelfall zu der erblichen Freistellung des Altrömers von Liturgien gelten.

Noch deutlicher ist die Parallelität zwischen dieser Freistellung und den Verfügungen des domitianischen Veteranenedikts: Die hier vorgenommenen Privilegierungen führten dazu, daß die ehemaligen Legionäre eine sehr umfängliche Reihe von Immunitäten in Anspruch nehmen konnten. Ihre Befreiungen standen aber nicht, wie im vorhergehenden Beispiel das conubium, *neben* dem Bürgerrecht, sondern ihr römisches Bürgerrecht umschloß vom Datum der Privilegierung an diese Befreiungen, was dazu führte, daß es selbst seine Qualität änderte: Die Veteranen besaßen fortan die Zivität "optumo iure"[469]. Und dieses qualitativ bessere Bürgerrecht war erblich, sollten die Kinder doch "desselben Rechtes" sein.

Ein besonders spätes Indiz für die Vererbbarkeit abgestufter Bürgerrechte scheint mir aus der "verspäteten" Abschrift des Veteranenedikts Oktavians abzuleiten zu sein: Dieses Edikt, welches aus den 30er Jahren des ersten Jahrhunderts v.Chr. stammte, wurde wahrscheinlich gegen Ende des 2.

---

[468] Les édits, 108ff.; bes. 112. 116.

[469] FIRA I^2 76, col. II, Z. 16.

oder am Anfang des 3. Jahrhunderts n.Chr. abgeschrieben[470]. Daraus schließt Wolff, daß "die auf der lex Munatia Aemilia beruhenden Veteranenprivilegien noch bis weit in die hohe Kaiserzeit hinein gültig gewesen sein" müssen, und zwar in dem Sinne, daß "die lex Munatia Aemilia ... zum Grundgesetz der kaiserlichen Veteranenprivilegien avancierte."[471] Er meint also, daß diese Privilegien *immer wieder*, nämlich *allen* Veteranen verliehen worden seien. Genau in diesem Sinne scheinen die Vergünstigungen aber nicht fortlaufende Gültigkeit gehabt zu haben, wie sich aufgrund der bisherigen Ausführungen bereits ergab. Die Privilegien des Veteranenedikts Oktavians hatten vielmehr in *dem* Sinne fortlaufende Gültigkeit, daß sie sich in den Familien der Privilegierten vererbten (Z. 8; 15). Und in dem ersten Abschreiber des Edikts, Manius Valens (Z. 1), läßt sich wohl auch nicht - wie Wolff meint - ein Veteran des ausgehenden 2. oder beginnenden 3. Jahrhunderts n.Chr., sondern ein Veteran aus der Zeit Oktavians erkennen. Sollte sich etwa ein Veteran aus severischer Zeit immer noch auf ein Edikt Oktavians beziehen? Ganz abgesehen davon, daß unklar bleibt, wie er Zugang zu diesem Edikt erhalten haben soll, ist auch wahrscheinlich, daß die Nachfolger des Augustus die Vergabe eines solchen beneficium mit dem eigenen Namen verbunden hätten; Domitian jedenfalls hat es getan[472]. Derjenige, der das Edikt um 200 - noch einmal! - abschrieb, hoffte also, von den Privilegien, die dem Manius Valens einst erblich verliehen worden waren, zu profitieren - aller Wahrscheinlichkeit nach handelte es sich um einen Nachkommen[473]. Diese Nachfahren scheinen die immunitas omnium rerum, die vacatio muneribus publicis und die weiteren Privilegien also noch um 200 aufgrund der Privilegierung des Manius Valens beansprucht zu haben, der ca. acht Generationen vor ihnen gelebt hatte. Wir bleiben im unklaren darüber, ob sie ihren Anspruch durchzusetzen vermochten, aber die Möglichkeit scheint immerhin bestanden zu haben. Folglich ist davon auszugehen, daß tatsächlich die gelegentlich vorgenommenen, über die Verleihung des Bürgerrechts hinausgehenden Privilegierungen dazu führten, daß über Generationen hinweg römische Bürger ungleicher Pflichten bzw. Rechte geschaffen wurden. Dasselbe galt offenbar für den Unterschied zwischen Alt- und Neurömern.

Es bleibt lediglich zu fragen, wann und wie diese Unterschiede, von denen wir ohnehin nicht wissen können, wie genau man sie im städtischen

---

[470] FIRA I^2 56; vgl. Wolff, Heer und Integrationspolitik, 96f. und Anm. 140.

[471] Wolff, Heer und Integrationspolitik, 97.

[472] FIRA I^2 76; vgl. auch die oben genannte Freistellung eines Veteranen durch Antoninus Pius (P. Oslo Inv. 1518) und sämtliche Militärdiplome.

[473] Genau an dieser Stelle ist die vorliegende Argumentation unsicher; rein theoretisch könnte es sich bei demjenigen, der das Edikt um 200 abschrieb, z.B. auch um einen Sammler überholter Konstitutionen o.dgl. gehandelt haben. Mehr als ein Indiz läßt sich daher nicht gewinnen.

Alltag einhielt, nivelliert wurden. Hier läßt sich vorbehaltlos auf einen zusammenfassenden Satz Oertels verweisen: Es "... mehren sich seit der Mitte des 2. Jahrh. Anzeichen einer Verschärfung, die weniger durch Aufhebung als durch Nichtachtung der gedachten Vorschriften praktisch wird"[474].

Die χάρις Νέρωνος, Teil 2

Kehren wir nun zur ursprünglichen Frage zurück: Wie läßt sich vor dem hier erarbeiteten rechtlichen Hintergrund erklären, daß der praefectus Aegypti die Frage nach steuerlichen oder liturgischen Befreiungen mit einer Erläuterung *περὶ τῆς πολειτίας* beantwortete? Die Antwort muß wohl folgendermaßen lauten:

Bei der Privilegierung, die die Veteranen durchsetzen wollten, handelte es sich um Befreiungen von Liturgien, die ihnen nicht zusammen mit der Bürgerrechtsverleihung zugestanden worden waren[475]. Daher hatten diese Freistellungen nicht unterschiedslos Geltung, sondern gestuft, je nach Art des Bürgerrechts der einzelnen Veteranen: Altrömer konnten die volle Befreiung zu Recht fordern, Neurömer lediglich eine Freistellung, die der einer der gehobenen gesellschaftlichen und rechtlichen Gruppen ihrer Heimatstadt entsprach[476].

Mithin gab es in Ägypten zur Zeit Neros mehrere rechtlich voneinander verschiedene Kategorien, denen die Veteranen und deren Nachkommen zuzuordnen waren, je nach Truppengattung und Entlassungstermin:

Es gab sowohl ehemalige Legionäre, die als "echte", aus Rom und Italien stammende Bürger Befreiung von den Liturgien genossen, als auch ehemalige Legionäre "ex castris", die allerdings als fiktive Altrömer wahrscheinlich ebenfalls diese Befreiung genossen. Daneben gab es drei verschiedene Kategorien von Auxiliarveteranen, nämlich zum einen Nachkommen ehemaliger Auxiliarsoldaten[477], die aufgrund der Bestimmungen Oktavians oder ähnlicher Maßnahmen mit dem Bürgerrecht ausgezeichnet und von den Liturgien

---

[474] Oertel, Die Liturgie, 394.

[475] Damit hätten sie sich rechtlich der höher privilegierten Gruppe der kyrenischen Neubürger angenähert.

[476] Es kann kaum Zweifel darüber bestehen, daß dies die Gruppe der alexandrinischen Bürger war. Sie waren prinzipiell zu Liturgien verpflichtet, von den Liturgien der *χώρα* aber befreit; vgl. OGIS 669, Z. 32ff. und bes. den Kommentar von Chalon, L'édit, 159ff. Ähnlich gestellt waren die Bürger der anderen Griechenstädte in Ägypten; vgl. Wilcken, Chrest. I 1, 345f.

[477] Vgl. auch hier: Wolff, Heer und Integrationspolitik, 96f.

befreit waren[478], sodann Auxiliarveteranen, die die Befreiung von den munera nicht erhalten hatten und unter Umständen auch keine römischen Bürger waren[479], und schließlich Auxiliarveteranen, die zwar römische Bürger waren (da sie - zur Zeit des Claudius oder Nero entlassen - ein Diplom erhalten hatten), denen aber als Neubürgern ohne weitergehendes Privileg keine vollständige Befreiung von den Liturgien zugestanden worden war. Außerdem ist mit der Existenz ehemaliger Flottensoldaten mit oder ohne Bürgerrecht[480] zu rechnen, und schließlich lebten ggf. noch Veteranen beliebiger Truppengattungen in Ägypten, die das Bürgerrecht mit weitergehenden oder ohne weitergehende Privilegien virtutis causa erhalten hatten. Die verschiedenartigen Regelungen bezüglich des Eherechts kamen hinzu, obwohl sie in der Frage der Liturgien unwesentlich waren. Alles in allem ist also eine wahrhaft verwirrende Rechtslage anzunehmen.

Daher scheint es nicht verwunderlich zu sein, daß - selbst allseits guten Willen vorausgesetzt - Unklarheiten auftreten konnten; war die Situation allerdings emotional aufgeladen, konnte es leicht, wie hier, zu Vorfällen kommen, die aus römischer Sicht tumultartig waren[481]. Der Präfekt klärte die Lage zunächst einmal durch einen Verweis und inhaltlich dann durch eine Erläuterung der dreigestuften Rechtslage der kurz vor dem Jahr 63 entlassenen und nun bei ihm Beschwerde führenden Veteranen[482], wobei er die Unterschiede zwischen den einzelnen Petenten in gedrängter Form und auch sachlich exakt zutreffend an der Frage nach dem Bürgerrecht deutlich werden lassen konnte: Einige der Veteranen waren - als ehemalige Legionäre - Altrömer, zumindest der Fiktion nach; als solche hatten sie Anspruch auf die Befreiung von Liturgien[483]. Andere Veteranen waren nicht altrömische Bürger, sondern hatten als gegen Ende der 50er oder Anfang der 60er Jahre entlassene auxiliarii das (Neu-)Bürgerrecht erst nach Ableistung ihres Dienstes erhalten; sie waren dadurch zwar durchaus Römer geworden, aber

[478] Sofern es sich in dem Veteranenedikt Oktavians wenigstens *auch* um auxiliarii handelte, was sehr wahrscheinlich ist; dazu o. Anm. 39 u. 265.

[479] Die regelmäßige Diplomvergabe begann ja erst zur Zeit des Claudius!

[480] Mit Bürgerrecht aus der Zeit des Claudius, vgl. CIL XVI 1; ohne Bürgerrecht aus früherer und späterer Zeit; siehe o. S. 25ff.

[481] Vgl. Westermann, CPh 36 (1941), 22. 28f.

[482] Zur Trennung der Alen von den Kohorten im offiziellen Protokoll siehe o. S. 26.

[483] Liegt hierin evtl. ein Grund dafür vor, daß die Veteranen die missio nummaria gegenüber der missio agraria bevorzugt zu haben scheinen? Nach geschlossener Ansiedlung jedenfalls waren sie als Kolonisten in römischen oder latinischen Gemeinwesen in jedem Fall den Liturgien unterworfen. Vgl. auch Wolff, Heer und Integrationspolitik, 54 und die zwar nicht belegte, bezüglich der *Legions*veteranen aber in die richtige Richtung zielende Feststellung Sanders, RhM 101 (1958), 207.

sie waren nicht vollständig von den Liturgien befreit, sondern unterlagen ihnen wahrscheinlich in gleicher Weise wie die Alexandriner[484]. Und die ehemaligen classici schließlich bildeten eine dritte Gruppe: Sie standen am schlechtesten da, denn sie hatten nicht nur keine Befreiung von den munera, sondern besaßen auch kein römisches, sondern allenfalls ein lokales Bürgerrecht[485], und da das erstere eine Folge des letzteren war, ließ sich auch ihre Anfrage sinnvoll mit einer Erläuterung *περὶ τῆς πολειτίας* beantworten.

[484]Vgl. Oertel, Die Liturgie, 191f. und 195f., bes. 195 Anm. 6; vgl. auch den Hinweis, den Sherwin-White, ANRW I 2, 52f. gibt und der bereits in diese Richtung zu weisen scheint, gewissermaßen lediglich mit den Feststellungen Oertels kombiniert zu werden braucht: "Something was being refused to the common peasantry of the remoter regions who manned the auxiliary regiments in their thousands, that was granted to the peasantry of the somewhat more civilised regions in which the Roman legions were recruited. ... All that the lawyers say is that the ius (Italicum, Anm. d. Verf.) conferred fiscal immunity (- was hier nicht gemeint sein kann -), but they hint that it concerned personal standing also."

[485]Und das heißt in ihrem Fall, daß sie schlechthin Ägypter waren.

C. Ergebnis

Damit sind wir zu einem auf den ersten Blick überraschenden Ergebnis gelangt: Die χάρις Νέρωνος stellt den Beweis dafür dar, daß den Veteranen *als solchen* im Zusammenhang mit ihrer Entlassung aus dem Heer normalerweise nicht etwa gestufte oder gleiche, sondern gar keine Immunitäten verliehen wurden. Die in der lex Munatia Aemilia geschaffene Möglichkeit, ausgediente Soldaten mit steuerlichen und liturgischen Befreiungen zu privilegieren, fand offensichtlich keine regelmäßige Anwendung[486]. Wäre sie regelmäßig angewendet worden, hätten die Veteranen im Jahr 63 n.Chr. weder abgestufte Immunitäten genießen können noch hätten ihre Immunitäten von der Qualität ihres Bürgerrechts abhängig sein dürfen. Diese lex wurde offenbar nur in der Zeit der Bürgerkriege zugunsten der Veteranen angewendet. Sofern in der früheren Kaiserzeit Veteranen die vollständige vacatio muneris genossen, erfreuten sie sich dieser Privilegien normalerweise aufgrund der Tatsache, daß sie - zumindest fiktiv - altrömische Bürger und damit in peregriner Umgebung von der Liturgie befreit waren, nicht aber aufgrund der Tatsache, daß sie ihren Militärdienst abgeleistet hatten. Veteranen, die das Bürgerrecht erst oder noch nicht einmal durch Ableistung ihres Dienstes erhielten, gelangten nur in minderem Ausmaß oder gar nicht in den Genuß der Befreiungen.

Vor diesem Hintergrund ist noch einmal auf die beiden anderen Zeugnisse für Veteranenprivilegierungen aus dem 1. Jahrhundert einzugehen.

Das Diplom Vespasians vom Jahr 72 läßt sich offensichtlich als Anwendung jenes Verfahrens verstehen, welches Augustus im 3. Edikt von Kyrene beschrieb[487]: Zusätzlich zu dem ihnen ja auch erst kürzlich verliehenen Bürgerrecht[488] erhielten die von Vespasian ihres Dienstes enthobenen Prätorianer die immunitas rerum und folglich - so ist wohl im Sinne des Kyrene-Edikts fortzufahren - die vacatio muneris[489]. Damit wurden sie cives Romani

[486]Anders Wolff, der zu dem Ergebnis kommt, "daß aller Wahrscheinlichkeit nach die lex Munatia Aemilia über Octavians Edikt zum Grundgesetz der kaiserlichen Veteranenprivilegien avancierte" (Heer und Integrationspolitik, 97).

[487]Vgl. den Hinweis auf die Beschränkung des steuerfreien Besitzes.

[488]Siehe o. Anm. 129.

[489]Deshalb wäre es allein aufgrund der doppelten Immunität dieses Bodens auch noch nicht unmöglich, mit Wolff eine Ansiedlung dieser Veteranen auf ohnehin schon steuerfreiem Boden anzunehmen (Wolff, Heer und Integrationspolitik, 105f.). Die Ausführungen im Diplom werden dadurch nicht zur Tautologie, sondern die Steuerfreiheit übernimmt auch hier die Funktion der pars pro toto.

optimo iure, ganz analog zu den in den Bürgerkriegen von Oktavian entlassenen Soldaten. Auf die offen zutage liegende Parallelität, daß beide Herrscher in vergleichbaren Situationen, nämlich unter dem von jeweils relativ großen Truppen ausgehenden Druck, zu identischen Maßnahmen griffen, sei hier nur beiläufig hingewiesen. Anhand dieser Parallelität wird jedenfalls deutlich, daß Vespasian die Privilegien der Prätorianer - offenbar soweit es die Situation irgend zuließ - beschränkte: Zur Zeit Oktavians wurde die ganze Familie mit dem Bürgerrecht bedacht; Vespasian dagegen verlieh lediglich das conubium, das den Soldaten auch zugestanden worden wäre, wenn sie ihre Dienstzeit als auxiliarii vollendet hätten, als welche sie ja angetreten waren[490]. Mit der (zukünftigen) Existenz einer Familie wurde also prinzipiell gerechnet, aber die Familienmitglieder wurden nicht privilegiert[491]. Dadurch stellt sich das Diplom durchaus als Dokument für eine Entlassung dar, die - wie Tacitus kommentiert - "ob culpam" vorgenommen wurde[492].

Domitian dagegen zeigte nicht dieselbe Sparsamkeit: Er verlieh den Legionsveteranen mit ihren Familien die entsprechenden Privilegien in einem an das Ausmaß der Vergünstigungen zur Zeit der spätrepublikanischen Bürgerkriege erinnernden Umfang[493]. Einzige Einschränkung war, daß die Privilegien sich - wie in den Militärdiplomen - nicht auf die Frauen (und Mütter) erstreckten. Die Tatsache, daß wir keinen Hinweis auf die Befreiung vom Militärdienst erhalten, mag als weitergehende Beschränkung oder auch als durch den fragmentarischen Zustand des Textes bedingt verstanden werden. Domitians auffallende Freigebigkeit läßt sich leicht daraus erklären, daß es ihm in viel höherem Maße als seinem Vater darum ging, die Soldaten zu umwerben, zumal nach den Eindrücken, die der Saturninusaufstand hinterlassen hatte[494].

Ob der Boden in Reate aber tatsächlich - wie Wolff meint - an die "ob culpam" Entlassenen vergeben wurde, bleibt unsicher; wahrscheinlicher ist wohl, daß Vespasian die "cum honore" Entlassenen in Italien, die übrigen aber in der Provinz ansiedelte; vgl. o. S. 40ff.

[490]Vgl. o. S. 41.

[491]Allein aus der Tatsache, daß schon existierenden Kindern nicht das Bürgerrecht verliehen wurde, ist hingegen nicht auf eine mindere Privilegierung zu schließen, da die Prätorianer wahrscheinlich keine Kinder hatten (vgl. o. Anm. 129) und zukünftige Kinder ohnehin römische Bürger sein würden.

[492]Tac., Hist. 4, 46.

[493]Daher wird in der modernen Forschung auch immer wieder der Schluß gezogen, daß es sich bei Domitians Edikt um eine *Bestätigung* der seit Oktavian angeblich regelmäßig verliehenen Privilegien handelte.

[494]Zum Saturninusaufstand, seinem Verlauf, den Gegenmaßnahmen Domitians und den weiteren Konsequenzen siehe Walser, Festschr. R. Laur-Belart, 497ff.; Strobel, Tyche 1 (1986), 202ff., bes. 206f.

Das eigentlich Besondere an den Maßnahmen Domitians liegt aber darin, daß er als erster Kaiser bezeugtermaßen die regelmäßige Auszeichnung der (Legions-)Veteranen *als solcher* mit der Befreiung von steuerlichen und liturgischen Leistungen einführte. Damit griff er seiner Zeit weit voraus, und den inhaltlichen Rahmen der Befreiungen steckte er wohl auch zu weit, als daß seinem Verfahren hätte Dauer beschieden sein können. Seine Veteranenprivilegierungen scheinen in gehobenen Kreisen lediglich als Anbiederungsversuche und Förderung der Disziplinlosigkeit verstanden[495] und daher nicht über seinen Tod hinaus praktiziert worden zu sein.

Erst Mark Aurel griff auf die Möglichkeit zurück, Veteranen nach Ableistung ihrer vollen Dienstzeit und aufgrund dieser Tatsache mit der vacatio muneris zu belohnen[496]. Er entsprach damit den Erfordernissen seiner Zeit: Die militärisch angespannte Lage dürfte wohl den Gedanken nahegelegt haben, Soldaten, für die der Dienst an sich durch die hohe Mortalitätsrate risikoreicher und gleichzeitig durch die Tatsache defensiv geführter Kriege weniger beuteträchtig geworden war, nach Ableistung ihrer Pflichtjahre mit Privilegien auszustatten, die den Dienst im Heer für die dringend benötigten Rekruten trotz aller neu entstandener Nachteile erstrebenswert sein ließen. Diese Notwendigkeit scheint auch dazu geführt zu haben, daß sich die Unterschiede zwischen den verschiedenen Truppengattungen verwischten: Die Befreiungen Mark Aurels galten allgemein "den Veteranen". Der auf der Herkunft und dem personalrechtlichen Status basierende Gedanke vom Vorrecht des römischen Bürgers gegenüber dem Peregrinen verlor dagegen an Bedeutung. Wir wissen nicht, ob und wieweit es den Veteranen altrömischer Herkunft unmittelbar vor dieser Maßnahme Mark Aurels gelang, ihre auf die Zivität gegründeten Privilegien im Alltag durchzusetzen; möglicherweise waren sie nicht mehr immer erfolgreich[497]. Für Neubürger jedenfalls wurde auch juristisch eine neue Grundlage geschaffen; sie kamen spätestens seit Mark Aurel auch rein rechtlich nicht mehr in den Besitz irgendwelcher auf ihr Bürgerrecht gegründeter Befreiungen: Wahrscheinlich aus dem Jahr 168/9 liegt der erste Beleg für eine Bürgerrechtsvergabe vor, durch die ein Stammesführer privilegiert wurde "*salvo iure gentis*"[498] - ohne Beeinträchtigung des Stammesrechts, das heißt entweder der gesamten Rechtsordnung

[495]Vgl. Plin., Paneg. 18 und 20,4.

[496]Diese vacationes stellen also die ersten "echten Veteranenabfindungen der Kaiserzeit" dar, sofern man - mit Wolff - die Vergabe von Bürgerrecht und conubium als je neuen Schenkungsakt der Kaiser nicht unter die 'eigentlichen' Veteranenprivilegien rechnen will; Wolff, Heer und Integrationspolitik, 55f.

[497]Vgl. auch hier Oertel, Die Liturgie, 394; siehe o. S. 124.

[498]Tabula Banasitana; AE 1971, 534.

des Stammes[499], oder, wie wohl plausibler scheint, ohne Beeinträchtigung der Ansprüche des Stammes auf die Leistungen des Privilegierten an die Stammesgemeinde[500]. Wie auch immer man sich entscheidet: In jedem Fall blieb der mit dem Bürgerrecht Beschenkte in liturgischer Hinsicht seinem Stamm *ohne jede Veränderung* verpflichtet; der neuerworbene Besitz des Bürgerrechts wirkte sich für ihn überhaupt nicht mehr auf den Umfang der Liturgien aus, die er zu erbringen hatte[501]. Für die altrömischen Bürger wird eine entsprechende Praxis anzunehmen sein.

Die literarische Überlieferung hat - soweit sie uns erhalten ist - diese grundsätzliche Umgestaltung im Konzept der Privilegierung von Veteranen nicht zur Kenntnis genommen. Interessant ist aber doch, daß Cassius Dio, der sich nur ein einziges Mal allgemein zum Verhältnis zwischen Mark Aurel und den Truppen äußert, dies anläßlich der Ereignisse nach der ersten gewonnenen Schlacht gegen die Markomannen und ihre Verbündeten tut. Er berichtet, daß der Kaiser trotz des glanzvollen Sieges und entgegen den Forderungen seiner Soldaten im Jahr 168 keine über das bei solchen Anlässen Übliche hinausgehenden Zugeständnisse in Form von *χρήματα* machte[502]. Da Mark Aurel sich den Forderungen nach Geld verschloß, scheint es immerhin möglich, daß er *andere* Zugeständnisse machte; Cassius Dio berichtet nicht, daß er sich zu *keinen* neuen Zuwendungen bereit fand, sondern daß sich seine *finanziellen* Zuwendungen im Rahmen des Gebührenden bewegten, während die Forderungen der Soldaten darüber hinausgingen. Sowohl das "novum privilegium" für die Prätorianer als auch die fünfjährige Befreiung der Veteranen lassen sich jedenfalls auf die Zeit unmittelbar nach diesem Feldzug datieren[503], das heißt genau in die Zeit, zu der die Forderungen der Soldaten gestiegen waren.

Dieses von Mark Aurel inaugurierte Konzept wurde in severischer Zeit in größerem Maßstab angewendet, vervollständigt und systematisiert, wobei

---

[499]So Behrends, Heer und Integrationspolitik, 142 mit Anm. 84.

[500]So Wolff, Die Constitutio, 100; zur Datierung siehe Seston - Euzennat, CRAI 1971, 473.

[501]In diesem Zusammenhang erschließt Wolff (Die Constitutio, 101) irrtümlich einen "Grundsatz der unberührten Verpflichtungen gegen die Heimatgemeinde" schon aus dem Kyrene-Edikt. Der vollständige Wegfall jedweder sich auf ein neuerworbenes Bürgerrecht stützenden Befreiung ist jedoch tatsächlich erst in der Zeit Mark Aurels belegt, und er ist erstmals für eben dasselbe Jahre nachweisbar, seit welchem auch Veteranen als Veteranen - und nicht mehr als cives Romani - privilegiert wurden.

[502]Cass. Dio, 71,3,3f.

[503]Letztere spätestens in das Jahr 168; siehe o. S. 104f. Die Datierung dieses Feldzugs ist unsicher; vgl. z.B. Mócsy, RE Suppl. IX, 555f.; Birley, Festschr. R. Laur-Belart, 216ff. Sicher scheint allein, daß Vorbereitungen für die Kämpfe bereits vor 168 stattfanden; vgl. Mócsy, a. O., 556.

sich der restriktive Charakterzug erhielt: Befreiung wurde nur von solchen Liturgien gewährt, die nicht als munera patrimoniorum zu klassifizieren waren, von den letztgenannten aber gab es keine Freistellung. Auch die Befreiung von allen steuerlichen Verpflichtungen, die immunitas omnium rerum, ist als Veteranenprivileg im zweiten Jahrhundert nicht mehr belegt. Dem Übergang zu einer regelmäßigen Privilegierung aller Veteranen korrespondierte also - kurz gesagt - eine Verminderung der Privilegien.

D. Zusammenfassung

Von den Privilegien, die die Veteranen genossen, sind die Immunitäten weitaus schwerer zu erfassen als die Vergabe von Bürgerrecht und conubium. Neumann hielt es bei dieser Ausgangslage für nötig, die Problematik gänzlich offenzuhalten: "Was von den immunitates bekannt ist, geht über die Kaiserzeit nicht hinaus; andererseits erlaubt das, was erhalten ist, keine Geschichte der Vergünstigungen."[504] Eine so große Zurückhaltung scheint jedoch nicht unumgänglich zu sein. In der Frage der Immunitäten erwies sich vielmehr eine Betrachtungsweise, die in den vorliegenden Quellen Dokumente für *regelmäßige* Privilegierungen sieht[505], daher als irreführend, weil sie die Ausnahmen als Bestätigungen der Regel nimmt. Die Norm ist vielmehr in der "Überlieferungslücke" zu suchen: Fast zwei Jahrhunderte lang wurden Immunitäten an Soldaten anläßlich ihrer Entlassung *normalerweise nicht* vergeben. Vor diesem Hintergrund trifft natürlich die oben genannte Aussage Neumanns wieder zu - allerdings in etwas anderer Bedeutung. Erst in der zweiten Hälfte des zweiten Jahrhunderts entwickelte sich stufenweise die Privilegierung der Veteranen als Veteranen (das heißt nach und aufgrund der Ableistung ihrer Dienstpflicht) und anläßlich ihrer Entlassung mit Befreiungen von lokalen Liturgien. Dieses Verfahren wurde - der steigenden Bedeutung solcher vacationes entsprechend - in den folgenden Jahrzehnten bis in die Feinheiten hinein ausgebildet und immer wieder modifiziert. Auch die regelmäßige Befreiung von steuerlichen Leistungen spielte späterhin noch eine Rolle[506], aber in den ersten beiden Jahrhunderten findet sich für sie kein Platz.

---

[504]Neumann, RE Suppl. IX, 1601.

[505]So z.B. Karlowa, Römische Rechtsgeschichte, I 613; Lesquier, L'armée, 333ff.; Fijala, Die Veteranenversorgung, z.B. 165; Kraft, Ders., Ges. Aufsätze, 159; Sander, RhM 101 (1958), 203ff.; Chalon, L'édit, 65f. mit Anm. 72; Sherwin-White, ANRW I 2, 48; Ders., The Roman Citizenship, 321; Langhammer, Die rechtliche und soziale Stellung, 37; Schneider, Das Problem der Veteranenversorgung, 226f. (implizit); Campbell, The Emperor, 442ff.; Wolff, Heer und Integrationspolitik, durchgehend; zusammenfassend S. 115.

[506]Vgl. z.B. Kraft, in: ders., Ges. Aufsätze, 155 (zu FIRA I^2 93); Cod. Theod. 7,20,2,1-2; 7,20,3pr.; 7,20,3,1; 7,20,4pr.; 7,20,4,1ff.; 7,20,8; 7,20,11.

Schlußbetrachtung

Wenn nun abschließend der Versuch unternommen werden soll, aufgrund der voranstehenden Einzeluntersuchungen die für die Veteranenprivilegierungen bestimmenden Grundzüge zu skizzieren, so muß von vornherein darauf hingewiesen werden, daß kein völlig homogenes Bild gezeichnet werden kann. Dies ist nicht allein darauf zurückzuführen, daß die Überlieferung - bei aller Reichhaltigkeit im Bereich der Vergabe von Bürger- und Eherecht - fragmentarisch bleibt, sondern es ergibt sich m.E. notwendig aus der Sache selbst: Das Ergebnis besteht, wie im Titel angedeutet, darin, daß es mehrere Konzepte der Privilegierung römischer Veteranen gab.

Zunächst ist einschränkend festzuhalten, daß für den weiten Bereich der missio agraria bzw. nummaria, der Land- oder Geldzuweisung an Veteranen also, keine Aussagen darüber gemacht werden konnten, ob sie - wie allgemein angenommen - regelmäßiger Bestandteil der Entlassung waren. Die bekannten Quellen für diese Privilegierungen lassen m.E. keine auch nur annähernd sicheren Schlußfolgerungen zu; der gesamte Bereich konnte daher nicht Gegenstand dieser Arbeit sein. Für ein anderes Privileg aber hat sich die Hypothese einer regelmäßigen Vergabe im Blick auf eine bestimmte Truppengattung als zutreffend erwiesen: Auxiliarveteranen wurden offenbar spätestens seit der Zeit des Claudius regelmäßig mit Bürger- und Eherecht ausgezeichnet. Interessanterweise verlieh man ihnen diese Privilegien ursprünglich nach 25 oder mehr Dienstjahren, aber noch *vor* ihrer honesta missio, womit die Vergabe des Bürgerrechts, wenn auch neuen Zwecken dienstbar gemacht, einer in republikanischer Zeit bekannten Praxis nahegekommen zu sein scheint: Ursprünglich wurde das Bürgerrecht nicht beim Ausscheiden eines Soldaten aus dem Militärdienst, sondern als Auszeichnung für *fortdienende* Soldaten gelegentlich verliehen[507]. Gerade bei den Veteranen der Auxiliareinheiten, die *regelmäßig* Bürger- und Eherecht erhielten, läßt sich also noch sehr gut erkennen, daß diese Auszeichnungen - auch im frühen Prinzipat - nicht von vornherein Belohnungen für ausgediente Soldaten waren, sondern erst nach und nach dazu wurden. Die Privilegierung der Flottensoldaten hingegen, die zur Zeit des Claudius inhaltlich dieselben Privilegien offensichtlich aufgrund der Tatsache erhielten, daß sie ihren Dienst abgeleistet hatten und somit "dimissi honesta missione" waren[508], wurde schon durch Nero wieder eingestellt.

---

[507] Wolff, Heer und Integrationspolitik, 55f.

[508] CIL XVI 1.

Die hier bereits vor Augen tretende Unregelmäßigkeit der Diplomvergabe scheint ein typisches Merkmal der Auszeichnung von Veteranen mit Bürger- und Eherecht gewesen zu sein. Ein regelrechtes Verbot dieser Privilegierung findet sich für die Veteranen der ravennatischen und (später vielleicht auch) der misenatischen Flotte in der zweiten Hälfte des zweiten Jahrhunderts, nachdem Hadrian überhaupt erst fortlaufende Auszeichnungen eingeführt hatte. Die zuvor - nämlich in den Thronwirren 68/9 - begründeten Privilegien hatten hingegen nicht zu einer regelmäßigen Vergabe der Diplome geführt. Ein ähnliches Bild bietet die Privilegierung der Veteranen aus den prätorischen und städtischen Kohorten: Erst seit der Regierungszeit Hadrians waren die einen, wohl erst seit Antoninus Pius auch die anderen zum Empfang von Diplomen und damit zur Gründung einer legitimen Ehe mit einer peregrinen Frau berechtigt; schon Septimius Severus trennte sie verwaltungstechnisch wieder voneinander, womit er eine deutliche Bevorzugung der Prätorianer gegenüber den urbaniciani verband. Die früheste Vergabe von Diplomen für diese Truppen, die sich auf die Ereignisse des Bürgerkrieges 68/9 zurückführen läßt, entwickelte sich auch bei ihnen - wie bei den classici - nicht zu einer fortlaufenden Privilegierung. Die Diplome der nationalen Numeri und die der equites singulares Augusti bildeten ohnehin Ausnahmen.

Aus diesen Einzelergebnissen ist m.E. abzuleiten, daß die Annahme einer regelmäßigen, allgemeinen Vergabe von Bürger- und Eherecht nicht länger gehalten werden kann. Ein langfristig angelegtes, übergreifendes Konzept wurde nur im Falle der Auxiliarveteranen wirksam; die Absicht dürfte hier darin gelegen haben, den Militärdienst attraktiver zu machen und die Romanisierung des römischen Weltreichs voranzutreiben, wobei man auf die zu diesem Zweck geeignetsten Träger römischer Formen und Inhalte zurückgriff. In den meisten anderen Fällen hingegen legten die Gründe, die zur Privilegierung der Veteranen führten, durchaus und häufig von vornherein kurzfristige Regelungen nahe, sei es nun die Vergabe von Bürgerrecht und conubium durch Galba an ehemalige Flottensoldaten, mit der er sich die Treue der legio I adiutrix zu erkaufen suchte, sei es die vergleichbare Maßnahme Vespasians zugunsten der legio II adiutrix pia fidelis, zu der er vor allem mit Rücksicht auf das Vorbild Galbas gezwungen war. Ganz ähnlich waren die Auszeichnungen motiviert, die Severus Alexander den equites singulares Augusti zukommen ließ: Auch ihm war daran gelegen, die Loyalität der *aktiven* Soldaten durch die Privilegierung der *ausscheidenden* zu kaufen. Genau dieselbe Absicht dürfte Domitian mit der Privilegierung der Legionsveteranen verfolgt haben, und eben dieses Konzept lag - mit gewissen Modifikationen - wohl auch der Diplomvergabe an Angehörige der nationalen Numeri zugrunde.

Auf völlig andere Gründe zurückzuführen, in Planung und Durchführung aber ebenso kurzfristig angelegt war die Auszeichnung der unerwünschten Prätorianer und städtischen Soldaten durch Vespasian. Eine entfernte Parallele hierzu läßt sich in dem Vorgehen des Septimius Severus gegen die Angehörigen der städtischen Kohohrten vermuten. In diesen Fällen vergab man die Privilegien, um sich unliebsam gewordener Soldaten zu entledigen.

Neben diesen überaus kurzfristigen Konzepten stehen andere, die immerhin für eine gewisse Zeit wirksam geworden sind. Hierbei handelt es sich vor allem um solche Privilegierungen, die sich unmittelbar auf kaiserliches Wohlwollen zurückführen lassen und offenbar als Belohnung für eine bestimmte Truppe gedacht waren. Diese Absicht dürfte dafür den Ausschlag gegeben haben, daß Titus die ägyptische, Domitian die mösische Flotte in den Rang der Empfangsberechtigten erhob; sie lag aber sicherlich auch der Bevorzugung der Prätorianer durch Septimius Severus zugrunde, und vor allem läßt sie sich zu der Zeit der Kaiser Hadrian und Antoninus Pius aufzeigen: Hadrian, der häufig Reisen unternahm, trug dafür Sorge, daß die ehemaligen Prätorianer und Matrosen der prätorischen Flotten ausgezeichnet wurden; Antoninus Pius, der seine Regierungszeit in Rom verbrachte, fügte die städtischen Kohorten hinzu, nahm aber die Bevorzugung der Ravennaten zurück - jeder Kaiser privilegierte offenbar die ihm nahestehenden Truppen.

Es lassen sich also mehrere Konzepte aufzeigen, nach denen die Kaiser verfuhren, wenn sie sich dazu bereit fanden, Veteranen durch die Vergabe von civitas und / oder conubium zu privilegieren. *Eine* Vorstellung tritt dabei aber sehr in den Hintergrund: Der Gedanke, daß Veteranen eben als ausgediente Soldaten einen - und sei es nur moralisch oder gewohnheitsrechtlich fundierten - Anspruch auf diese Auszeichnung als Belohnung für ihre Dienste erwerben konnten, hat sich während der ersten beiden Jahrhunderte n.Chr. nur im Fall der Auxiliarveteranen klar durchgesetzt, und auch hier in ganz reiner Form erst seit 140. Ein römischer Veteran konnte *als solcher* also nur ausnahmsweise Anspruch auf dieses "Veteranenprivileg" erheben.

Zu einem unter diesem letztgenannten Aspekt ganz ähnlichen Ergebnis führte auch die Untersuchung der Privilegierung von Veteranen durch Befreiung von steuerlichen und liturgischen Leistungen; allerdings ergab sich in der Frage des zugrundeliegenden Konzepts für diesen Bereich ein geschlosseneres Bild: Bis weit in die zweite Hälfte des zweiten Jahrhunderts hinein existierte dieses Privileg gar nicht, wenn man von der Ausnahme zur Zeit Domitians absieht. Bis in antoninische Zeit gab es kein längerfristig wirksames Konzept, aufgrund dessen den Veteranen als solchen, durch die Ableistung ihres Dienstes begründet, immunitas omnium rerum und vacatio muneris zugestanden wurden. Sofern sie diese Vorrechte besaßen, erfreuten sie sich ihrer dank der Tatsache, daß sie Alt- oder Neubürger waren (mit jeweils unterschiedlich weitgreifender Befreiung), nicht aber, weil sie gedient hatten.

Diese Privilegien sollten also besser gar nicht als "Veteranenprivilegien" bezeichnet werden. Sie kamen einzelnen Personen aufgrund ihres personalrechtlichen Status' zu, nicht aber den Veteranen für treue Dienste.

Erst seit der Zeit Mark Aurels entwickelte sich ein Konzept, aufgrund dessen eines dieser beiden Vorrechte, die vacatio muneris nämlich, zum echten Veteranenprivileg wurde: In severischer Zeit kam sie, gebunden an die Ableistung eines gewissen Dienstes, in einem entsprechenden Umfang jedem Veteranen, gleich welcher Truppengattung, in gleichem Maße zu. Aus einem mit dem personalrechtlichen Status gegebenen Vorrecht des Römers gegenüber dem Peregrinen wurde so die Belohnung nach treuen Diensten. Auch in dem anderen der beiden hier untersuchten Bereiche, bei der Vergabe von Bürger- und Eherecht nämlich, scheint das Vordringen des "Verdienstgedankens" Spuren hinterlassen zu haben: Wenn Antoninus Pius die Vergabe des Bürgerrechts an die *Kinder* der Auxiliarveteranen einstellte, so könnte hierin eben dieser Wandel des Verständnisses deutlich werden. Es dauerte aber sehr lange, bis dieser für spätere Zeiten so typische "Verdienstgedanke" entwickelt war und zur Wirkung kam; sowohl das historisch natürlich vorgegebene Verständnis vom Vorrecht des römischen Bürgers als auch die Vorstellung, daß das Verhältnis des Feldherrn zum Heer durch Belohnungen, nicht aber Verpflichtungen gekennzeichnet sei, erwiesen sich auch im römischen Heer des Prinzipats noch als lebensfähig. Die Frage, ob bestimmte Veteranen bestimmte Vergünstigungen in Anspruch nehmen konnten oder nicht, war bis in antoninische Zeit (und z.T. darüber hinaus) keine primär rechtliche, sondern eine politische Frage; ihre Antwort ergab sich aus dem jeweiligen Machtverhältnis zwischen dem Kaiser einerseits und seinem Heer andererseits. Die Privilegien römischer Veteranen waren in sehr viel größerem Umfang, als bisher angenommen, Resultate freier kaiserlicher Verfügungsgewalt.

Appendix I:

Das Ende der Vergabe von Auxiliardiplomen

Im Anschluß an die Ausführungen zum römischen Bürgerrecht kann nun auch auf die Frage nach dem Ende der Auxiliardiplome noch einmal eingegangen werden. Bereits aufgrund der chronologischen Verteilung dieser Diplome ließ sich sagen, daß als wesentlicher Grund für den doch relativ klaren Abbruch gegen Ende der 60er Jahre des 2. Jahrhunderts keine direkte Restriktion der kaiserlichen Zentrale verantwortlich gemacht werden kann, denn diese Annahme stünde in Widerspruch zu der Tatsache, daß einige wenige Auxiliardiplome auch aus späterer Zeit noch erhalten sind[509]. Vielmehr wird, so war die Schlußfolgerung, ein verändertes Verhalten der Veteranen dazu geführt haben, daß seit dem Ende der 60er Jahre fast keine Auxiliardiplome mehr ausgestellt wurden.

Hier ist es wichtig, sich noch einmal im einzelnen vor Augen zu führen, was diese Schlußfolgerung bedeutet: Sie impliziert, daß die (nicht erhaltenen) Vorlagen der Diplome durchaus weiterhin erstellt und in Rom ausgehängt wurden, daß man die Privilegien an Auxiliarsoldaten also weiterhin prinzipiell verlieh, und daß die Veteranen auch weiterhin die Möglichkeit hatten, Abschriften anzufordern. Die in Bronze gehaltenen Abschriften, von denen allein sich im Normalfall einige bis heute erhalten konnten, waren nun sicherlich die teuersten Exemplare solcher Kopien; Duplikate auf Papyrus, Holz oder in Wachs dürften sehr viel billiger gewesen sein. Bis in die sechziger Jahre hinein liegen uns also relativ viele "Prachtausgaben" vor; ob seit dem Ende der sechziger Jahre aber keine Bronzetafeln oder überhaupt keine Abschriften mehr angefordert wurden, bleibt offen; sicher ist allein, daß die Privilegien verliehen wurden und grundsätzlich Abschriften angefordert werden konnten.

Welche Gründe konnten einen Veteranen nun dazu bewegen, ein "Prachtexemplar" anzufordern? Mehrere Möglichkeiten sind denkbar: Er konnte z.B. verhältnismäßig viel Geld zur Verfügung haben, so daß die Kosten für

---

[509] Siehe o. S. 16.

eine Bronzeausführung kaum zu Buche schlugen[510]. Außerdem mag er mit besonderem Stolz auf seinen Militärdienst zurückgeblickt und eine in Bronze gehaltene Ausführung der ihm aufgrund dieses Dienstes zugestandenen Privilegien für lediglich adäquat gehalten haben. Neben solchen eher persönlichen hat es aber sicherlich auch sachliche Gründe gegeben: Erstreckten sich die Privilegien nicht nur auf die eigene Person, sondern vererbten sie sich fort, so dürfte die zeitbeständigere Ausführung der Kopie für die Nachkommen der Veteranen von Bedeutung gewesen sein[511]. Dies galt natürlich in besonderem Maße für die vor der Entlassung gezeugten Kinder, die bis zum Jahr 140 ebenfalls das Bürgerrecht erhielten, aber es galt auch für die Befreiung von lokalen Liturgien, die - wie oben ausgeführt[512] - dem Vater *als*

---

[510]Hier wird natürlich vorausgesetzt, daß die Veteranen ihre Kopien selbst bezahlten. Diese Annahme ist durchaus nicht selbstverständlich; vom Gegenteil überzeugt z.B. Behrends, Heer und Integrationspolitik, 149: "Da die instrumenta (= Militärdiplome, Anm. d. Verf.) ja die älteren kaiserlichen diplomata ersetzten, die gewiß auf Kosten des Kaisers gingen, ist wahrscheinlich, daß auch die instrumenta öffentlich finanziert wurden, und zwar vermutlich vom Militärfiskus." Ein wichtiges Indiz weist aber darauf hin, daß die Veteranen die Kosten der Diplome doch selbst trugen oder zumindest an ihnen beteiligt wurden, indem man ihnen z.B. nur den Materialwert vom Sold abzog (so Kellner, Heer und Integrationspolitik, 245): Nach den Zusammenstellungen der Empfängertruppen in den Militärdiplomen standen die Alen zu den Kohorten in einem Verhältnis von ca. 1:2,5; sie machten also deutlich weniger als die Hälfte aus (vgl. auch Dušanić, Heer und Integrationspolitik, 193f. Sein Ergebnis ist im Prinzip dasselbe; wenn die Alen zu den Kohorten bei ihm in einem Verhältnis von 1:3 oder 1:4 erscheinen, so liegt der Grund hierfür darin, daß Dušanić die Gesamtzahl *aller* Einheiten gegeneinander aufrechnet, während in der vorliegenden Argumentation lediglich die in den Diplomen genannten Truppen zur Berechnung herangezogen wurden).

Entsprechend dürfte sich auch die Zahl der Reiter zu der der pedites verhalten haben, wobei noch nicht einmal berücksichtigt ist, daß es weniger alae milliariae als cohortes milliariae gegeben zu haben scheint, das Verhältnis also zugunsten der pedites zu korrigieren wäre. Unter den individuellen Empfängern der Diplome aber stehen die Reiter zu den Fußsoldaten in einem Verhältnis von ca. 1:1,9; das heißt überproportional viele erhaltene Diplome wurden an Reiter ausgestellt. (Den Zahlen liegen die Indices von CIL XVI und RMD zugrunde; prätorische und städtische Kohorten wurden nicht berücksichtigt.) Die einfachste Erklärung für diesen Befund scheint zu sein, daß reichere Veteranen eher in der Lage waren, sich ein Bronzediplom zu leisten, als weniger begüterte, daß die Veteranen also an den Kosten beteiligt wurden; so auch Roxan, Heer und Integrationspolitik, 266; Wenger, RE II A 2, 2417. Zu den Besitzverhältnissen der equites gegenüber den pedites siehe Wierschowski, Heer und Wirtschaft, 105f.

Diese Annahme wird durch das oben genannte Traditionsargument, welches Behrends vorbrachte, nicht berührt, da die Frage der Finanzierung wohl überhaupt erst wichtiger werden konnte, als die Materialkosten durch die Verwendung von Bronze stiegen. Zu diesem Zeitpunkt dürfte die Art der Finanzierung von neuem überdacht worden sein.

[511]Vgl. Williamson, CSCA 18 (1987), 169: "Bronze was used in order to create lasting memorials. Bronze tablets were eternal."

[512]Siehe o. S. 113ff. u. 121ff.

römischem Neubürger in einem beschränkten Umfang zugestanden wurde. In diesem letztgenannten Sinne stellt auch das Jahr 140 einen nur ganz unwesentlichen Einschnitt dar: Die vor der Entlassung bereits gezeugten Kinder der Auxiliarveteranen erhielten nach 140 natürlich auch keine Befreiung von den Liturgien mehr, aber die später geborenen konnten sie genießen. Das conubium hingegen wurde den Kindern ganz allgemein nicht mehr zugestanden. Daraus folgt: Das einzige vererbbare Privileg, das den (in vollrechtlicher Ehe geborenen) Kindern der Auxiliarveteranen nach 140 noch verblieb, war - im Zusammenhang mit dem Bürgerrecht - die besondere Qualität eines römischen Neubürgerrechts, bestehend aus der partiellen Befreiung von lokalen Liturgien[513]. Nicht zuletzt dieses Privileg dürfte den Grund dafür dargestellt haben, daß die Auxiliarveteranen auch noch nach 140, und zwar sogar in steigender Anzahl, besonders haltbare *Bronze*diplome verlangten. Die höchste Zahl erhaltener Auxiliardiplome pro Jahr liegt - wie erwähnt - in den 50er und 60er Jahren des 2. Jahrhunderts vor[514].

Dieser Grund, Bronzetafeln anzufordern, entfiel nun in dem Augenblick, in dem sich der privilegierte Status eines ehemaligen Auxiliarsoldaten nicht mehr aus seinem römischen Bürgerrecht ergab, sondern direkt aus der Tatsache, daß er seinen Dienst abgeleistet hatte: Die Erblichkeit dieses Privilegs war damit aufgehoben[515].

Die Tatsache, daß Veteranen *als solche* regelmäßig mit Immunitäten ausgestattet wurden, ist zum erstenmal spätestens für das Jahr 168 belegt[516]. Das Privilegierungswesen wurde also genau zu der Zeit umgestaltet, in der auch die massenhafte Vergabe der Bronzekopien an Auxiliarveteranen zu einem plötzlichen Abbruch kam. Daher läßt sich vermuten, daß - auf den ersten Blick paradoxerweise - die regelmäßige Privilegierung der Veteranen *als solcher* mit zunächst befristeten Immunitäten dazu führte, daß die Vergabe der Bronzetafeln, die wir kurz als Militärdiplome bezeichnen, für die Auxiliarveteranen weitgehend eingestellt wurde. Die durch die Diplome verfügten

---

[513] An dieser Stelle ist also auf das Ergebnis zurückzugreifen, daß es ein erbliches Neubürgerrecht gegeben habe (siehe o. S. 123); für die bisherigen Ausführungen hingegen war diese Frage belanglos.

[514] Siehe o. S. 7.

[515] Die hier erschlossene Hypothese läßt sich gut mit den Ergebnissen Kellners (Heer und Integrationspolitik, 245) kombinieren, der darauf hinweist, daß in Provinzen, in denen das römische Bürgerrecht relativ verbreitet war, weniger Diplome gefunden wurden als in ausgeprägt peregrinen Gegenden: Während neurömische Bürger in römischen Gemeinden selbstverständlich zur Ableistung der munera verpflichtet wurden, waren sie in peregrinen zumindest teilweise befreit.

[516] Wilcken, Chrest. I 2, Nr. 396 = BGU I 180; siehe o. S. 102ff.; vgl. auch Frgm. Vat. Nr. 195; siehe o. S. 100ff.

Privilegien hingegen wurden weiterhin vergeben. Die Bronzediplome, welche nach der grundsätzlichen Änderung des Privilegierungskonzepts ausgestellt wurden, dürften (von dem besonderen Fall in CIL XVI 132 einmal abgesehen) eher auf den persönlichen Stolz der Veteranen als auf sachliche Gründe zurückzuführen sein.

Diese Deutung bestätigt sich, wenn man einen Blick auf die Diplome für ehemalige Flottensoldaten wirft, welche nach der oben genannten grundlegenden Änderung der 160er Jahre ausgestellt wurden: In sieben von acht Fällen ist die Nennung der Empfänger erhalten oder rekonstruierbar, und in sechs von diesen sieben Fällen handelte es sich bei ihnen nicht nur um die Veteranen selbst, sondern auch um Familienangehörige[517]. Auch hier war nach dem Jahr 166 die Absicht, den eigenen Kindern die Privilegien zukommen zu lassen, der ausschlaggebende Grund dafür, das dauerhaftere Bronzediplom anzufordern, denn die Flottenveteranen erhielten ja nach wie vor römisches Bürgerrecht auch für vor der Entlassung gezeugte Kinder, sofern diese nur aus einer "consuetudo concessa" stammten[518]. Auch die Flottendiplome des ausgehenden zweiten und dritten Jahrhunderts weisen also darauf hin, daß die Fürsorge für die Kinder und damit die Frage der Erblichkeit der in den Diplomen genannten Privilegien im zweiten Jahrhundert ausschlaggebend dafür wurde, ob der Veteran eine Bronzetafel anforderte oder nicht. Dies stützt gleichzeitig die oben aufgestellte Hypothese, daß, nachdem eine vererbliche Privilegierung für die Auxiliarveteranen nicht mehr möglich war, die Bronzediplome nicht mehr benötigt wurden und ihre Anforderung daher im allgemeinen unterblieb.

---

[517]Nicht rekonstruierbar ist die Nennung der Familienmitglieder in CIL XVI 138; nicht genannt sind sie in CIL XVI 127. Genannt sind sie hingegen in RMD 73. 74. 131. 133. CIL XVI 152 und 154.

[518]Siehe o. S. 30.

Appendix II:

P. CATT. II 11 - 22: Zur Illegitimität der Kinder eines Auxiliarveteranen

Abschließend ist auf einen Papyrus einzugehen, der m.W. noch nicht erklärt wurde, ohne daß die hier vorgetragene Ansicht über die Diplomvergabe an Auxiliarveteranen in Zweifel gestellt wurde. Der zugrundeliegende Sachverhalt besteht darin, daß dem ausgedienten Soldaten Longinus, einem civis Romanus und ehemaligen cohortalis, im Jahr 114 verwehrt wurde, seine beiden Kinder, die ihm von einer Römerin während seiner Militärzeit geboren worden waren, nach seiner Entlassung als legitime Kinder in die Epikrisis aufnehmen zu lassen[519]. Wichtig ist hier allein die Antwort des Präfekten:

[ἐπικριτ]ή[σο]ṿται ọἱ παῖδες ὡς ἐκ ʽΡωμαίας [γεγενημέ]νοι. Σὺ αὐτοὺς καὶ̣ θ̣[έ]λει[ς] ἐξ ἐπι[γαμίας (?)[520] *νομί]μους καταλείπειν, νόμιμον δε π̣α̣τ̣έρα αὐτῶν ποιεῖν οὐ δ̣ύ̣νομα[ι].*

Geht man nun - wie oben nahegelegt - davon aus, daß die Kinder der Auxiliarsoldaten bei der Entlassung ihrer Väter zu legitimen Kindern wurden[521], so wird die Weigerung des Präfekten, Longinus als gesetzlichen Vater anzuerkennen, problematisch: Sollte Longinus anläßlich seiner Entlassung nicht nur kein Diplom angefordert haben (wie vielleicht noch verständlich, weil er selbst und seine Angehörigen ohnehin schon cives Romani waren), sondern auch nicht berechtigt gewesen sein, die durch die Diplome verfügten Privilegien zu beanspruchen? Dies wäre in der Tat, wie Lesquier formulierte, "particulièrement interessant"[522]. Weitreichende Überlegungen ließen sich an die-

---

[519] P. Catt. II 11-22 = Wilcken, Chrest. II 2, Nr. 372. Die Erklärung Meyers, APF 3 (1906), 79f. geht an dem Problem vorbei, indem Meyer in Longinus einen *miles* c.R. erkennt. Longinus war aber mit Sicherheit Veteran, wie nicht nur aus dem Perfekt *ἐστρα[τεῦσθαι]* (Z. 2), sondern auch aus der Tatsache hervorgeht, daß er sich zur Epikrisis meldete. Vgl. auch Weiss, Pragm. Akad. Athen. 14,2 (1949), 4f. und die allerdings nicht sehr tiefgehenden Ausführungen Jungs, ANRW II 14, 310f.

[520] Diese Ergänzung empfiehlt sich m.E. des zweiten Halbsatzes wegen, der inhaltlich den ersten Halbsatz wieder aufnimmt; anders: Wilcken, Chrest. I 1, 402 Anm. 3.

[521] Siehe o. S. 90ff.

[522] L'armée, 264 Anm. 5.

sen Text anknüpfen, insbesondere nämlich die Frage, ob tatsächlich römische Bürger als Auxiliarveteranen die Zivität für während der Dienstzeit geborene Kinder erhielten, oder ob dieses Privileg allein den *peregrinen* Auxiliarsoldaten vorbehalten blieb. Diese Hypothese ließe sich, da alle Auxiliardiplome bis zum Jahr 140 das Bürgerrecht für die Kinder umfassen, noch weiter ausführen: Erhielten Auxiliarveteranen römischen Bürgerrechts evtl. auch keine Diplome? Könnte dies wiederum Ausdruck der Tatsache sein, daß sie als römische Bürger der disciplina Romana unterlagen, nach deren Eheverbot sich peregrine Soldaten vielleicht nicht zu richten hatten? Die Alternative Lesquiers, Longinus sei vielleicht nicht ehrenhaft entlassen worden und habe daher kein Diplom erhalten, wirkt jedenfalls nicht sehr überzeugend[523].

Es scheint jedoch möglich, eine andere Erklärung für die Illegitimität der Kinder des Longinus anzuführen: Longinus selber konnte als Soldat keine legitimen Kinder haben. Folglich wurde sein Rechtsstatus nicht auf die beiden Kinder übertragen; juristisch hatten sie keinen Vater, waren spurii, und das impliziert, daß sie den personalrechtlichen Status der Mutter annahmen[524]. Beide Kinder waren also Altrömer, weil auch die Mutter zu den Ῥωμαῖοι gehörte; dies war allerdings ein Zufall, der wahrscheinlich nur bei wenigen Verbindungen der Soldaten in Ägypten gegeben war. In diesem Fall jedoch genossen die Kinder als Altrömer eine weitreichende, wahrscheinlich vollständige Befreiung von den Liturgien[525]. Das scheint der Präfekt vor Augen gehabt zu haben, als er bestimmte, daß die Kinder in die Epikrisis aufgenommen würden ὡς ἐκ Ῥωμαίας γεγενημένοι: ὡς kann hier nicht "weil" heißen und bezeichnet daher nicht den Grund dafür, daß die Kinder aufgenommen wurden[526], denn prinzipiell hätten sie auch einen Anspruch auf Aufnahme in die Epikrisis gehabt, weil sie Kinder eines ehemaligen Auxiliarsoldaten waren. Daher wurden sie nicht aufgenommen, *weil* sie von einer Römerin stammten; ὡς ist vielmehr mit "als" zu übersetzen und bezeichnet die Kategorie, in der die Kinder geführt werden sollten, nämlich in der Kategorie der Altrömer. Sie wurden aufgenommen, "als von einer Altrömerin Geborene". Der Präfekt erkannte also, daß diese Kinder Anspruch auf vollständige Immunität erheben konnten, wenn er ihnen den Status von Altbürgern zusicherte, und genau dieses Entgegenkommen bewies er im ersten Satz seiner Antwort.

Dieser den Kindern zugebilligte Vorteil hatte aber Konsequenzen: Die Befreiung basierte juristisch darauf, daß die Kinder zwar eine Mutter, aber

---

[523]Lesquier, L'armée, 264 Anm. 5.

[524]Gaius, Inst. 1, 64.

[525]Siehe o. S. 118ff.

[526]So jedoch z.B. Jung, ANRW II 14, 311 mit Anm. 62; Wilcken, Chrest. I 1, 402.

keinen gesetzlichen Vater hatten. Mit anderen Worten: Hätten sie einen gesetzlichen Vater erhalten sollen, so hätte dies im Zusammenhang mit der Entlassung des Longinus bereits geschehen oder aufgrund seiner Entlassung und der damit verbundenen Rechte nunmehr nachgeholt werden müssen. Dabei wäre ihr bisheriger personalrechtlicher Status aufgehoben und ihnen das römische Bürgerrecht verliehen worden; gleichzeitig wären sie zu legitimen Kindern ihres Vaters geworden. Das Bürgerrecht, das sie erlangt hätten, wäre aber ganz zweifellos ein Neubürgerrecht gewesen, welches nur zur Befreiung von bestimmten, aber nicht von allen Liturgien qualifizierte[527]. Die Kinder hätten also einen legitimen Vater gewonnen, einen Teil ihrer lebenslangen Befreiung aber verloren. Offenbar standen hier zwei Möglichkeiten zur Wahl, und der Präfekt wählte - entgegenkommenderweise - die Möglichkeit, die Kinder von sämtlichen Liturgien zu befreien. In diesem Fall aber mußte er die zusätzliche Forderung des Longinus zurückweisen: Zum gesetzlichen Vater konnte er ihn dann nicht mehr machen.

---

[527]Die Tatsache, daß Longinus selbst ebenfalls Altrömer der Kategorie Ῥωμαῖοι war, ändert an diesem Sachverhalt nichts, da die Kinder ja nicht das Bürgerrecht des Vaters, sondern ganz allgemein das "gegebene", also *neu*römische Bürgerrecht erhielten.

Sammlungen epigraphischer und papyrologischer Quellen

Ägyptische Urkunden aus den königlichen Museen zu Berlin. Griechische Urkunden I/V, ed. F. Krebs - W. Schubart - P. Viereck - U. Wilcken et al., Berlin 1895/1919.

Ancient Roman Statutes, ed. A.C. Johnson et al., Austin 1961.

L'Année Epigraphique, ed. R. Cagnat et al., Paris 1889/1987.

Corpus Inscriptionum Latinarum III, 1 (Suppl.), ed. Th. Mommsen, Berlin 1902.

Corpus Inscriptionum Latinarum V, ed. Th. Mommsen, Berlin 1872.

Corpus Inscriptionum Latinarum VI, 4, 2, ed. C. Hülsen, Berlin 1902.

Corpus Inscriptionum Latinarum XVI, ed. H. Nesselhauf, Berlin 1936; Suppl. 1954.

Documenti per la storia dell'esercito Romano in Egitto, ed. S. Daris, Mailand 1964.

L'Epigrafe di Asculum di Gn. Pompeo Strabone, ed. N. Criniti, Mailand 1970.

Fontes Iuris Romani Anteiustiniani I, ed. S. Riccobono, Florenz ^{2}1941.

Inscriptiones Latinae Selectae I/III, ed. H. Dessau, Berlin 1892/1916.

Inscriptions latines d'Afrique (Tripolitaine, Tunisie, Maroc), ed. R. Cagnat - A. Merlin - L. Chatelain, Paris 1923.

Militärinschriften aus Carnuntum, ed. E. Vorbeck, Wien ^{2}1980.

Orientis Graeci Inscriptiones Selectae, I/II, ed. W. Dittenberger, Leipzig 1903/1905.

Greek Papyri in the British Museum II, ed. F.G. Kenyon, London 1898, ND 1973.

Papyrus Cattaoui I, ed. B.P. Grenfell - A.S. Hunt - P.M. Meyer, Archiv für Papyrusforschung 3 (1906), 55ff.

Les Papyrus Fouad I, ed. A. Bataille - O. Guéraud et al., Kairo 1939.

Litourgia Papyri. Documents on Compulsory Public Service in Egypt under Roman Rule, ed. N. Lewis, Philadelphia 1963.

Papyri in the Universitäy of Michigan Collection VII, ed. H.A. Sanders, Ann Arbour 1947.

Papyri Osloenses III, ed. S. Eitrem - L. Amundsen, Oslo 1936.

Il Papiro Vaticano greco II, ed. M. Norsa - G. Vitelli, Rom 1931.

Mitteilungen aus der Würzburger Papyrussammlung, ed. U. Wilcken, Berlin 1934.

Roman Documents from the Greek East, ed. R. Sherk, Baltimore 1969.

Roman Military Diplomas I/II, ed. M.M. Roxan, London 1978/1985.

Roman Military Records on Papyrus, ed. R.O. Fink, Cleveland 1971.

Veröffentlichungen aus den badischen Papyrus-Sammlungen IV, ed. F. Bilabel, Heidelberg 1924.

Bibliographie

ABBOTT, F.F. - JOHNSON, A.C., Municipal Administration in the Roman Empire, Princeton 1926.

AIGNER, H., Die Soldaten als Machtfaktor in der ausgehenden römischen Republik, Innsbruck 1974.

ALEXANDER, P.J., Letters and Speeches of the Emperor Hadrian, HSPh 49 (1938), 141ff.

ALFÖLDI, A., The Army and its Transformation, CAH 12, 1939, 208ff.

ALFÖLDY, G., Rezension: D. Kienast, Untersuchungen zu den Kriegsflotten der römischen Kaiserzeit, Bonn 1966, Gnomon 39 (1967), 604ff.; zit. nach: ders., Römische Heeresgeschichte, 43ff.

Ders., Zur Beurteilung der Militärdiplome der Auxiliarsoldaten, Historia 17 (1968), 215ff.; zit. nach: ders., Römische Heeresgeschichte, 51ff.

Ders., Die Hilfstruppen der römischen Provinz Germania Inferior, ES 6 (1968).

Ders., Die Generalität des römischen Heeres, BJ 169 (1969), 233ff.; zit. nach: ders., Römische Heeresgeschichte, 3ff.

Ders., Konsulat und Senatorenstand unter den Antoninen, Bonn 1977.

Ders., Die Truppenkommandeure in den Auxiliardiplomen, W. Eck - H. Wolff (Hg.), Heer und Integrationspolitik, Köln - Wien 1986, 385ff.; zit. nach: ders., Römische Heeresgeschichte, 89ff.

Ders., Römische Heeresgeschichte, Beiträge 1962/1985, Amsterdam 1987.

AMELOTTI, M., Notariat und Urkundenwesen zur Zeit des Prinzipats, ANRW II 13, 1980, 386ff.

ANDERSON, G.C., Augustan Edicts from Cyrene, JRS 17 (1927), 33ff.

ARNAUD-LINDET, M.-P., Remarques sur l'octroi de la civitas et du conubium dans les diplômes militaires, REL 55 (1977), 282ff.

ATKINSON, K.M., The Third Cyrene Edict of Augustus, Festschr. V. Ehrenberg, Oxford 1966, 21ff.

BAATZ, D., Kastell Hesselbach und andere Forschungen am Odenwaldlimes, Berlin 1973.

BACHOFEN, J.J., Ausgewählte Lehren des römischen Civilrechts, Bonn 1848.

BALLA, L., To the Questions of the Military History of Dacia in the Second Century, Acta Classica 1 (1965), 39ff.

BANG, M., Die Germanen im römischen Dienst, Berlin 1906.

Ders., Zu den Germani corporis custodes, Klio 11 (1911), 497ff.

BARTA, G., Bemerkungen zur Kriegsgeschichte Daziens im II. Jahrhundert (167 - 171), Acta Classica 2 (1966), 81ff.

BATAILLE, A., Un papyrus Clermont-Ganneau appartenant à l'Académie des Inscriptions, JJP 4 (1950), 327ff.

BEHRENDS, O., Die Rechtsregelungen der Militärdiplome und das die Soldaten des Prinzipats treffende Eheverbot, W. Eck - H. Wolff (Hg.), Heer und Integrationspolitik, Köln - Wien 1986, 116ff.

BELL, I.B., Egypt under the Early Principate, CAH X, 1934, 284ff.

BELLEN, H., Die germanische Leibwache der römischen Kaiser, Mainz 1981.

BELLEN, H. - PISO, I., Das Militärdiplom von Drobeta, ZPE 56 (1984), 263ff.

BENEA, D., Numerus Palmyrenorum Tibiscensium. Contributi i la istoria trupelor de Palmyreni din Dacia, Apulum 18 (1980), 131ff.

BENGTSON, H., Die Flavier. Vespasian, Titus, Domitian, München 1979.

BERCHEM, D.v., Le diplôme militaire de le Bibliothèque Bodmer, MH 36 (1979), 101ff.

BERGER, A., Incola, RE IX 2, 1916, 1249ff.

BETZ, A., Zur Dislokation der Legionen in der Zeit vom Tode des Augustus bis zum Ende der Prinzipatsepoche, Carnuntina (Römische Forschungen in Niederösterreich 3), Graz - Köln 1956, 17ff.

BIRLEY, A., The Invasion of Italy in the Reign of M. Aurelius, Festschr. R. Laur-Belart, Basel - Stuttgart 1968, 214ff.

Ders., The Economic Effects of Roman Frontier Policy, King, A. - Henig, M. (Hg)., The Roman West in the Third Century, Oxford 1981, 39ff.

BIRLEY, E., Hadrianic Frontier Policy, Carnuntina (Römische Forschungen in Niederösterreich 2), Graz - Köln (1956), 25ff.

Ders., Beförderungen und Versetzungen im römischen Heere, Carnuntum Jahrbuch 1957 (1958), 3ff.

Ders., Roman Britain and the Roman Army, Kendal 1961.

Ders., Septimius Severus and the Roman Army, ES 8 (1969), 63ff.

Ders., Before Diplomas and the Claudian Reform, W. Eck - H. Wolff (Hg.), Heer und Integrationspolitik, Köln - Wien 1986, 249ff.

BIZZARRI, M. - FORNI, G., Diploma militare del 306 d.C. rilasciato a un pretoriano di origine italiana, Athenaeum 38 (1960), 3ff.

BLEICKEN, J., In provinciali solo dominium populi Romani est vel Caesaris. Zur Kolonisationspolitik der ausgehenden Republik und frühen Kaiserzeit, Chiron 4 (1974), 359ff.

BÖHM, R.G., Gaiusstudien 8./9., Freiburg i.Br. 1975.

BOREN, H.C., Studies Relating to the Stipendium Militum, Historia 32 (1983), 427ff.

BOTERMANN, H., Die Soldaten und die römische Politik, München 1968.

BOUNEGRU, O., Über die cives Romani consistentes von Skythia Minor, MBAH 5 (1986), 59ff.

BRAND, C.E., Roman Military Law, Austin 1968.

BRAUNERT, H., Ius Latii in den Stadtrechten von Salpensa und Malaca, Corolla E. Swoboda, Graz - Köln 1966, 68ff.

BREEZE, D.J., Pay Grades and Ranks below the Centurionate, JRS 61 (1971), 130ff.

BRUNT, P.A., Pay and Superannuation in the Roman Army, PBSR 18 (1950), 50ff.

BUCKLAND, W.W., A Textbook on Roman Law, Cambridge ³1963.

BUREN, A.W. v., Some Families Formed by Roman Soldiers and Veterans, Festschr. A. Grenier (Coll. Latomus 58), Brüssel 1962, 1564ff.

CAGNAT, R., Urbanae cohortes, DAGR 5, 1877, ND 1966, 602ff.

Ders., Étude historique sur les impôts indirectes chez les Romains jusqu'aux invasions des barbares, Paris 1882, ND Rom 1966.

CALLIES, H., Die fremden Truppen im römischen Heer des Prinzipats und die sogenannten nationalen Numeri. Beiträge zur Geschichte des römischen Heeres, BRGK 45 (1964), 130ff.

CAMPBELL, J.B., The Marriage of Soldiers under the Empire, JRS 68 (1978), 153ff.

Ders., The Emperor and the Roman Army: 31 BC - AD 235, Oxford 1984.

CARCOPINO, J., Rezension: Jean Lesquier, L'armée romaine, REA 1921, 73f.

CAVENAILE, R., Le P. Mich VII 432 et l'honesta missio des légionnaires, Festschr. A. Calderini - R. Paribeni II, Milano 1957, 243ff.

CHALON, G., L'édit de Tiberius Julius Alexander, Olten-Lausanne 1964.

CHANTRAINE, H., Kaiserliche Sklaven im römischen Flottendienst, Chiron 1 (1971), 253ff.

CHASTAGNOL, A., La préfecture urbaine à Rome sous le Bas-Empire, Paris 1960.

CHEESMAN, L.G., The Auxilia of the Roman Imperial Army, Oxford 1914.

CHILVER, G.E.F., The Army in Politics, A.D. 68 - 70, JRS 47 (1957), 29ff.

CHOCHOLE, H., Die Veteranenversorgung im römischen Heere von den Anfängen bis auf Augustus, Diss. Wien 1952.

CHRISTOL, M., L'armée des provinces pannoniennes et la pacification des révoltes maures sous Antonin le Pieux, Ant. Afr. 17 (1981), 133ff.

CICHORIUS, Ala, RE I 1, 1893, 1224ff.

Ders., Cohors, RE IV 1, 1900, 231ff.

CLAUSS, M., Allgemeine Fragestellungen zu den Militärdiplomen, JRA 1 (Dez. 1988); vgl. Anm. 32.

CORBETT, P.E., The Roman Law of Marriage, Oxford 1930.

CORBIER, M., L'aerarium militare sur le Capitole, Cahier du groupe de recherches sur l'armée romaine et les provinces III, Paris 1984, 147ff.

CRAWFORD, M.H., War and Finance, JRS 54 (1964), 29ff.

CULLEN, C.E., The Roman Revenue System, Washington 1920/1.

DABROWA, E., Les troupes auxiliaires de l'armée romaine en Syrie au Ier siècle de notre ère, DHA 5 (1979), 233ff.

DARIS, S., Note per la storia dell'esercito romano in Egitto II, Aegyptus 40 (1960), 67ff.

DAVID, M. - NELSON, H.L.W., Gai Institutionum commentarii IV, 1, Leiden 1954.

DAVIES, R.W., Fronto, Hadrian and the Roman Army, Latomus 27 (1968), 75ff.

Ders., The Daily Life of the Roman Soldier under the Principate, ANRW II 1, 1974, 299ff.

Ders., Centurions and Decurions of Cohors XX Palmyrenorum, ZPE 20 (1976), 253ff.

DEBLOIS, L., The Roman Army and Politics in the First Century B.C., Amsterdam 1987.

DEGRASSI, A., Il papiro 1026 della Società Italiana e i diplomi militari romani, Aegyptus 10 (1929), 242ff.

Ders., Οὐετρανοὶ οἱ χωρὶς χαλκῶν, RFIC (1934), 194ff.

Ders., Di una tavoletta di legno di Fajum, Scritti vari di antichità I, Roma 1962, 31ff.

DESSAU, H., Geschichte der römischen Kaiserzeit I, Berlin 1924.

DEVELIN, R., The Army Pay Rises under Severus and Caracalla and the Question of Annona militaris, Latomus 30 (1971), 687ff.

DEVIJVER, H., The Roman Army in Egypt, ANRW II 1, 1974, 452ff.

DIETZ, K.H., Ein neues Zeugnis zur Laufbahn des Avidius Cassius?, Chiron 11 (1981), 277ff.

Ders., Der obergermanische Statthalter des Jahres 130 n.Chr. Zum Militärdiplom von Köngen, Kr. Esslingen, Chiron 12 (1982), 207ff.

DIETZ, K.H. - KÖDDERITZSCH, R., Das älteste Militärdiplom für die Provinz Pannonia Superior, BRGK 65 (1984), 159ff.

DOBSON, B. - BREEZE, D.J., The Rome Cohorts and the Legionary Centurionate, ES 8 (1969), 100ff.

Ders., The Significance of the Centurian and 'Primipilares' in the Roman Army and Administration, ANRW II 1, 1974, 392ff.

Ders., Die Primipilares, Bonn 1978.

Ders., The Roman Army: Wartime of Peacetime Army?, W. Eck - H. Wolff (Hg.), Heer und Integrationspolitik, Köln - Wien 1986, 10ff.

DOMASZEWSKI, A.v., Hygini gromatici liber de munitionibus castrorum, Leipzig 1887.

Ders., Die Rangordnung des römischen Heeres, Köln - Graz ²1967.

Ders., Aufsätze zur römischen Heeresgeschichte, Darmstadt 1972.

DULCKEIT, G. - SCHWARZ, F. - WALDSTEIN, W., Römische Rechtsgeschichte, München ⁷1981.

DURRY, M., Les cohortes prétoriennes, Paris 1938.

Ders., Praetoriae cohortes, RE XXII 2, 1954, 1607ff.

DUŠANIĆ, S., A Military Diploma of A.D. 65, Germania 56 (1978), 461ff.

Ders., Military Diplomata and War Expeditions, Roman Frontier Studies III 12 (1979/80), 1061ff.

Ders., The Issue of Military Diplomas under Claudius and Nero, ZPE 47 (1982), 149ff.

Ders., Loci constitutionum fixarum, Epigraphica 46 (1984), 91ff.

Ders., The Witnesses to the Early 'Diplomata Militaria', Festschr. A. Guarino, Napoli 1984, 271ff.

Ders., The Sailor's Calendar. Notes on the Day-Dates of Military Diplomata, Archäologisch-Epigraphische Studien I, 1985, 233ff.

Ders., Pre-Severan Diplomata and the Problem of 'Special Grants', W. Eck - H. Wolff (Hg.), Heer und Integrationspolitik, Köln - Wien 1986, 190ff.

DUŠANIĆ, S. - MILOJE, R., Fragment of a Military Diploma from Moesia Superior, Germania 52 (1974), 408ff.

DUŠANIĆ, S. - VASIĆ, M.R., An Upper Moesian Diploma of A.D. 96, Chiron 7 (1977), 291ff.

ECK, W., Die Legaten von Lykien und Pamphylien unter Vespasian, ZPE 6 (1970), 65ff.

Ders., Bemerkungen zum Militärkommando in den Senatsprovinzen der Kaiserzeit, Chiron 2 (1972), 429ff.

Ders., Zur Erhebung der Erbschafts- und Freilassungssteuer in Ägypten im 2. Jahrhundert n.Chr., ZPE 27 (1977), 201ff.

ECK, W. - HERRMANN, P. - DREW-BEAR, T., Sacrae litterae, Chiron 7 (1977), 355ff.

ECK, W. - GALSTERER, H. - WOLFF, H. (Hg.), Studien zur antiken Sozialgeschichte. Festschr. F. Vittinghoff, Köln - Wien 1980.

ECK, W., C. Gabinius Barbarus Pompeianus als Statthalter Obermösiens im Jahr 197 n.Chr., ZPE 51 (1983), 291ff.

ECK, W. - WOLFF, H. (Hg.), Heer und Integrationspolitik. Die römischen Militärdiplome als historische Quelle, Köln - Wien 1986.

EGGER, R., Aus dem Leben der donauländischen Wehrbauern, AAWW 1949, Nr. 1.

ELIASSEN, M.H., A Veteran's Exemption from Epikephalaia, ASP 23 (1981), 329ff.

ENSSLIN, W., Zu den Symmachiarii, Klio 31 (1938), 365ff.

FABIA, P., Les prétoriens de Vitellius, RPh 38 (1914), 32ff.

Ders., La garnison romaine de Lyon, Lyon 1918.

FIEBIGER, O., Classis, RE III 2, 1899, 2632ff.

FIJALA, E., Die Veteranenversorgung im römischen Heer vom Tod des Augustus bis zum Ausgang der Severerdynastie, Diss. Wien 1955.

FINK, R.O., Solders's Receipt for Legacies, BASP 1 (1963/4), 39ff.

FITTING, H., Das castrense peculium, Halle 1871, ND Aalen 1969.

FITZ, J., Honorific Titles of Roman Military Units in the 3rd Century, Budapest - Bonn, 1983.

FORNI, G., Il reclutamento delle legioni da Augusto a Diocleziano, Roma 1953.

Ders., Contributo alla storia della Dacia Romana, Athenaeum 36 (1958), 3ff.

Ders., Estrazione etnica e sociale dei soldati delle legioni nei primi tre secoli dell' imperio, ANRW II 1, 1974, 339ff.

Ders., I diplomi militari dei classiari delle flotte pretorie (inclusi quelli dei classiari-legionari), W. Eck - H. Wolff (Hg.), Heer und Integrationspolitik, Köln - Wien 1986, 293ff.

FREIS, H., Urbanae Cohortes, RE Suppl. X, 1965, 1125ff.

Ders., Die Cohortes urbanae, Bonn 1967.

GALSTERER, H., Untersuchungen zum römischen Städtewesen auf der iberischen Halbinsel, Berlin 1971.

GANGHOFFER, R., L'évolution des institutions municipales en Occident et en Orient au Bas-Empire, Paris 1963.

GARNSEY, P., Septimius Severus and the Marriage of Roman Soldiers, CSCA 3 (1970), 45ff.

Ders., Social Status and Legal Privilege in the Roman Empire, Oxford 1970.

Ders., Aspects of the Decline of the Urban Aristocracy in the Empire, ANRW II 1, 1974, 229ff.

GARZETTI, A., From Tiberius to the Antonines, London 1974.

GERASIMOVA-TOMOVA, V., Fragments de diplômes militaires de la Thrace et de la Mésie Inférieure, Archeologija 26 (1984), 81ff.

GILLIAM, J.F., Rezension: Henry A. Sanders - James E. Dunlap, Michigan Papyri, Vol. VII, AJPh 71 (1950), 432ff.; zit. nach: ders., Roman Army Papers, 53ff.

Ders., The Minimum Subject to the vicesima hereditatium, AJPh 73 (1952), 397ff.; zit. nach: ders., Roman Army Papers, 97ff.

Ders., Roman Army Papers, Amsterdam 1985.

GIRARD, P.F. - SENN, F., Les lois des romains, Camerino 1977.

GOFFART, W., Caput and Colonate: Towards a History of Late Roman Taxation, Toronto 1974.

GONZALEZ, J., The Lex Irnitana: a New Copy of the Flavian Municipal Law, JRS 76 (1986), 147ff.

GRASSL, H., Missio Causaria, Archäologisch-Epigraphische Studien 1 (1985), 281ff.

GROSSO, F., Equites singulares Augusti, Latomus 25 (1966), 900ff.

GUARINO, A., The Witnesses to the Early Diplomata Militaria, Vortrag gehalten auf dem Passauer Kolloquium "Die 'Militärdiplome' als historische Quellen", 1984.

HAINZMANN, M., Die sogenannten Neubürger der ersten Generation in Noricum, Tyche 2 (1987), 29ff.

HALFMANN, H., Itinera principum. Geschichte und Typologie der Kaiserreisen im Römischen Reich, Stuttgart 1986.

HANEL, N., Ein neues Diplom für einen Angehörigen der misenischen Flotte, BJ 185 (1985), 89ff.

HARRIS, E. - MELLOR, R., A New Roman Military Diploma, ZPE 16 (1975), 121ff.

HERZOG, R., Urkunden zur Hochschulpolitik der römischen Kaiser, Sb. d. Preuss. Akad. d. Wiss., phil.-hist. Kl. 1935, 967ff.; wieder in: G. Pfohl (Hg.), Inschriften der Griechen. Epigraphische Quellen zur Geschichte der antiken Medizin, Darmstadt 1977, 125ff.

HEUBNER, H., P. Cornelius Tacitus. Die Historien IV, Heidelberg 1976.

HINRICHS, F.T., Die Ansiedlungsgesetze und Landanweisungen im letzten Jahrhundert der römischen Republik, Heidelberg 1957.

Ders., Das legale Landversprechen im bellum civile, Historia 18 (1969), 521ff.

HIRSCHFELD, O., Die Sicherheitspolizei im römischen Kaiserreich, in: Kleine Schriften, Berlin 1913, 576ff.

HOHLWEIN, N., L'Égypte romaine, o.O., 1910.

Ders., Le stratège du nome, Bruxelles 1969.

HOLDER, P.A., Studies in the Auxilia of the Roman Army from Augustus to Trajan, Oxford 1980.

HOOGENDIJK, F.J.A. - MINNEN, P.v., Drei Kaiserbriefe Gordians III., Tyche 2 (1987), 41ff.

HOPKINS, R.V.N., The Life of Alexander Severus, Cambridge 1907.

HÜTTL, W., Antoninus Pius I-II, Prag 1936 - 1933.

ISAAC, B., Military Diplomata and Extraordinary Levies for Campaigns, W. Eck - H. Wolff (Hg.), Heer und Integrationspolitik, Köln - Wien 1986, 258ff.

JAHN, J., Zur Entwicklung römischer Soldzahlungen von Augustus bis auf Diokletian, Studien zu Fundmünzen der Antike II, 53ff.

JONES, B.W., The Emperor Titus, London 1984.

JOUGUET, P., La vie municipale dans l'Empire romaine, Paris 1911.

JUNG, H.J., Die Rechtsstellung der römischen Soldaten. Ihre Entwicklung von den Anfängen Roms bis auf Diokletian, ANRW II 14, 1982, 882ff.

KARLOWA, O., Römische Rechtsgeschichte I, Leipzig 1885.

KASER, M., Das römische Privatrecht, München ^{2}1959.

KELLNER, H.-J., Zwei neue Flottendiplome. Zur Grenze von Pamphylien und Kilikien, Chiron 7 (1977), 315ff.

Ders., Die Möglichkeit von Rückschlüssen aus der Fundstatistik, W. Eck - H. Wolff (Hg.), Heer und Integrationspolitik, Köln - Wien 1986, 241ff.

KENNEDY, D.L., Cohors XX Palmyrenorum - an Alternative Explanation of the Numeral, ZPE 53 (1983), 214ff.

Ders., Some Observations on the Praetorian Guard, AncSoc 9 (1978), 275ff.

KEPPIE, L., Colonisation and Veteran Settlement in Italy: 47 - 14 B.C., London 1983.

Ders., The Making of the Roman Army. From Republic to Empire, London 1984.

KIENAST, D., Untersuchungen zu den Kriegsflotten der römischen Kaiserzeit, Bonn 1966.

Ders., Augustus. Prinzeps und Monarch, Darmstadt 1982.

KNEISSL, P., Die Siegestitulatur der römischen Kaiser, Göttingen 1969.

KORNEMANN, Coloniae, RE IV 1, 1900, 510ff.

KRAFT, K., Zur Rekrutierung von Alen und Kohorten an Rhein und Donau, Bern 1951.

Ders., Zum Bürgerrecht der Soldatenkinder, Historia 10 (1961), 120ff.

Ders., Kleine Schriften I. Gesammelte Aufsätze zur antiken Geschichte und Militärgeschichte, hg. v. H. Castritius - D. Kienast, Darmstadt 1973.

KRÖNER, A.O., Furcht vor Einquartierung, Chiron 1 (1971), 215ff.

KROMAYER, J. - VEITH, G., Heerwesen und Kriegführung der Griechen und Römer, München 1928.

KUBITSCHEK, W., Ein Soldatendiplom des Kaisers Vespasian, JÖAI 17 (1914), 148ff.

KÜBLER, B., Decurio, RE IV 2, 1901, 2319ff.

Ders., Munus, RE XVI 1, 1933, 644ff.

KUHN, E., Die städtische und bürgerliche Verfassung des römischen Reiches bis auf die Zeiten Justinians, Leipzig 1864.

LAET, S.J. de, Portorium. Étude sur l'organisation douanière chez les Romains, Bruegge 1949.

Ders., Portorium, RE XXII 1, 1949, 346ff.

LANGHAMMER, W., Die rechtliche und soziale Stellung der Magistratus Municipales und der Decuriones, Wiesbaden 1973.

LEFEBVRE, G., Copie d'un édit impérial, Bulletin de la Société Archéologique d'Alexandrie 12 (1910), 39ff.

LEINEWEBER, A., Die rechtliche Beziehung des nichtehelichen Kindes zu seinem Erzeuger in der Geschichte des Privatrechts, Königstein 1978.

LEONHARD, R., Domicilium, RE V 1, 1903, 1299ff.

LE ROUX, P., Les diplômes militaires et l'évolution de l'armée romaine de Claude à Septime Sévère: auxilia, numeri et nationes, W. Eck - H. Wolff (Hg.), Heer und Integrationspolitik, Köln - Wien 1986, 347ff.

LESQUIER, J., Le mariage des soldats romains, CRAI 1917, 227ff.

Ders., L'armeé romaine d'Egypte d'Auguste à Dioclétien, Kairo 1918.

LEVI, M.A., La grande iscrizione di Ottaviano trovata a Roso, RFIC 66 (1938), 113ff.

LEWIS, N., The Compulsory Public Services of Roman Egypt, Florence 1982.

LIEB, H., Die constitutiones für die stadtrömischen Truppen, W. Eck - Wolff (Hg.), Heer und Integrationspolitik, Köln - Wien 1986, 322ff.

LIEBENAM, W., Städteverwaltung im römischen Kaiserreiche, Leipzig 1900.

Ders., Equites singulares, RE VI 1, 1907, 312ff.

Ders., Fasti Consulares Imperii Romani von 30 v.Chr. bis 565 n.Chr., Bonn 1909.

LINK, S., Römische Militärdiplome "für die ganze Familie", ZPE 63 (1986), 185ff.

LŐRINCZ, B., Gabinius Barbarus Pompeianus, Statthalter von Moesia Superior, ZPE 33 (1979), 157ff.

Ders., Die Nennung und Funktion der Statthalter in den Auxiliarkonstitutionen, W. Eck - H. Wolff (Hg.), Heer und Integrationspolitik, Köln - Wien 1986, 375ff.

LŐRINCZ, B. - VISY, Z., Zur Ergänzung und Datierung dazischer Militärdiplome, AAntHung 29 (1977), 281ff.

Dies., Zur Ergänzung und Datierung von neuen Militärdiplomen aus Obermösien, ZPE 42 (1981), 273ff.

Dies., Bemerkungen zu einer neuen Civitasurkunde aus dem Jahr 97, ZPE 63 (1986), 241ff.

LOT, F., L'impôt foncier et la capitation personelle sous le Bas-Empire et l'époque franque, Paris 1928.

Ders., Nouvelles recherches sous l'impôt foncier et la capitation personnelle sous le Bas-Empire, Paris 1955.

MACMULLEN, R., How Big was the Roman Imperial Army?, Klio 62 (1980), 451ff.

Ders., The Legion as Society, Historia 33 (1984), 440ff.

MAEHLER, H., Ein römischer Veteran und seine Matrikel, Akten des 13. internationalen Papyrologenkongresses, Ann Arbor 1974, 241ff.

MAGIE, D., De Romanorum iuris publici sacrique vocabulis sollemnibus in Graecum sermonem conversis, Leipzig 1905.

MANN, J.C., "Honesta Missio" and the Brigetio Table, Hermes 81 (1953), 496ff.

Ders., A Note on the Numeri, Hermes 82 (1954), 501ff.

Ders., The Development of Auxiliary and Fleet Diplomata, ES 9 (1972), 233ff.

Ders., Legionary Recruitment and Veteran Settlement during the Principate, London 1983.

Ders., The 'Palmyrene' Diplomas, RMD II (1985), 217ff.

Ders., A Note on Conubium, W. Eck - H. Wolff (Hg.), Heer und Integrationspolitik, Köln - Wien 1986, 187ff.

MARQUARDT, J., Römische Staatsverwaltung II, Leipzig ²1884, ND 1957.

MASON H.J., Greek Terms for Roman Institutions, Toronto 1974.

MAXFIELD, V., Systems of Reward in Relation to Military Diplomas, W. Eck - H. Wolff (Hg.), Heer und Integrationspolitik, Köln - Wien 1986, 26ff.

McCLEES, H., A Military Diploma of Trajan, AJA 30 (1926), 418ff.

MEYER, P., Der römische Konkubinat, Leipzig 1895.

Ders., Die ägyptischen Urkunden und das Eherecht der römischen Soldaten, ZRG 18 (1897), 44ff.

Ders., Das Heerwesen der Ptolemäer und Römer in Ägypten, Leipzig 1900.

Ders., Papyrus Cattaoui, APF 3 (1906), 55ff.

Ders., Juristischer Papyrusbericht IV, ZRG 46 (1926), 305ff.

Ders., Juristischer Papyrusbericht V, ZRG 48 (1928), 587ff.

Ders., Juristischer Papyrusbericht VI, ZRG 50 (1930), 503ff.

MILLAR, F., The Emperor in the Roman World, London 1977.

MIRKOVIC, M., Die Auxiliareinheiten in Mösien unter den Flaviern, ES V (1968), 177ff.

Dies., Zwei Fragmente von Militärdiplomen aus Obermösien, ZPE 36 (1979), 278ff.

Dies., Die römische Soldatenehe und der 'Soldatenstand', ZPE 40 (1980), 259ff.

Dies., Die Entwicklung und Bedeutung der Verleihung des conubium, W. Eck - H. Wolff (Hg.), Heer und Integrationspolitik, Köln - Wien 1986, 167ff.

MIRKOVIĆ, M. - VASIĆ, M., Zwei neue Militärdiplome: Aus Pontes und aus Viminacium in Obermösien, ZPE 64 (1986), 219ff.

MITTEIS, L., Reichsrecht und Volksrecht, Leipzig 1891.

Ders., Römisches Privatrecht, Leipzig 1909.

MITTEIS, L. - WILCKEN, U., Grundzüge und Chrestomathie der Papyruskunde I/II, Leipzig - Berlin 1912.

MÓCSY, A., Pannonia, RE Suppl. IX, 1962, 516ff.

Ders., Das Namensverbot des Kaiser Claudius, Klio 52 (1970), 287ff.

Ders., Zum Gentiliz der Neubürger unter Septimius Severus, Archäologisch-Epigraphische Studien I, 1985, 403ff.

Ders., Die Namen der Diplomempfänger, W. Eck - H. Wolff (Hg.), Heer und Integrationspolitik, Köln - Wien 1986, 437ff.

MOGA, M., Neue Erkenntnisse über die römische Militär-Garnison von Tibiscum, Tibiscus 3 (1974), 129ff.

MOMMSEN, Th., Ders., Römisches Staatsrecht II 2, Leipzig ^{3}1887, ND Basel - Stuttgart 1963.

Ders., Privilegia Militum Veteranorumque de civitate et conubio, Ephemeris Epigraphica 4 (1889), 495ff.

Ders., Die Stadtrechte der latinischen Gemeinden Salpensa und Malaca, Gesammelte Schriften I, Berlin 1905, 265ff.

Ders., Schweizer Nachstudien, Gesammelte Schriften V, Berlin 1908, 390ff.

Ders., Die römischen Bürgerkolonien von Sulla bis Vespasian, Gesammelte Schriften V, Berlin 1908, 211ff.

Ders., Dispositiones de militibus civibus Romanis, CIL III 1 (1902), S. 2012.

Ders., Die Conscriptionsordnung der römischen Kaiserzeit, Gesammelte Schriften VI, Berlin 1910, 20ff.

Ders., Die römischen Gardetruppen, Gesammelte Schriften VI, Berlin 1910, 12ff.

Ders., Ägyptische Legionäre, Gesammelte Schriften VI, Berlin 1910, 118ff.

Ders., Die germanischen Leibwächter der römischen Kaiser, Gesammelte Schriften VI, Berlin 1910, 17ff.

Ders., Die römischen Provinzialmilizen, Gesammelte Schriften VI, Berlin 1910, 145ff.

MORRIS, J., ROXAN, M., The Witnesses to Roman Military Diplomata, Arh.Vest. 28 (1977), 299ff.

MÜLLER-EISELT, K.P., Divus Pius constituit, Berlin 1982.

NEESEN, L., Untersuchungen zu den direkten Staatsabgaben der römischen Kaiserzeit (27 v.Chr. bis 284 n.Chr.), Bonn 1980.

Ders., Die Entwicklung der Leistungen und Ämter (munera et honores) im römischen Kaiserreich des zweiten bis vierten Jahrhunderts, Historia 30 (1981), 203ff.

NELSON, C.A., Status Declaration in Roman Egypt, Amsterdam 1979.

NESSELHAUF, H., De militum uxoribus et concubinis, CIL XVI (1936), S. 154f.

Ders., Tacitus und Domitian, Hermes 80 (1952), 222ff.

Ders., Das Bürgerrecht der Soldatenkinder, Historia 8 (1959), 434ff.

NEUMANN, A., Veterani, RE Suppl. IX, 1962, 1597ff.

NICOLAS, E.P., De Néron à Vespasien I, Paris 1979.

NÖRR, D., Origo, RE Suppl. X, 1965, 433ff.

Ders., Imperium und Polis, München ^{2}1969.

NUBER, H.U., Bemerkungen zu Militärdiplomen und ein neugefundenes Fragment aus Munningen, Ldkr. Nördlingen, Germania 47 (1969), 184ff.

OERTEL, F., Die Liturgie, Leipzig 1917.

OLIVER, J.H. - PALMER, R.E.A., Minutes of an Act of the Roman Senate, Hesperia 24 (1955), 320ff.

Ders., On Edict III from Cyrene, Hesperia 29 (1960), 324f.

OSIER, J.F., The Emergence of Third-Century Equestrian Military Commanders, Latomus 36 (1977), 674ff.

OVERBECK, B., Das erste Militärdiplom aus der Provinz Asia, Chiron 11 (1981), 265ff.

PANCIERA, S., Equites singulares. Nuove testimonianze epigrafiche, Rivista di Archeologia Cristiana 50 (1974), 221ff.

PARKER, H.M.D., The Roman Legions, Oxford 1928.

PASSERINI, A., Le coorti pretorie, Roma 1939.

Ders., La tavola dei privilegi di Brigetio, Athenaeum 20 (1949), 121ff.

PAULOVICS, S., La table des privilèges de Brigetio, Budapest 1936.

PETOLESCU, C.C., Palmyreni Sagittarii dans un nouveau diplôme militaire de la Dacie Supérieur, Latomus 34 (1975), 1020ff.

Ders., L'organisation de la Dacie sous Trajan et Hadrien, Dacia 29 (1985), 45ff.

PLAUMANN, G., Der Idioslogos. Untersuchungen zur Finanzverwaltung Ägyptens in hellenistischer und römischer Zeit, Berlin 1919.

PLEKET, H.W., Domitian, the Senate and the Provinces, Mnemosyne 14 (1961), 296ff.

PREMERSTEIN, A.v., Ius Italicum, RE X 1, 1917, 1238ff.

Ders., Die fünf neugefundenen Edikte des Augustus aus Kyrene, ZRG 48 (1928), 419ff.

Ders., Vom Werden und Wesen des Principats, München 1937.

RAWSON, B. (Hg.), The Family in Ancient Rome, London - Sydney 1986.

REDDÉ, M., Mare Nostrum, Roma 1986.

RENZ, R., The Legal Position of the Soldier and Veteran in the Roman Empire, New York 1972.

RITTERLING, E., Legio, RE XII 1, 1924, 1186ff. und XII 2, 1925, 1329ff.

Ders., Military Forces in the Senatorial Provinces, JRS 17 (1927), 28ff.

ROUSSEL, P., Un syrien au service de Rome et d'Octavien, Syria 15 (1934), 33ff.

ROWELL, H.T., Numerus, RE XVII 2, 1937, 1327ff.; 2537ff.

Ders., The Honesta Missio from the Numeri of the Roman Imperial Army, YClS 6 (1939), 73ff.

ROXAN, M., Epigraphic Notes, ES 9 (1972), 246ff.

Dies., The Distribution of Roman Military Diplomas, ES 12 (1981), 265ff.

Dies., Observations on the Reasons for Changes in Formula in Diploms ca. AD 140, W. Eck - H. Wolff (Hg.), Heer und Integrationspolitik, Köln - Wien 1986, 265ff.

RUSSU, I.I., Auxilia Provinciae Daciae, Studii si Çerçetari de Istorie Veche 23 (1972), 63ff.

Ders., Das römische Militärdiplom von 123 für Dacia Porolissensis und Pannonia inferior, Dacia 18 (1974), 155ff.

Ders., Über die römischen Militärdiplome. Zum Supplementum von M.M. Roxan, Revue Roumaine d'Histoire 18,2 (1979), 359ff.

SADDINGTON, D.B., The Roman Auxilia in Tacitus, Josephus and Other Early Imperial Writers, Acta Classica 13 (1970), 89ff.

Ders., The Development of the Roman Auxiliary Forces from Augustus to Trajan, ANRW II 3, 1975, 176ff.

Ders., Rezension: Holder, P.A., Studies in the Auxilia of the Roman Army from Augustus to Traian, PACA 16 (1982), 61ff.

Ders., The Development of the Roman Auxiliary Forces from Caesar to Vespasian (49 B.C. - A.D. 79), Zimbabwe 1982.

SANDER, E., Die Reform des römischen Heerwesens durch Julius Cäsar, HZ 179 (1955), 225ff.

Ders., Zur Rangordnung des römischen Heeres: Die Flotten, Historia 6 (1957), 347 - 367.

Ders., Das Recht des römischen Soldaten, RhM 101 (1958), 152ff.; 193ff.

Ders., Das römische Militärstrafrecht, RhM. 103 (1960), 289ff.

Ders., Militärrecht, RE Suppl. X, 1965, 394ff.

ŠAŠEL, J., Zur Rekrutierung der Prätorianer, Historia 21 (1972), 474ff.

SAVIGNY, F.C.v., System des heutigen Römischen Rechts VIII, Berlin 1849.

SAXER, R., Untersuchungen zu den Vexillationen des römischen Kaiserheeres von Augustus bis Diokletian, ES 1 (1967).

SCHEHL, F., Zum Edikt Domitians über die Immunitäten der Veteranen, Aegyptus 13 (1933), 137ff.

SCHERER, J. (Hg.), Papyrus Fouad 21, A. Bataille - O. Guerand et al.(Hg.), Papyrus Fouad I, Caire 1939.

SCHNEIDER, H.-C., Das Problem der Veteranenversorgung in der späten römischen Republik, Münster 1974.

SCHNEIDER, K., Gladiatores, RE Suppl. III, 1918, 760ff.

SCHÖNBAUER, E., Municipia und coloniae in der Prinzipatszeit, AAWW 1954, 13ff.

SCHÖNBERGER, H., Neuere Ausgrabungen am obergermanischen und rätischen Limes, Limesforschungen 2 (1962), 97ff.

SCHUBART, W., Der Gnomon des Idios Logos, BGU V 1, Berlin 1919.

SCHULZ, F., Classical Roman Law, Oxford 1951.

SCHWAHN, W., Tributum, RE VII A 1, 1939, 1ff.

SCIASCIA, G., Miles pro parte testatus pro parte intestatus decedere potest, Seminar, Annual Extraordinary Number of the Jurist 5 (1947), 31ff.

SEGRE, A., Il diritto dei militari peregrini nell' esercito romano, RPAA 17 (1940/1), 169ff.

SELB, W., Eheschließungsformen in den römischen Ostprovinzen, JJP 15 (1965), 99ff.

SESTON, W., Les vétérans sans diplômes des légions romaines, RPh 59 (1933), 373ff.

SESTON, W. - EUZENNAT, M., Un dossier de la chancellerie romaine: La Tabula Banasitana, CRAI 1971, 468ff.

SHERK, R.K., The Municipal Decrees of the Roman West, Buffalo 1970.

SHERWIN-WHITE, A.N., Procurator Augusti, PBSR 15 (1939), 11ff.

Ders., The Roman Citizenship, Oxford ²1973.

Ders., The Roman Citizenship. A Survey of its Development into a World Franchise, ANRW I 2, 1972, 23ff.

SMITH, R.E., Service in the Post-Marian Roman Army, Manchester 1958.

Ders., The Army Reforms of Septimius Severus, Historia 21 (1972), 481ff.

SPEIDEL, M., Die equites singulares Augusti, Bonn 1965.

Ders., The Pay of the Auxilia, JRS 63 (1973), 141ff.; zit. nach: ders., Roman Army Studies, 83ff.

Ders., Germanicus' Gardereiter. Ein neues Zeugnis zur Geschichte der niederrheinischen Ala praetoria und zur Entstehung der Singulares, Germania 53 (1975), 165f.

Ders., Veteranus Augustorum, ZPE 22 (1976), 231f.

Ders., Guards of the Roman Armies, Bonn 1978.

Ders., The Rise of Ethnic Units in the Roman Imperial Army, Ders., Roman Army Studies, Amsterdam 1984.

Ders., Germani Corporis Custodes, Germania 62 (1984), 31ff.

SPITZL, T., Lex municipii Malacitani, München 1984.

STAHL, M., Imperiale Herrschaft und provinziale Stadt, Göttingen 1978.

STARR, C.G., The Roman Imperial Navy 31 B.C. - A.D. 324, New York ²1960.

STEIN, E., Die kaiserlichen Beamten und Truppenkörper im römischen Deutschland unter dem Prinzipat, Wien 1932.

STEINER, P., Die dona militaria, BJ 114/5 (1906), 1ff.

STIGLITZ, H., Ein neues Militärdiplom aus Noricum, Jb. d. Österr. Arch. Inst. 56 (1985), 137ff.

STROBEL, K.E., Untersuchungen zu den Dakerkriegen Trajans, Bonn 1984.

Ders., Der Aufstand des L. Antonius Saturninus, Tyche 1 (1986), 202ff.

Ders., Die Jahre 117 - 119 n.Chr., eine Krisenphase der römischen Herrschaft an der mittleren und unteren Donau, Festschr. S. Lauffer, Rom 1986, 903ff.

STROUX, J. - WENGER, L, Die Augustus-Inschrift auf dem Marktplatz von Kyrene, ABAW 34,2 (1928).

SWARNEY, P.R., The Ptolemaic and Roman Idios Logos, Toronto 1970.

SYME, R., Rhine and Danube Legions under Domitian, JRS 18 (1928), 41ff.

Ders., Guard Prefects of Trajan and Hadrian, JRS 70 (1980), 64ff.

Ders., Domitian: The Last Years, Chiron 13 (1983), 121ff.

TAUBENSCHLAG, R., Die kaiserlichen Privilegien im Rechte der Papyri, ZRG 70 (1953), 277ff.

Ders., The Law of Greco-Roman Egypt in the Light of the Papyri, Warsaw ²1955.

THOMAS, J.A.C., The Institutes of Justinian. Text, Translation and Commentary, Johannesburgh 1975.

TOWNEND, P.W., The Post of ab epistulis in the Second Century, Historia 10 (1961), 375ff.

URBAN, R., Historische Untersuchungen zum Domitianbild des Tacitus, München 1971.

UXKULL-GYLLENBAND, W., Der Gnomon des Idios Logos, BGU V 2, Berlin 1934.

VIGNEAUX, P.-E., Essai sur l'histoire de la praefectura urbis à Rome, Paris 1896.

VISSCHER, F. de, Les édits d'Auguste découverts à Cyrène, Louvain 1940.

Ders., La dualité des droits de cité et la mutatio civitatis, BAB, 5ᵉ série, 33 (1947), 50ff.

VISY, Z. - LŐRINCZ, B., Zur Ergänzung und Datierung von neuen Militärdiplomen aus Obermösien, ZPE 42 (1981), 273ff.

VISY, Z., Die Entlassung der Auxiliarsoldaten aufgrund der Militärdiplome, AAntHung 36 (1984), 223ff.

VITTINGHOFF, F., Zur angeblichen Barbarisierung des römischen Heeres durch die Verbände der Numeri, Historia 1 (1950), 389ff.

Ders., Römische Kolonisation und Bürgerrechtspolitik unter Cäsar und Augustus, Mainz 1951.

Ders., Römische Stadtrechtsformen der Kaiserzeit, ZRG 68 (1951), 435ff.

Ders., Die Entstehung von städtischen Gemeinwesen in der Nachbarschaft römischer Legionslager, Legio VII Gemina, León 1970, 339ff.

Ders., Die rechtliche Stellung der canabae legionis und die Herkunftsangabe Castris, Chiron 1 (1971), 299ff.

Ders., Zur Entwicklung der städtischen Selbstverwaltung. Einige kritische Anmerkungen, in: Stadt und Herrschaft. Römische Kaiserzeit und Hohes Mittelalter, München 1982,

Ders., Militärdiplome, römische Bürgerrechts- und Integrationspolitik der Hohen Kaiserzeit, W. Eck - H. Wolff (Hg.), Heer und Integrationspolitik, Köln - Wien 1986, 535ff.

VITUCCI, G., Richerche sulla praefectura urbi in età imperiale (sec. I - III), Roma 1956.

VOLKMANN, H., Ägypten unter römischer Herrschaft, B. Spuler u.a. (Hg.), Handbuch der Orientalistik I 2,4,1A, Leiden - Köln 1971, 21ff.

WADE, D.W., The Roman Auxiliary Units and Camps in Dacia, Chapel Hill 1970 (Mikrofilm).

WAGNER, W., Die Dislokation der römischen Auxiliarformationen in den Provinzen Noricum, Pannonien, Moesien und Dakien von Augustus bis Gallienus, Berlin 1938.

WALLACE, S.L.R., Taxation in Egypt from Augustus to Diocletian, Princeton 1938.

WALSER, G., Der Putsch des Saturninus gegen Domitian, Provincialia, Basel 1968, 497ff.

WATERS, K.H., The Character of Domitian, Phoenix 18 (1964), 49ff.

WATSON, A., The Law of Persons in the Later Roman Republic, Aalen 1967.

WATSON, G.R., Discharge and Resettlement in the Roman Army. The praemia militiae, E.Ch. Welskopf (Hg.), Neue Beiträge zur Geschichte der Alten Welt II, 1965, 147ff.

Ders., The Roman Soldier, Ithaka - New York 1969.

Ders., Documentation in the Roman Army, ANRW II 1, 1974, 493ff.

Ders., Conscription and Voluntary Enlistment in the Roman Army, PACA 16 (1982), 46ff.

WEAVER, P.R.C., The Status of Children in Mixed Marriages, Rawson, B. (Hg.), The Family in Ancient Rome, London - Sydney 1986, 145ff.

WEBER, W., Untersuchungen zur Geschichte des Kaisers Hadrianus, Leipzig 1907.

WEBSTER, The Roman Imperial Army of the First and Second Centuries, London 1969.

WEISS, E., Spurius, RE III A 2, 1929, 1889ff.

Ders., Professio und testatio nach der lex Aelia Sentia und der lex Papia Poppaea, Pragm. Akad. Ath. 14,2 (1949), 1ff.

Ders., Ein Beitrag zur Frage nach dem Doppelbürgerrecht bei Griechen und Römern vor der Constitutio Antoniniana, JJP 7/8 (1953/54), 71ff.

WELLES, C.B., The Immunitas of the Roman Legionaries in Egypt, JRS 28 (1938), 41ff.

WELSKOPF, E. (Hg.), Neue Beiträge zur Geschichte der Alten Welt II, Berlin 1965.

WENGER, L., Signum, RE II A 2, 1921, 2361ff.

Ders., Noch einmal zum Verfahren de plano und pro tribunali, ZRG 62 (1942), 366ff.

Ders., Neue Diskussionen zum Problem "Reichsrecht und Volksrecht", Mélanges de Visscher, II (1949), 521ff.

Ders., Die Quellen des römischen Rechts, Wien 1953.

WESTERMANN, W.L., Tuscus the Prefect and the Veterans in Egypt, CPh 36 (1941), 21ff.

WEYNAND, P., T. Flavius Domitianus, RE VI 2, 1909, 2541ff.

Ders., T. Flavius Vespasianus, RE VI 2, 1909, 2623ff.

WICKERT, L., Die Flotte der römischen Kaiserzeit, WJA 4 (1949/50), 100ff.

WIERSCHOWSKI, L., Soldaten und Veteranen der Prinzipatszeit im Handel- und Transportgewerbe, MBAH I 2 (1982), 31ff.

Ders., Heer und Wirtschaft. Das römische Heer der Prinzipatszeit als Wirtschaftsfaktor, Bonn 1984.

WILHELM, A., Zu dem dritten der Edikte des Augustus aus Kyrene, AAWW 79/80 (1943), 2ff. = Akademieschriften III, 1974, 106ff.

WILLIAMSON, C., Monuments of Bronze: Roman Legal Documents on Bronze Tablets, CSCA 18 (1987), 160ff.

WILMANNS, G., Die römische Lagerstadt Afrikas, Commentationes Philologiae in honorem Theodori Mommseni, Berlin 1877, 190ff.

WOLFF, H., Zu den Bürgerrechtsverleihungen an Kinder von Auxiliaren und Legionaren, Chiron 4 (1974), 479ff.

Ders., Die cohors II Tungrorum milliaria equitata c(oram?) l(audata?) und die Rechtsform des ius Latii, Chiron 6 (1976), 267ff.

Ders., Die Constitutio Antoniniana und der Papyrus Gissensis 40 I, Oldenburg 1976.

Ders., Kriterien für latinische und römische Städte in Gallien und Germanien und die 'Verfassung' der gallischen Stammesgemeinden, BJ 176 (1976), 45ff.

Ders., Civitas Romana. Die römische Bürgerrechtspolitik vom Bundesgenossenkrieg bis zur Constitutio Antoniniana, Mschr. Köln 1977 (mir leider nicht zugänglich).

Ders., Bemerkungen zum Verwaltungsgang und zur Verwaltungsdauer der Bürgerrechtsschenkungen an Auxiliare, ZPE 43 (1981), 403ff.

Ders., Die Entwicklung der Veteranenprivilegien vom Beginn des 1. Jahrhunderts v.Chr. bis auf Konstantin d.Gr., W. Eck - H. Wolff (Hg.), Heer und Integrationspolitik, Köln - Wien 1986, 44ff.

Ders., Das Fragment eines Auxiliardiploms von 203 n.Chr. in der Münzsammlung der Universität Passau, Ostbairische Grenzmarken. Passauer Jahrbuch 29 (1987), 33ff.

WRIGHT, R.P., New Readings of a Severan Inscription from Nicopolis, near Alexandria, JRS 32 (1942), 38ff.

ZIEGLER, Immunitas, RE IX 1, 1914, 1134ff.

Allgemeines Register

(Herrscher und allgemein bekannte Persönlichkeiten erscheinen unter ihrem in der deutschsprachigen Fachliteratur üblichen kurzen Namen, weitere Personen mit ihrer vollen Nomenklatur.)

Ägypten 25-28. 31. 68. 78. 94. 104. 117-120. 125f. 143

Ägypter 30f. 83. 91. 119. 127

ala 11. 26. 62. 95. 126. 139

ἀλειτουργησία s. vacatio

Alexandrien 78

Alexandriner 83. 119f. 125. 127

Altbürger, Altrömer 70. 112f.
von Liturgien befreit 118-123. 143f.

ἀνεισφορία s. Steuerfreiheit

Antinoit, antinoitisches Bürgerrecht 99. 119

Antinoopolis 99

Antoninus Pius 32. 39. 43f. 47. 60. 108. 135-137
Befreiung von Kopfsteuern durch Antoninus Pius 95-99

Antonius Saturninus, L. 129

ἄπρατα 103

Asklepiades Klazomenios, SC de Asclepiade et al. 68-71

Augst (Augusta Vindelicorum) 42

Augustus 8. 73. 124. 128
augusteische Edikte von Kyrene 113-123. 128; s. noch Oktavian

auxilia, auxiliarii
Bevorzugung gegenüber classici 24f. 26f. 109-111. 125-127. 134
Diplomvergabe an a. 7-18. 134. 138-141
Erwerb der patria potestas 90-92. 142-144
als Prätorianer 37-43

Befreiung 4. 66. 69-78. 81. 85. 91. 95-99. 101-115. 117. 119f. 122f. 125-133. 136f. 139f. 143f.; s. noch vacatio, Immunität, Steuerfreiheit

beneficium 93. 96f.; s. noch χάρις Νέρωνος

Bogenschützen 48-59

Bronzediplom, Bronzetafel 4-6. 8. 17. 33. 78. 138-141

Bürger, alexandrinischer s. Alexandriner

Bürger, kyrenischer 117

Bürger, römischer 10. 12. 14f. 17. 26f. 30. 36. 57f. 61. 70. 73. 75. 84-87. 90f. 94-97. 112-114. 116-119. 121-126. 128-131. 137. 142f.

Bürgerkrieg 21. 32. 35. 41. 71. 83. 128f. 135

Bürgerrechtspolitik 24. 34. 113

Bürgersteuer 75

Caecina Tuscus, C. 109

Cäsar 72. 115

Caligula 8

campus Caelimontanus 63

Caracalla 63

causarii 21. 23

72-78. 117 - 32: 28. 31. 35 - 36: 87 - 37: 28. 35. 87 - 41: 22 - 45: 19, 35 - 50: 35 - 56: 35 - 60: 5. 21-23. 51. 55. 57 - 66: 25. 34 - 67: 93f. - 68: 22. 48 - 72: 34 - 74: 34 - 81: 43 - 83: 35. 82 - 84: 82 - 90: 9 - 91: 35 - 95: 43f. - 98: 44 - 100: 30. 34 - 108: 48 - 110: 18 - 114: 48. 59 - 119: 7 - 122: 30 - 123: 8 - 124: 44 - 127: 30. 141 - 128: 8. 16 - 131: 8. 16 - 132: 8. 17. 22. 141 - 133: 32. 45 - 134: 45 - 135: 46 - 137: 46 - 138: 30. 141 - 139: 46 - 140: 46 - 144: 60 - 146: 60 - 152: 33. 141 - 154: 15. 33. 141 - 155: 15 - 160: 5. 22f. 51. 55 - 166: 93 - 175: 35 - 179: 19. 35 - 180: 19. 34f. - 185: 7

CPL 159: 90 - 161: 90

Daris, Documenti 83: 5 - 90: 119 - 91: 26. 119 - 92: 26. 119 - 93: 26. 119 - 95: 26. 119 - 96: 119 - 97: 119 - 101: s. P. Fouad I 21 - 102: s. P. Oslo Inv. 1451 - 103: s. P. Yale Inv. 1528

FIRA I^2 35: 66. 68-70. 75 - 55: 66. 68-70. 85. 114f. - 56: 14. 66. 68-70. 114f. 124 - 68: 73. 113-118 - 76: 66. 76. 78. 123f. - 78: 93 - 99 § 35: 94f. - 99 § 55: 30f.

Frgm. Vat. 195: 100-102. 140

Gnomon des Idios Logos s. FIRA I^2 99

ILA 634: 14

ILS 2531: 14 - 9050: 79

OGIS 666: 27 - 669: 27. 119. 125

P. Catt. II: 92. 142-144

P. Fouad I 21: 25f. 109-112

P. Lond. II 178: 103. 104

P. Mich. VII 435: 89

P. Oslo Inv. 1451: 25. 109-112 - 1518: 95-97. 124

P. Würzb. 9: 99

P. Yale Inv. 1528: 26. 109-112

RMD 1: 39. 42. 44 - 4: 87 - 5: 87 - 9: 35 - 16: 93 - 17: 22. 48 - 19: 22 - 20: 22 - 27: 22. 48 - 28: 22. 48 - 35: 18 - 43: 9 - 47: 18 - 53: 17. 22 - 63: 7 - 64: 7 - 65: 7 - 66: 7 - 68: 8 - 69: 8. 16 - 73: 141 - 74: 32. 141 - 75: 46 - 111: 29. 31. 34f. - 115: 7- - 116: 7 - 117: 7 - 123: 8. 16 - 124: 43f. - 131: 141 - 133: 141 - 134: 60

Tabula Banasitana s. AE 1971, 534

Nicht in CIL XVI oder RMD enthaltene Diplome: Eck - Wolff, Heer und Integrationspolitik 556ff.: 8. 16 - Gerasimova-Tomova, Archeologija 26 (1984), 81ff.: 22 - Hanel, BJ 185 (1985), 89ff.: 19 - Lieb, Heer und Integrationspolitik, 343, Anm. 174: 8 - Mircović-Vasić, ZPE 64 (1984), 219ff.: 60

Antike Quellen

1) Antike Autoren

App., B. civ. 3,48,197: 71

Cic., Phil. 5,53: 71 - 14,29: 71

Cod. Iust. 10,53,1: 98

Cod. Theod. 7,20,1-11: 133

Dig. 27,1,8: 106 - 27,1,2,7: 100 - 27,1,6,2: 98 - 27,1,10,pr: 98 - 27,1,10,1: 98 - 49,16,1: 98 - 49,18,2: 120 - 50,1,17,5: 120 - 50,1,29: 120 - 50,4,3,pr.: 120 - 50,4,3,1: 98 - 50,4,3,14: 77 - 50,4,18,16: 103 - 50,4,18,18: 76 - 50,4,18,27: 103 - 50,5,5: 66 - 50,5,7: 106 - 50,5,8,2: 107

Dio 55,24,2: 24 - 68,1,1ff.:95 - 71,3,3f.: 131 - 73,16,3: 33 - 73,17,1: 32 - 78,5,4ff.: 63 - 80,2: 63

Gaius, Inst. 1,56: 81 - 1,57: 4. 65. 81 - 1,64: 37. 83. 143 - 1,66: 92 - 1,67: 83 - 1, 75ff.: 82 - 1,78: 37 - 1,87: 91 - 1,92f.: 91f.

HA, DI 6,3f.: 32

Herodianos 2,13,8: 45

Plin., Ep. 10,6f.: 119 - 10,58,7ff.: 95 - 10,58,10: 95
Paneg. 18: 130 - 20,4: 130

Plut., Mar. 28,3: 14

Sen., Apocol. 3,3: 24

Suet., Cal. 38: 8 - Gal. 12: 24 - Vesp. 8,2: 40. 42

Tac., Ann. 13,4: 24 - 15,58: 62
Hist. 2,67,1f.: 41 - 2,94: 40 - 2,94,1: 37 - 3,57: 21 - 3,81,2: 40 - 4,46: 40ff. 73. 129 - 4,51: 40

2) Inschriften und Papyri

AE 1900, 197: 58
1910, 75 s. FIRA I^2 76
1944, 56: 57
1947, 169: 58 - 170: 54
1948, 64 s. FIRA I^2 35
1967, 393: 54
1971, 389. 404: 54 - 534: 130
1972, 466: 54
1977, 695: 54
1979, 501: 54

BGU I 18: 103f.
I 19: 27
I 168: 103
I 180: 103. 105. 140
II 462: 103
III 729: 103 - 747: 119

CIL III 5232: 117
VI 32515: 43 - 32516: 43
XVI 1: 19. 126. 134 - 2: 7 - 4: 26 - 5: 26 - 7: 20 - 8: 20 - 9: 20 - 10: 5. 20. 22. 55 - 11: 20 - 12: 10. 20. 73 - 13: 10. 20. 73 - 14: 10. 20. 73 - 15: 10. 20. 73 - 16: 10. 20. 73 - 17: 5. 20-23. 51. 54f. - 18: 39. 42. 44 - 21: 36. 40. 42. 44 - 24: 19. 25. 28. 31. 35 - 25: 5. 10. 22. 39. 42. 44.

χάρις s. beneficium

χάρις Νέρωνος 25-27. 67. 72. 109-112. 118. 121. 125. 128

civis (Romanus) s. Bürger, römischer

classici s. Flottensoldaten

classis Alexandrina s. Flotte, ägyptische

classis Moesica, Donauflotte s. Flotte, mösische

classis praetoria s. Flotte, prätorische

Claudius 2. 8. 14f. 20f. 24. 29. 34f. 37. 52. 126. 134

cohors s. Kohorte

cohors praetoria s. Prätorianer

cohors urbana 7. 33. 36-47. 135f.

Commodus 66

coniunx s. uxor

constitutio Antoniniana 16

consuetudo concessa 10. 19. 30. 33. 141

conubium s. Eherecht

Daker, Dakerkrieg 28. 56

Dakien, Dacia (sup.) 48f. 52-55

Didius Iulianus 32f. 45

Diokletian 77

disciplina militaris, disciplina Romana 91. 94. 143

Domitian 9. 28f. 40-42. 66. 101. 107f. 123f. 135f.
Vergabe von Immunitäten 74-95. 129f.

Ehe 10f. 15f. 19. 30. 37. 39. 41-43. 81-83. 100. 123. 135. 140

Eherecht, Heiratserlaubnis 10-12. 15. 19f. 29-31. 34-36. 38-42. 45. 47. 50. 55. 58. 60. 65f. 72f. 79-88. 92. 123. 126. 129f. 133-137. 140

Eheverbot, Heiratsverbot 10f. 22. 30. 37. 39. 90. 105. 143

Eltern 10. 19. 37. 70. 80. 82-88. 90-95. 100-102. 107. 122. 129. 140. 142-144

Enkel s. Nachkommen

ἐπιγαμία s. Eherecht

ἐπικεφάλια s. Kopfsteuer

Epikrisis 89. 91f. 119. 142f.

equites singulares Augusti 60-64. 135

Erbe, Erbfolge, Erbrecht 93f.

Erbschaftssteuer 89

femina s. uxor

Flotte, ägyptische 28f. 35. 83. 136

Flotte, misenatische, Misenaten 19-25. 30-35. 62. 64f. 135

Flotte, mösische 28f. 83. 136

Flotte, prätorische, italische Flotten 10. 19. 21-25. 27. 28-35. 136

Flotte, ravennatische, Ravennaten 19-25. 30-35. 135f.

Flottendiplome 10. 15. 19-35. 51. 141

Flottensoldaten, Matrosen 2. 8. 10. 19-37. 42. 55. 62. 64. 71. 83. 126f. 134f. 141

Flottenveteranen 3. 20-35. 65. 87. 109. 141

Formular der Diplome 12. 17. 19. 24. 29f. 36. 42. 48-51. 54. 59-61. 92

Freistellung s. Befreiung

Galba 20f. 24f. 28. 135

Germanen, Germanien 63. 87

Gesetz, Grundgesetz der Veteranenprivilegierung 3. 72. 124. 128

Gnomon des Idios Logos 30. 34

Gordian III. 64

Hadrian 19. 21f. 25. 28f. 34f. 40. 43f. 47. 49. 52f. 58. 62. 73. 93f. 99. 135f.

Hellenen 113. 115-118

Hermes Pergamenus 58

Immunität 3. 5f. 14. 66. 68-79. 85. 88. 97-99. 102. 108. 112f. 117f. 123f. 132f. 136. 140. 143

immunitas s. Immunität

Italien, italischer Boden 40. 44. 74f. 113. 125. 128

Italiker, italische Herkunft 41. 123

Iulius Apol(l)inari(o)s, C. 103-105. 107

Iulius Vepo, C. 117

Karanis 104

Kinder 3-5. 9-12. 14. 17. 19. 22f. 30. 33. 36f. 50. 55f. 58. 69f. 76. 79. 80-95. 100. 107. 121-123. 129. 137. 139-144; s. noch Nachkommen

Kohorte 9. 11. 18. 26. 57. 103. 126. 139

Konstanz (Augusta Turgoiorum Valeria) 42

Kopfsteuer 70. 96. 119

Kreta 118

Kyrene, Kyrenaika 73. 78. 113-122. 128. 131

Kyzikos 33

Legion, legio 20. 25f. 28. 30f. 37f. 40. 46. 83. 88. 90. 98. 127. 135

Legionäre, legionarii 14. 20f. 24-26. 31. 41. 71. 83. 85-90. 93f. 110. 119. 123. 125f.

Legionsveteranen 3. 5. 20. 26f. 74. 78. 83-85. 88f. 92-95. 109-111. 119. 126. 129f. 135

lex Munatia Aemilia 68. 70. 72. 75. 114f. 124. 128

lex Vitellia 52

liberi s. Kinder

Liturgie 71. 76f. 98f. 103f. 106. 108. 112f. 115-122. 125f. 127f. 132f. 139f. 143f.

Liturgiefreiheit 75. 78. 84. 114; s. noch Befreiung, vacatio

Λουγίνος 92. 142-144

Lucius Verus 99

Lucretius Clemens, M. 90-92

Lugdunum 45

Manius Valens 124

Marcius Priscus, Sex. 72

Mark Aurel 7f. 16. 31. 38. 44. 99-108. 130f. 137

matrimonium s. Ehe

Mauri gentiles s. Reiter, maurische

Misenum 19. 30f. 62

missio agraria 4. 126. 134

missio causaria 5. 106

missio honesta 12f. 20. 22. 25. 33. 41f. 51. 54. 68. 90. 92. 106. 108. 134

missio nummaria 4. 126. 134

Mösien 28. 59. 87

Mütter s. Eltern

mulier s. uxor

munera patrimoniorum 74-77. 104. 106f. 132; s. noch munus

munera personalia 74-77. 104. 107; s. noch munus

munus 72. 75. 77. 97-99. 102-104. 111-119. 126f. 140; s. noch Liturgie

Nachkommen 8. 10. 22. 37. 55f. 69. 72. 100. 112f. 122-125. 139

Nero 24. 27. 41. 62. 111. 125f. 134

Nerva 94

Neubürger, Neubürgerrecht 8. 73. 112-117. 120. 122f. 126. 130. 136. 140. 144

Nichtbürger 3. 5. 10. 12. 14-17. 20. 30f. 36-39. 41f. 46. 52. 55. 58-63. 65. 70. 82-85. 87. 92. 94. 96. 118. 121-123. 128. 130. 135. 137. 140. 143

Nikaia 33

Numeri, nationale 48-59. 135

Numisius, A. 97

Οἄλπιος Ἄβγαρος, M.58

Oktavian 14. 68-73. 77f. 123-126. 129

Otho 41

Palmyra, Palmyrener 48. 53-56. 58

Partherkrieg 52. 56

patria potestas, väterliche Gewalt 91f.

peregrinus s. Nichtbürger

Pescennius Niger 33

Pinarius Aemilius Cicatricula, Cn. 72

Pollia tribus 79. 83

Pompeius (Strabo) 14

Porolissum 53f. 56

praefectus Aegypti 26. 93. 109. 125

praefectus praetorio, Prätorianerpräfekt 24. 44

praemia militiae 40. 42. 112

Prätorianer 2. 7. 16. 24. 29-31. 33. 36-47. 62-64. 73-78. 100-102. 117. 128f. 131. 135f.

praetorium, Prätorium 36. 38-42. 45

Pullius Benignus, L. 32

Ravenna 19. 32

Reate 42. 74f. 129

Reiter, maurische 48. 59

Rekruten, Rekrutierung 17. 43. 48-50. 52f. 56. 58. 83. 85. 102. 105. 130

Rom 4f. 9. 24. 32. 37-42. 45. 56. 59f. 63f. 75. 113. 125. 136. 138

Romanisierung 15. 135

Ῥωμαῖοι s. Altbürger

sagittarii (Palmyreni) s. Bogenschützen

Sarmaten 28. 52

Seleukos von Rhosos 68-73. 85. 114f.

Septimius Severus 10. 31. 32f. 35. 38f. 43-47. 135f.

Serenus, Sohn des M. Lucretius Clemens 90f.

Severus Alexander 63f. 135

Sirmium 42

Skythen 63

Söhne s. Kinder

Soldatenehe s. Ehe

Soldatenkinder s. Kinder

"special grant", "special diploma" 12-14. 21f. 25. 28. 34. 52. 54f. 57. 59. 87. 106. 126

Steuerfreiheit, steuerliche Befreiung, steuerfreier Besitz 4. 66. 69f. 75f. 78. 84. 86. 88f. 93. 102. 107. 110-115. 117. 119. 122. 125. 128. 133

Syrien 48f. 87

Tibiscum 53f. 56

Titus 25. 27-29. 136

Töchter s. Kinder

Trajan 21f. 24f. 52f. 56. 58. 62. 89. 94

Tributfreiheit 75. 114; s. noch Steuerfreiheit

tributum s. Bürgersteuer

Ulpian 63. 77. 100. 102. 120

uxor 9f. 30. 36. 79-81

vacatio 66. 70. 88. 98. 107. 114. 124. 128. 130. 133. 136f.

Väter s. Eltern

Valeria Artemis 79

Valeria Heraclun (?) 79

Valerius Quadratus, M. 78f. 81. 83-90. 95

Valerius Valens, L. 79

Vermögenssteuer 75

Vespasian 2. 20f. 23. 25. 28f. 35-41. 44-47. 72-79. 108. 117. 128f. 135f.

vicesima hereditatium s. Erbschaftssteuer

virtus, virtutis causa, ob virtutem s. "special grant"

Vitellius, Vitelliani 40f.

Zeugen 9. 32

HEIDELBERGER ALTHISTORISCHE BEITRÄGE UND EPIGRAPHISCHE STUDIEN

Herausgegeben von **Géza Alföldy**

1 **Géza Alföldy: Die römische Gesellschaft.** Ausgewählte Beiträge. 1986. 516 S., kt. DM 98,— ISBN 3-515-04610-0

2 **Helmut Halfmann: Itinera principum.** Geschichte und Typologie der Kaiserreisen im Römischen Reich. 1986. 271 S., kt. DM 88,— ISBN 3-515-04551-1

3 **Eugen Täubler: Ausgewählte Schriften zur Alten Geschichte.** 1987. IV, 343 S., 1 Taf., kt. DM 78,— ISBN 3-515-04780-8

4 **Angelos Chaniotis: Historie und Historiker in den griechischen Inschriften.** Epigraphische Beiträge zur griechischen Historiographie. 1988. V, 426 S., kt. DM 58,— ISBN 3-515-04946-0

5 **Géza Alföldy: Die Krise des Römischen Reiches.** Geschichte, Geschichtsschreibung und Geschichtsbetrachtung. Ausgewählte Beiträge. 1989. 541 S., kt. DM 98,— ISBN 3-515-05189-9

6 **—:** Hrsg.: 1989. V, 108 S. m. 7 Abb., 12 Taf., kt. DM 46,— ISBN 3-515-05190-2

7 **Johannes Hahn: Der Philosoph und die Gesellschaft.** Selbstverständnis, öffentliches Auftreten und populäre Erwartungen in der hohen Kaiserzeit. 1989. IV, 236 S., kt. DM 48,— ISBN 3-515-05191-0

8 **Andreas Gutsfeld: Römische Herrschaft und einheimischer Widerstand in Nordafrika.** In Vorbereitung. ISBN 3-515-05192-9

9 **Stefan Link: Konzepte der Privilegierung römischer Veteranen.** 1989. VI, 168 S., kt. DM 48,— ISBN 3-515-05193-7

FRANZ STEINER VERLAG WIESBADEN GMBH, STUTTGART

ISSN 0930-1208